道路政策の経済分析

交通サービスの費用負担と市場メカニズム

後藤孝夫【著】

Economic Analysis of Road Construction
and Maintenance Policy

同文舘出版

はしがき

本書の目的

　1952年の道路法の全面改正と有料道路制度の創設，1953年の道路特定財源制度の創設，そして1954年の第1次道路整備5箇年計画策定など，戦後の道路政策における主要な制度が構築されてから約60年が経過しようとしている。
　日本では，この間の急速なモータリゼーションに対応することを目的として，上記の制度に基づいて道路政策が実施されてきた。そのうち，道路政策の根幹として機能してきた計画が道路整備5箇年計画であり，その財政的な裏づけとなった制度が道路特定財源制度と有料道路制度であった。道路が荒廃していた戦後日本の状況を背景とした道路整備の緊急性から，このような制度が日本に果たした役割は大きい。
　一方で，長年大きく変化のなかった道路政策に対して問題点も指摘されてきた。とりわけ財政支出の非効率性が問われる中で，有料道路事業では，2005年に日本道路公団が民営化されるなどの制度変更が行われた。また，一般道路事業の財政的裏づけである道路特定財源制度は，2009年度から一般財源化されて，税収と支出の関係は切り離された。
　本書は，このような道路政策の転換期にあたって，今後の日本の道路政策のあり方について，特に費用負担問題と市場メカニズム導入の有効性を取り上げて，経済学の視点から論じたものである。すなわち，道路事業に対する公的介入あるいは介入手法の妥当性について探ろうとするものであり，①最適な資源配分の効率性の達成と②適切な所得分配の実施という，政府が期待される2大目標が十分に道路政策に反映されているのか，そして今後反映させるにはどのようにすべきかについて本書は論じている。
　日本の道路政策を対象として，実証分析に基づく評価を行った研究は筆者の知るかぎりいまだ数少なく，道路政策に対する経済学的研究の基礎的な枠組みを提供している点に本書の意義があると思われる。
　また，本書で得られた知見は，道路事業のみならず，他の公共サービスの

補助制度と費用負担問題に関する分析にも活用が期待され，この点も本書の意義となるだろう．

なお本書は，第1次道路整備5箇年計画が発足して道路事業が本格化した1954年度から，道路特定財源の一般財源化が実施されるなど，日本の道路政策が大きく変更された2008年度までを主な分析期間としている．前述したように，日本の道路政策を対象とした実証分析がいまだ数少ないということにくわえて，本書の目的が，現在までの道路政策の評価を行うこと，そして道路政策の評価を行うために必要な評価基準について論じることにある．それゆえ，日本の道路政策が大きく転換したとされる2008年以降も，本書の意義自体は失われないと考える．

本書の構成

本書は，全11章かつ2部構成となっている．その全体フローは図1に示すとおりである．

序章（「政府による市場介入の妥当性」）では，本書の分析視角を明らかにするため，市場の失敗と政府の失敗の観点から先行研究を整理する．そして，道路事業を対象として，政府の市場介入の妥当性を判断する基準について検討を行う．

第1章（「道路事業の計画制度と財政制度」）では，本書の主な分析期間である1954年度から2008年度までの道路事業の仕組みについて，計画制度と財政制度に区分してその基礎的な情報を提供する．

以降第1部では，道路整備5箇年計画から社会資本整備重点計画に移行した2002年度までの道路事業について，主に費用負担に関する分析と検討を行う．一方，第2部では，2002年度以降2008年度までの道路事業における制度変更も踏まえて，今後の道路政策の方向性について検討する．

第1部は以下の各章から構成されている．

第2章（「自動車関係諸税の地域間配分に関する実態分析」）では，自動車関係諸税の地域間配分について，地域間の受益と負担をあらわす指標の1つである還元率（1955年から2002年）を算出する．その上で，地域間内部補助と政府間補助の問題点を明らかにする．

第3章（「自動車関係諸税の地域間配分の要因分析」）では，第2章での分析結果で得られた知見および課題をもとに，都道府県が管理している一般道路に対象を絞り，1998年から2002年までのデータを用いて自動車関係諸税の地域間配分の決定要因について分析を行う。

　第4章（「地方公共団体への政府間補助Ⅰ―地方債の交付税措置―」）では，第3章と同様に，都道府県が管理している一般道路を対象として，実質的な政府間補助金として機能する「地方債の交付税措置」が道路事業に与えた影響について分析を行う。

　第5章（「地方公共団体への政府間補助Ⅱ―中山間地域への補助制度―」）では，中山間地域での道路整備手法である1.5車線的道路整備を取り上げて，都道府県が1.5車線的道路整備を導入した際の意思決定プロセスに影響を与えた要因を探る。

　第6章（「地方公共団体への政府間補助Ⅲ―地方道路公社を通じた補助制度―」）では，地方道路公社管理の一般有料道路を分析対象として取り上げる。そして，地方道路公社の収支状況および公社が管理する一般有料道路の基礎的な財務データの収集をインタビュー調査によって行い，路線別収支を示した上で，一般有料道路事業における補助制度と費用負担問題の問題点を探る。

　第7章（「道路空間の最適配分に関する研究―路上駐車に対する課金―」）では，従来あまり取り上げられていなかった路上駐車に対する課金について取り上げる。社会的費用の議論を基礎とした分析視角を提示した上で，路上駐車に対する適切な課金を行わないことにより，道路空間の配分が非効率になることを明らかにする。

　次に，第2部は以下の章より構成されている。

　第8章（「有料道路政策における費用負担の枠組みの検討」）では，道路特定財源制度の一般財源化と道路特定財源の使途拡大の概要について整理する。また，自動車関係諸税と有料道路政策との関係についてもあわせて明らかにする。そして，今後の道路政策を取り巻く2つの大きな課題である①人口減少と②道路の本格的な維持更新について明らかにした上で，今後の道路財源制度に求められる目標と高速道路の費用負担について検討する。

　第9章（「道路の維持管理の費用負担」）では，第1部で注目しなかった道

路の維持管理について分析を行う．分析を行う上で，特に維持管理有料道路制度を取り上げて，維持管理における費用負担の分析の枠組みについて検討する．より具体的には，地方道路公社へのインタビュー調査の結果に基づき，一般有料道路の橋梁と都道府県管理の橋梁の維持費用を比較して，道路構造物の維持における有料道路制度の有効性について明らかにする．

第10章（「都市高速道路における需要の価格弾力性の計測」）では，北九州高速道路において2010年に実施された社会実験結果をもとに料金弾性値を計測し，計測結果に基づき料金変化の評価を行う．具体的には，北九州高速社会実験前後（2008年4月から2010年12月）で入手できたETC-OD月次データ（全日交通量，平日交通量および休日交通量の3種類）をもとに，その日平均交通量を使用して料金弾性値を計測する．

第11章（「道路事業における民間資金活用の検討」）では，諸外国で導入されている資金調達手法であるコンセッション方式と事業目的別歳入債券（レベニュー債）に着目し，日本の道路事業への導入可能性について検討する．

以上の議論を踏まえて，結章では本書の分析内容と結論を要約して示した上で，今後の道路政策に対するインプリケーションを得ようと試みる．あわせて今後の課題も示す．

図1　本書のフローチャート

```
政府による市場介入の妥当性（序章）
道路事業の計画制度と財政制度（第1章）
```

第1部　2002年度までの道路政策の評価

```
自動車関係諸税の地域間配分に関する実態分析（第2章）
自動車関係諸税の地域間配分の要因分析（第3章）
地方公共団体への政府間補助Ⅰ
　―地方債の交付税措置―　　　　（第4章）
地方公共団体への政府間補助Ⅱ
　―中山間地域への補助制度―　　（第5章）
地方公共団体への政府間補助Ⅲ
　―地方道路公社を通じた補助制度―（第6章）
道路空間の最適配分に関する研究
　―路上駐車に対する課金―　　　（第7章）
```

第2部　今後の道路政策の方向性

```
有料道路政策における費用負担の枠組みの検討（第8章）
道路の維持管理の費用負担（第9章）
都市高速道路における需要の価格弾力性の計測（第10章）
道路事業における民間資金活用の検討（第11章）
```

```
結章
```

謝辞

　本書は，筆者が慶應義塾大学大学院商学研究科に提出した課程博士論文『道路供給における費用負担の経済分析—公共サービスにおける地方公共団体への補助と費用負担のあり方—』の内容をもとに，適宜加筆・修正を加えてまとめたものである。このように本書をまとめることができたのも数多くの方々のご協力や叱咤激励によるものである。

　そのなかでも特に，大学院からご指導を賜っている中条潮先生には，筆者の疑問や思いつきを聞いて頂き，論文の草稿段階から細部にわたって1つひとつご示唆を与えてくださった。経済理論に基づいて公共政策を探求する学問としての重要性だけでなく，その厳しさや魅力も中条先生から学んだものである。大変ご多忙にもかかわらず，時間を割いてご指導くださる中条先生のお姿には，研究面だけでなく，教育面でも学ばせて頂いた。今日，不勉強な筆者が一研究者としていられるのも，中条潮先生からの教えとご支援なくしては到底考えられない。今後も研究・教育に邁進することで，わずかばかりでも学恩をお返しすることができればと思う。

　学部在学中にご指導を賜った伊藤規子先生にも経済学の基礎を教えて頂いた。筆者の大学院進学時にも，不出来な筆者に心配をしながらも背中を押してくださった。また，大学院進学後には藤井彌太郎先生にも筆者の研究内容を聞いて頂き，数多くの研究のヒントを頂戴することができた。先生方の教えを胸にこれからも研究を進めて行きたい。

　大学院時代は多くの先輩方にも囲まれ，研究に関する意見を交わす機会を得ることができた。本書の一部は，こうした先輩方との共同研究の成果である。第3章を田邉勝巳先生，第7章を中村彰宏先生，そして第9章を早川伸二先生と執筆した。本書掲載にご理解を頂いたことに厚くお礼を申し上げる。

　このように，大学時代から多くの先生や先輩から知的刺激を受ける機会を頂いたのは筆者にとってどれほどの幸運であったか計り知れない。

　さらに，本書執筆に至るまでの筆者の研究過程でも多くの先生と研究会等でご一緒させて頂き，ご示唆を賜っている。九州産業大学に奉職した際には，衛藤卓也先生と大井尚司先生から共同で書籍を発刊する機会を頂き，福岡を

はしがき

離れた今日まで研究や教育についてお話しをさせて頂いている。

　近畿大学に奉職してからは，特に斎藤峻彦先生，松澤俊雄先生そして宇都宮浄人先生には日本交通学会関西部会や日本交通政策研究会での発表の場を与えて頂き，また多くのコメントを頂戴している。このほか，交通だけでなく，周辺領域を研究する先生や定量研究についてともに学ぶ先生方と交流する機会を得たことも筆者にとって支えになっている。特に，浦上拓也先生，岡野英伸先生，髙橋愛典先生，田中智泰先生，そして安酸建二先生には近畿大学経営学部内の研究会でも大変お世話になっている。

　さらに，同窓の先輩でもある山内弘隆先生，太田和博先生，小島克巳先生，青木亮先生そして吉田雄一朗先生，また根本敏則先生，加藤一誠先生そして手塚広一郎先生には，交通問題を扱う研究会で発表する機会を賜り，貴重なコメントを頂戴するばかりか，公私にわたってお心遣いを頂いている。とくに感謝を申し上げたい。

　本書の一部は，（公財）高速道路調査会，（公財）国際交通安全学会，国土技術政策総合研究所，（財）道路経済研究所，（公財）日本交通政策研究会，および（公財）日本生産性本部の委託研究と自主研究の成果に基づいている。このような研究機会を与えて頂いたことに深く感謝を申し上げる次第である。

　本書は平成26年度近畿大学学内研究助成金制度（刊行助成）による出版物である。出版の機会を与えて頂いた近畿大学，そして常日頃から筆者の研究活動にご理解とご協力を頂いている同大学経営学部の皆様に深く感謝申し上げたい。また，本書の図表の一部を作成頂いた中井修平君にもお礼を申し上げる。

　本書の出版については，同文舘出版に快く引き受けて頂き，同社編集局の青柳裕之氏には，本書の企画から完成に至るまで大変お世話になった。

　最後に，私事で恐縮であるが，私が研究者への道を志して以来，今日まで陰に陽に応援してくれている広島の両親，暖かく見守ってくれている大阪の義理の両親，そして，同じ研究者として飛び回り，忙しい毎日を過ごしている中でも，筆者の健康と研究の進捗状況を常に気遣ってくれる妻・麻子に本書を捧げることとしたい。

　2015年3月

後藤　孝夫

目　次

序章　政府による市場介入の妥当性

1　はじめに …………………………………………………………………… 1
2　政府の市場介入の妥当性 ………………………………………………… 1
　2.1　公共財　3
　2.2　外部効果　5
　2.3　その他の市場の失敗要因　7
3　市場介入方法としての地域間補助の妥当性 …………………………… 8
　3.1　所得再分配政策としての地域間補助の妥当性　8
　3.2　形態別にみた補助金の役割と妥当性　11
4　政治的要因と地方分権 …………………………………………………… 14
　4.1　政府の失敗　14
　4.2　地方分権　16
5　結論 ……………………………………………………………………… 18

第1章　道路事業の計画制度と財政制度

1　はじめに ………………………………………………………………… 19
2　道路の状況 ……………………………………………………………… 19
3　道路事業の事業量・地域配分を決定する計画制度 ………………… 25
　3.1　国が策定する計画　25
　3.2　都道府県が策定する計画　29
4　道路事業の財源に関する計画制度および財政制度 ………………… 30
　4.1　道路整備5箇年計画と道路整備特別会計　30
　4.2　地方財政計画と譲与税および交付税特別会計　31

4.3　地方債計画　　33
　5　結論 …………………………………………………………… 34

第2章　自動車関係諸税の地域間配分に関する実態分析

　1　はじめに ……………………………………………………… 35
　2　自動車関係諸税の地域間配分の状況 ……………………… 36
　　2.1　自動車関係諸税制度の概要と本章の研究対象　　36
　　2.2　社会資本の生産性に関する先行研究　　37
　　2.3　自動車関係諸税の地域間配分に関する先行研究と還元率の意味　　39
　　2.4　還元率の算出方法と算出結果　　41
　3　自動車関係諸税の存在意義と補助の問題点 …………… 46
　　3.1　自動車関係諸税の期待される性質　　46
　　3.2　自動車関係諸税の地域間配分の問題点　　55
　4　結論と今後の課題 …………………………………………… 59
　　参考資料　　62

第3章　自動車関係諸税の地域間配分の要因分析
　　　　　　―都道府県管理の一般道路事業額の決定要因―

　1　はじめに ……………………………………………………… 65
　2　県管理道路に関する地方財政構造 ………………………… 66
　　2.1　道路橋りょう費の歳入構造　　67
　　2.2　道路橋りょう費の歳出構造　　69
　　2.3　小括　　73
　3　データから読みとる県管理道路事業 ……………………… 74
　　3.1　基礎データから読みとれること　　74
　　3.2　投資　　78

   3.3　財源　81
   3.4　政治的要因　85
   3.5　道路事業の流れ　87
4　モデルと推定結果 ……………………………………………… 88
   4.1　モデル　89
   4.2　データと分析方法　93
   4.3　推定結果　96
5　結論と今後の課題 ……………………………………………… 99
  参考資料　102

第4章　地方公共団体への政府間補助Ⅰ
―地方債の交付税措置が道路整備支出にあたえる影響―

1　はじめに ……………………………………………………… 105
2　地方債の交付税措置 ………………………………………… 105
   2.1　地方債の交付税措置とは　105
   2.2　諸外国の地方債制度　109
   2.3　県管理道路事業における地方債の交付税措置の問題点　110
3　実証分析 ……………………………………………………… 114
   3.1　実証分析の概要　114
   3.2　推定結果　116
4　結論と今後の課題 …………………………………………… 117

第5章　地方公共団体への政府間補助Ⅱ
―中山間地域への補助制度を対象として―

1　はじめに ……………………………………………………… 119

2　中山間地域における一般道路事業 …………………………………… 120
    2.1　一般道路事業における構造基準　120
    2.2　一般道路事業における補助事業の採択基準　121
  3　中山間地域における一般道路事業の事例研究 ………………………… 122
    3.1　1.5車線的道路整備の概要　122
    3.2　事業量削減の検証　123
  4　1.5車線的道路整備導入の意思決定過程の分析 ……………………… 124
    4.1　分析モデルの設定　124
    4.2　推定結果　128
  5　結論と今後の課題 …………………………………………………… 130
    参考資料　長野県栄村における「道直し事業」について　132

第6章　地方公共団体への政府間補助Ⅲ
―地方道路公社を通じた補助制度の問題点―

  1　はじめに …………………………………………………………… 135
  2　道路公社管理の一般有料道路の概要 ………………………………… 136
    2.1　有料道路制度における一般有料道路の位置づけ　136
    2.2　一般有料道路の特徴　137
  3　道路公社管理の一般有料道路事業における意思決定メカニズム ……… 138
    3.1　道路公社の概要　138
    3.2　道路公社管理の一般有料道路事業の計画フロー　138
    3.3　道路公社管理の一般有料道路事業の建設財源　139
  4　道路公社管理の一般有料道路に対する補助の問題点 ………………… 142
    4.1　道路公社管理の一般有料道路への補助の根拠　143
    4.2　道路公社管理の一般有料道路における補助の問題点　144
  5　道路公社管理の一般有料道路事業における事業採算性 ……………… 146
    5.1　道路公社管理の一般有料道路事業の路線別収支　146

5.2　調査結果　148
　6　結論と今後の課題 …………………………………………………… 149

第7章　道路空間の最適配分に関する研究
　　　　　―路上駐車に対する課金を対象として―

　1　はじめに ……………………………………………………………… 151
　2　日本の駐車政策 ……………………………………………………… 152
　　2.1　日本の反則金制度と東京都区内の違法駐車状況　152
　　2.2　東京都区内におけるパーキングメーター等の設置状況　154
　3　混雑料金理論の整理 ………………………………………………… 156
　4　路上駐車拡張モデルの導出 ………………………………………… 158
　　4.1　路上駐車拡張モデルの前提条件と想定下での最適課金　158
　　4.2　路上駐車費用関数の導出　160
　　4.3　路上駐車拡張モデルの導出　161
　5　路上駐車に対する最適課金額の推定結果 ………………………… 164
　　5.1　データセット　165
　　5.2　シミュレーション結果　167
　6　結論と今後の課題 …………………………………………………… 172
　　参考資料　174

第8章　有料道路政策における費用負担の枠組みの検討

　1　はじめに ……………………………………………………………… 177
　2　一般財源化と有料道路政策 ………………………………………… 178
　　2.1　一般財源化の概要　178
　　2.2　道路財源と有料道路政策　180

目 次

　3　有料道路政策を取り巻く課題 …………………………………… 181
　　3.1　人口減少と自動車交通需要　182
　　3.2　維持更新　183
　4　有料道路事業の費用負担のあり方 ……………………………… 184
　　4.1　一般道路と有料道路　184
　　4.2　有料道路事業における費用負担のあり方　185
　5　結論と今後の課題 ………………………………………………… 187

第9章　道路の維持管理の費用負担
―維持管理有料道路制度の有効性の検討―

　1　はじめに …………………………………………………………… 189
　2　日本の道路構造物の老朽化の現状と事例研究 ………………… 190
　　2.1　日本の道路構造物の老朽化の現状　190
　　2.2　有料道路制度の歴史的経緯と公社の経営状況　192
　　2.3　維持管理有料道路の状況と事例研究　195
　　2.4　維持管理の費用負担の考え方　198
　3　橋梁・トンネルと道路の維持費用の分析 ……………………… 199
　　3.1　インタビュー調査と回収結果　199
　　3.2　橋梁・トンネルと一般道路の維持管理費用の比較検討　200
　4　結論と今後の課題 ………………………………………………… 202

第10章　都市高速道路における需要の価格弾力性の計測

　1　はじめに …………………………………………………………… 205
　2　北九州高速道路と社会実験の概要 ……………………………… 206
　　2.1　北九州高速道路の概要　206

  2.2 北九州高速道路社会実験の概要 207
 3 北九州高速社会実験における交通量変化 …………………………… 209
  3.1 北九州高速社会実験における北九州高速道路の交通量変化 209
  3.2 北九州高速社会実験における周辺交通量などの変化 211
  3.3 小括 213
 4 経営採算性からみた社会実験の効果
   ―区間ごとの料金弾性値の計測― ……………………………………… 214
  4.1 記述統計量と推定モデル 215
  4.2 推定結果 216
 5 結論と今後の課題 ………………………………………………………… 220

第11章　道路事業における民間資金活用の検討

 1 はじめに ………………………………………………………………… 221
 2 イギリスの道路事業における PPP 手法の導入 ……………………… 222
  2.1 PFI 事業の諸類型と評価基準 222
  2.2 イギリスでの PPP による道路事業 223
 3 ポルトガルの道路事業における PFI 手法の導入 …………………… 227
 4 日本の地方債とレベニュー債の比較 ………………………………… 230
  4.1 日本の地方債制度の現状 230
  4.2 レベニュー債の概要と特徴 233
 5 日本の道路事業におけるレベニュー債の導入可能性 ……………… 238
  5.1 BATA におけるレベニュー債導入事例 238
  5.2 みちのく有料道路におけるレベニュー債導入検討事例 240
 6 結論と今後の課題 ……………………………………………………… 244

目　次

結章　本書で得られた知見と今後の課題

　1　本書の要約 …………………………………………………………… 247
　2　今後の課題 …………………………………………………………… 250

参考文献一覧　　253
索　　　　引　　263

道路政策の経済分析
―交通サービスの費用負担と市場メカニズム―

序章

政府による市場介入の妥当性

1　はじめに

　本章は，本書の基本的な分析視角を明らかにするために，道路事業に対する政府の市場介入の妥当性を論じる。ただし，本章で取り上げるトピックの1つ1つが，それぞれ膨大な先行研究を有しているため，すべてを網羅することは，本章の目的から逸脱する。そこで，本章は，本書の分析の基礎となる考え方のみを取り上げて，簡潔に整理することに留めたい。本章の構成は以下のとおりである。

　2節では，道路がもつ性質を経済学的に整理し，政府の市場介入の妥当性の根拠となる市場の失敗要因に照らし合わせることで，道路事業における市場介入の妥当性を論じる。

　3節では，道路事業に対する市場介入方法である地域間補助の妥当性および地域間補助を行う際に使用される補助形態を整理し，その妥当性をそれぞれ検討する。

　4節では，政府が集団的意思決定の組織であることを明示して，道路事業の地域間補助において，政府の失敗が生じる可能性について検討する。

2　政府の市場介入の妥当性

　日本を含めた自由主義経済体制を採用する国々では，基本的に，経済活動は自由な取引と市場メカニズムによって運営されている。この体制の特徴として，野口（1984）は，①各経済主体の行動に対して一定の基本的ルールが課せられたもとで分権的な経済的意思決定が行われること，②経済主体間の取引が市場における自発的契約を通じて行われること，という2点をあげて

いる。

　市場メカニズムによって資源配分を行う利点は，伝統的な経済学の理論的な研究成果からも裏づけられる。周知のように，完全競争市場のもとでは，厚生経済学の第1基本定理として「競争均衡点はパレート効率的である」という結論が，また，厚生経済学の第2基本定理として「すべての消費者のすべての財の取り分が正となるパレート効率的な配分は，初期保有量の再配分から得られる競争均衡として達成される」という結論がそれぞれ導き出されている。

　このように，市場メカニズムは資源配分問題の解決方法として，完全競争市場下では優れた機能を有している。しかし一方で，現実には必ずしも市場メカニズムのみですべての経済活動が行われておらず，しばしば政府による市場介入が行われている。

　それでは，なぜ政府が市場メカニズムへ介入を行うことは正当化されるのだろうか。Musgrave（1959）は，政府の役割として，①資源配分の調整（資源配分機能），②所得と富の分配の調整（所得再分配機能），③経済の安定化の達成（経済安定機能），という3点をあげている。

　政府が資源配分機能を担う理由として，①独占をはじめとする不完全競争の存在，②規模の経済性の存在，③外部効果の存在，そして④公的欲求の存在，という4つがある。このうち，公的欲求は，社会欲求財と価値欲求財に区分される。社会欲求財とは，後述する公共財に対応している。一方，価値欲求財とは，伝染病に対する予防接種のような無料の衛生サービスなど，温情主義に基づいて，政府が各個人に強制的に消費させようとする財である。

　政府が所得再分配機能を担う理由として，①生産要素の当初所有量の不平等，②事故や病気，そして自然災害のような偶発的事故，あるいは③外部効果の存在など，市場メカニズムが実現する所得分配に限界があること，があげられる[1]。

　このように，政府が行う市場介入の妥当性を論じる際には，あくまでも市場メカニズムでは望ましい資源配分が達成できない要因の存在，つまり市場

---

1) 野口 (1991), pp.96-139を参照。

の失敗が生じているということが，経済学からみた1つの評価基準となる。

それでは，道路事業に対する政府の市場介入には妥当性があるのだろうか。中村（1997）は，道路とは，①巨額の投資を必要とする，②私的な固定資産と比較して耐用年数が長い，③高い必需性，④大きな外部効果，⑤多大な用地を必要とする，⑥固定費と比較してはるかに小さい変動費，そして⑦フリーライダー排除の困難さ，などの特徴をもつ財とする。そこで本章では，このような特徴をもつ道路における市場の失敗および限界について，①公共財，②外部効果，そして③その他に区分して，道路事業に対する政府の市場介入の妥当性について検討する。

2.1 公共財

公共財は，消費における非排除性と非競合性という2つの性質をもつ財である。ここでは，公共財の2つの性質に照らして，道路の性質を考察する。

第1に，消費の非排除性の観点から道路の性質を考察する。日本の道路の種類は，排除性の観点からみれば，図序-1のように大きく有料道路と一般道路の2つに区分できる。

有料道路は，高速走行の便益に対する利用者の支払意思額に基づき，料金所を設置することで排除可能であり，市場メカニズムで行われる個人的な利用者負担[2]の原則を持ち込むことが是認される[3]。しかし，有料道路のような利用者負担の原則を一般道路に持ち込むことは，料金所設置による排除費用や料金所を通過する際の時間損失が禁止的な費用になるため，資源配分上非効率になることは明らかである。

消費の非排除性をもつ一般道路を市場メカニズムを通じて供給する場合，その利用者は一般道路に対する真の需要を顕示するインセンティブを失う。これは，自己の表明する需要顕示に費用負担が伴う場合は結果として過小供給に，また費用負担が伴わない場合には結果として過大供給になるという，

---

[2] 味水（2005）での議論によれば，受益者負担という用語の定義は従来あいまいであり，定義を明確にすることが重要である。本章では，以降直接的な受益者を「利用者」，間接的な受益者を「受益者」と呼ぶこととする。

[3] 宮川（2004），p.15を参照。

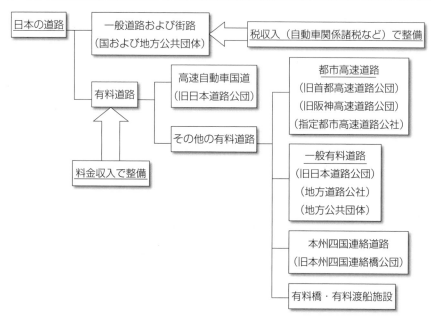

図序-1 日本の道路整備と事業主体（括弧内は事業主体）

出所：全国道路利用者会議編（2006）をもとに筆者作成。

フリーライダー問題が発生することを意味する。そして，フリーライダー問題が発生する場合には，市場メカニズムがもつ資源配分機能は失われ，市場が失敗する。

したがって，消費の非排除性をもつ一般道路の整備を行う際には，政府が市場介入を行う妥当性を見いだすことができる。この点については，第2章で再論される。

第2に，消費の非競合性の観点から道路の性質を考察する。消費時において非競合性を有するということは，追加的な利用者の参入による社会的限界費用がゼロであることを意味する。したがって，限界費用価格形成原理に基づくと，非競合性を有する財の価格づけは困難となりやすい。いいかえれば，消費の非競合性を有する財は，市場メカニズムを通じた供給では最適価格がゼロとなり，結果としてパレート最適な供給を達成できず，市場が失敗する。

消費の非競合性の観点から道路の性質を考えてみると，道路容量に対して通過交通量が少ない道路であれば，固定費に対して変動費が相対的に小さい，いいかえれば限界費用がきわめて小さいため，非競合的な財と考えられる。しかし，反対に通過交通量が多い道路であれば，交通渋滞が発生することによる多大な社会的限界費用が発生するため，競合的な財とも考えられる。
　このように，たとえ同一の道路においても，時間帯による利用実態の偏りなどが原因となり，道路は非競合的な財あるいは競合的な財のどちらにもなり得る。
　したがって，消費の非競合性の観点からみれば，非競合的な道路の場合には，政府が市場介入を行う妥当性を見いだすことができる。一方，競合的な道路の場合には，混雑現象を論じる必要性があるが，混雑現象に関する政府の市場介入の妥当性は，一般的に外部効果の議論の中で論じられているため，議論を次項に譲る。

2.2　外部効果

　Scitovsky（1954）によれば，外部効果は，金銭的外部効果と技術的外部効果に区分される。金銭的外部効果とは，ある経済活動がその生産物や生産要素の需給もしくは価格の変化を通じて関係者に及ぼす経済効果である。金銭的外部効果は，市場メカニズムを経由して移転するものであり，市場の失敗を生じさせないため，政府の介入は不要となる。
　一方，技術的外部効果とは，ある経済活動が市場メカニズムを経由せず，第三者の効用関数や生産関数に直接影響を与える場合を指す。技術的外部効果は，市場メカニズムを経由しないで第三者に影響を及ぼすため，市場の失敗が生じ，政府の介入が必要となる。しかし，技術的外部効果が生じる場合にも，ただちに政府の介入が必要とはならない。
　Buchanan and Stubblebine（1962）および藤井（1966）によれば，技術的外部効果が存在する場合でも，政府が介入する必要性は，限界外部効果が有意な場合に限られ，有意ではない場合には介入の必要性が生じない[4]。

4）限界外部効果が有意ではない状況とは，外部効果の受益者が財の供給量に満足しており，限界的

それでは，外部効果の観点からみると，政府が道路事業に市場介入する妥当性はどのように考えればよいのだろうか。この点について，開発利益のような外部経済と交通渋滞のような外部不経済の場合の2つに区分して，資源配分の効率性の観点から検討する。

　第1に，道路事業による開発利益が生じる場合について検討を加える。金本（1992）が指摘しているように，大きな外部経済（開発利益）が発生する場合，技術的外部経済を内部化しなければ[5]，道路のような社会資本整備は過小供給に陥ることが知られている。このため，道路を整備することにより，技術的外部経済が発生する場合には，政府が市場介入を行う妥当性を見いだすことができる。ただし，開発利益は当該整備地域の地価に帰着すると考えられるが，実際上地価への帰着が不完全な場合も多く，また開発利益の測定にも限界があるため，適切な市場介入方法を検討する必要性が生じる[6]。

　一方，道路における外部不経済の代表例として，混雑現象を取り上げる[7]。道路混雑に対する伝統的な議論として，Walters（1961）による混雑料金理論がある[8]。

　道路利用者が直面する道路利用価格は，高速道路料金などを除けば，道路の通行に伴う燃料費などの金銭的走行費用と道路利用に伴う時間の機会費用である時間費用を合計した（一般化）交通費用である。混雑の発生によって，各道路利用者が負担する燃料費や時間の機会費用分は変化するが，通常の利用者は自己が直面する私的費用（価格）にのみ基づいて行動する。したがって，追加的な道路利用者は，利用者自身が直面している社会的平均費用のみを認識することとなる。

　その一方で，混雑した道路の追加的利用によって発生する社会的限界費用は，「混雑費用＋道路利用者の私的限界費用」となる。したがって，道路利用者に対して，混雑費用と同額の混雑料金を課金すれば，利用者が直面する

　　に当該財を増加させることに対して限界的な支払意思をもっておらず，社会的に最適な供給量が
　　すでに達成されている状況をさす。詳細は，中条（1996a）を参照。
5）開発利益には技術的外部効果と金銭的外部効果が混在するため，識別を行う必要がある。
6）詳細は，例えば，金本（1992）を参照。
7）混雑税理論の詳細は，例えば，山田編（2001）および文（2005）を参照。
8）この議論は，第7章で再論する。

価格が社会的限界費用と等しくなり，パレート最適な交通量が達成される。

ただし，道路混雑現象は，上記でみた過剰な通過交通のみで発生するわけではなく，例えば，路上駐車により混雑現象が発生する可能性がある。路上駐車による混雑現象への考察は，第7章で行う。

以上のように，外部効果からみた，政府の道路事業への市場介入の妥当性は，技術的外部効果が存在する場合で，かつ限界外部効果が有意な場合に限られる。これは，中条（1996a）が指摘しているように，外部効果は日常無数に存在しており，一過性のものや大きさ・影響度合いの小さいものは，管理コストと比較して放置することも考えられるからである。同時に，安易な政府の市場介入は，資源配分の効率性の観点からみて非効率になる可能性があることも示唆している。

2.3　その他の市場の失敗要因

ここでは，道路に関するその他の市場の失敗要因について，資源配分の効率性の観点から明らかにする。

私的財と比較して，道路事業は，一般的に大規模かつ巨額の資金を要する事業であり，かつ長期の懐妊期間を要するものである。このため，私企業が道路の事業計画を考える場合，その不確実性から資金調達や計画の設定自体が困難となる可能性がある。このような道路事業の不確実性に対して，政府の市場介入は正当化し得る。

また，特に一般道路は社会生活を営む上で必需性がきわめて高い。いいかえれば需要の価格弾力性が小さく，かつ固定費用が巨額となるため，市場メカニズムに任せておけば，自然独占となる可能性が高い。この場合，自然独占になる過程で破滅的競争が生じてしまい，その後いったん独占状態になれば，消費者余剰を道路の供給者が吸収しかねない。したがって，必需性かつ自然独占の性質をもつ道路に対する政府の市場介入は正当化し得る。

ここまでみてきたように，道路は市場の失敗要因を多数内在しており，私的財のように市場メカニズムに放任すれば，資源配分上非効率となるため，適切な政府の市場介入により資源配分の効率性を高める必要性がある。

そこで，次に検討すべき点は，道路に対する政府の市場介入方法である。

政府の市場介入方法には，その目的により，課税，規制および補助などが存在するが，道路事業に関していえば，補助が重要な役割を果たしている。

したがって，次節では，道路事業における補助制度の妥当性について検討するために，補助の形態の1つである地域間補助の妥当性と形態別にみたその他の補助の役割について取り上げて，検討を行う。

3　市場介入方法としての地域間補助の妥当性

政府の市場介入方法の1つである補助の目的は，他の市場介入の目的と同様に資源配分の効率性の達成と適切な所得分配の達成に大別できる。このうち，資源配分の効率性の達成を目的とする補助は，前節でみた市場の失敗要因の存在がその判断根拠となる。一方，適切な所得分配の達成を目的とする補助は，市場メカニズムによる所得分配が，必ずしも社会からの要請に応えることができないことにその根拠を置く。

前述したように，道路は必需性が高い財であるため，これまでの日本は，「国土の均衡ある発展」という名のもとに，全国津々浦々に道路事業を行ってきた。これは適切な所得分配の達成を主な目的としたものであった。

このような，いわばナショナル・ミニマム[9]の確保を道路事業で行う際に重要な役割を果たしたものが，全国画一の税率および料率と全国プール制による運営であり，いいかえれば地域間補助の仕組みである。

したがって，本節では，道路事業に対する市場介入方法としての地域間補助の妥当性および地域間補助を行う際に使用される補助を形態別に整理して，その妥当性をそれぞれ検討する。

3.1　所得再分配政策としての地域間補助の妥当性

市場メカニズムによって実現される所得分配は，①生産要素の当初所有量の不平等，②事故や病気そして自然災害のような偶発的事故，あるいは③外部効果の存在などの理由により，必ずしも望ましい結果となり得ない可能性

9）ナショナル・ミニマムには種々の意味があるが，本章では，「最低限の国民生活水準を営むに必要な財・サービスの供給水準」をさす。詳しくは，中条（1996a），pp.56-57を参照。

序章
政府による市場介入の妥当性

がある[10]。

　また，厚生経済学の第2基本定理として知られているように，「すべての消費者のすべての財の取り分が正となるパレート効率的な配分は，初期保有量の再配分から得られる競争均衡として達成される」という結論が経済学で導き出されている。そのため，所得再分配政策を行うことによって，政府が市場介入する必要性はある。

　ただし，野口（1984）が指摘しているように，所得再分配の必要性は広範な合意が存在すると思われるが，何に重点を置いてどの程度の水準の施策がなされるべきかということについては，社会的な価値判断が複数存在しており[11]，必ずしも合意が得られていない。いいかえれば，理論上パレート効率的な配分は無数に存在しており，その選択には必然的に何らかの価値判断を行わねばならないため，社会的厚生関数の特定問題に直結する。

　そこで，本節では，公平性に関する直接的な規範的分析は避けて，道路事業での地域間補助の妥当性について，資源配分の効率性の観点と負担の公平性の観点から検討を行う。

　日本の道路整備では，戦後長らく「国土の均衡ある発展」をスローガンにして，アクセス機会の均等が1つの整備目標とされた。このような道路事業におけるナショナル・ミニマムを達成するための1つの手法として，整備財源の配分過程での地域間補助がある。いいかえれば，道路という特定の財を通じた間接的な所得再分配が実施されてきた可能性がある[12]。

　しかし，中条（1996b）によれば，間接的な所得再分配は，現金給付といった直接的な所得再分配と比較して，以下の2点で非効率な補助の方法である。

①補助額が同じである場合，被補助者の受ける効用は小さくなる点
②補助対象となっているサービスの利用者が特定財の消費者に限られてしまい，かつ無差別補助の弊害をもたらす点

---

10) ただし，外部効果に対しては，2節で議論したように，資源配分上の問題として対処すべきである。
11) 例えば，「機会の均等」や「結果の平等」などの概念があり，「公正」，「公平」といった議論が別途存在するが，現在のところ，一意的な結論に達しえていない。詳細は，例えば，Zajac（1978），牛嶋（1985），あるいは藤澤（1997）などを参照。
12) 道路事業を通じた間接的所得再分配の定量分析は，第2章および第3章で詳細に取り扱われる。

①について，例えば山田（1996）は，住宅サービス供給を取り上げて，政府が安価な公営住宅を提供する間接的所得再分配と現金給付という直接的所得再分配を比較して，直接的な所得再分配の理論的な優位性を指摘した。

また，②について，例えば中条（1983）による鉄道通学定期割引を対象とした分析結果によれば，鉄道への支出は高所得者層ほど大きくなり，かつ鉄道通学定期の所得弾性値が大きいため，通学定期割引という間接的な所得再分配は，結果として逆進的な効果をもたらすことが明らかとなった。

このように，補助を行う財を限定して補助を行えば，高所得者のような，本来補助を受ける必要性がない者にも補助が交付され，結果として政策の意図とは異なり，逆進的かつ非効率な資源配分をもたらしてしまう。

それでは，日本の道路事業では，間接的な所得再分配が行われてきたのだろうか。また，間接的な所得再分配が行われてきた可能性があるならば，どのような仕組みで行われてきたのだろうか。そこで，次に，日本の一般道路事業の自動車関係諸税の仕組みについて若干の検討を加えて，その可能性を明らかにする。

日本の一般道路事業の財源は，その多くが自動車関係諸税によって賄われてきたが，本書の主な分析期間では，自動車関係諸税の国税分は道路整備特別会計および社会資本整備特別会計で管理されていた。

これは，全国一律税率で徴収された揮発油税など自動車関係諸税の国税分が特別会計にいったんプールされていたことを意味する。そして，全国プールされた整備財源の配分を行う際に，国庫支出金等の政府間補助金を通じて，地域間補助が行われていた[13]。

このような地域間の間接的な所得再分配の費用負担は，全国一律税率のもとで，道路利用者が中心となって行われている。いいかえれば，自動車関係諸税の税収が大きく，費用負担能力のある地域から，自動車関係諸税の税収が少なく，費用負担能力の少ない地域への地域間補助が行われていることになり，これを特に本書では地域間内部補助と呼ぶ。

このような地域間内部補助は，前述した間接的な所得再分配における資源

---

13) 地域間所得再分配の議論は，第2章および第6章で取り扱われる。

配分の効率性上の問題点も有する。くわえて，本来ナショナル・ミニマムを達成する際の費用負担は，国民全体の負担で賄うべきものであるにもかかわらず，道路事業での地域間内部補助は，特定地域による過度な負担により成り立っているため，負担の公平性も損なわれている。この点については，第2章でさらに検討を加える。

また金本（1994）は，地域間補助の最適条件を理論的に導出し，地域間の移動費用が少ない場合において，長期的には人口移動によって地域間格差は解消されると指摘した。その上で，公平性の見地からのみではなく，資源配分の効率性の見地からも地域間補助の必要性は正当化されないことを指摘した。

以上の議論から，所得分配に関する市場メカニズムの限界により，所得再分配政策を行うことによって，政府が市場メカニズムに介入する必要性が生じることがわかった。ただし，その際の介入手法としては，日本で行われている地域間内部補助といった間接的な所得再分配よりも直接的な所得再分配が，資源配分の効率性と負担の公平性に照らし合わせれば望ましいことが明らかになった。

3.2 形態別にみた補助金の役割と妥当性

3.1は，資源配分の効率性と負担の公平性の観点から，日本の一般道路事業における地域間補助の1つの形態である地域間内部補助の問題点について検討を加えた。

道路事業における地域間補助を行う上で，国から地方公共団体に支出される補助金は国庫支出金と呼ばれる。藤井（1997）によれば，補助金は付与された目的を最も効率的に達成するものであるとともに，意図せぬ資源配分上の非効率性や不適切な所得分配をできるかぎり生じさせないものでなければならない。そこで次に，国庫支出金などの補助金を形態別に整理して，補助金の役割とその妥当性について，主に資源配分の効率性の観点から検討する。

(1) 資本費補助と運営費補助

　交通分野では，補助対象に応じて，補助手法を資本費補助と運営費補助に大別して，議論が積み重ねられてきた[14]。資本費補助は，施設の建設や更新に関する1回限りの補助を指し，その費用は確定的である。しかし，事前の費用予想額が何らかの理由で誤って査定された場合，補助後にその是正はできない特徴をもつ。

　一方，運営費補助は，運営上の維持管理費用に対する補助を指し，補助対象の運営費は，資本費と比較してその費用は不確定的なものである。運営費の補助額を査定する場合には，弾力的な査定を行うことにより，次年度以降に誤りを是正できる反面，経年の管理費用を必要とする特徴をもつ。このような資本費補助と運営費補助という区分と照らし合わせて，道路事業における補助をみたものが表序-1である。

　表序-1によれば，一般国道および地方道ともに，道路の新設および既存道路の改築など資本費に対する補助率が，維持に対する補助率よりも高い。このように，補助金により補助対象の費用を実質的に引き下げることで相対価格の変化が発生する場合，補助を受ける地方公共団体は，一定の予算制約下において，国からの補助率の高低を比較検討して，より自己に有利な補助の組合せを選択するインセンティブをもつことになる。

　道路事業の場合では，補助率の差異により，維持補修を行うよりも道路の新設および改築を行うインセンティブを地方公共団体がもつ可能性が生じる。ただし，補助率の誘導による道路の新設あるいは改築が，本来の地方公共団体の存在意義の1つである当該地域の効用最大化に寄与しなければ，資

表序-1　道路整備における主な資本費補助と運営費補助

		新設	改築	維持
一般国道	大臣施行	2／3	2／3	5.5／10
	知事施行	1／2	5.5／10	5.5／10
地方道		1／2	1／2	

出所：全国道路利用者会議編（2010），pp.134-137より作成。

---

14) この点について，詳細は例えば藤井（1997）を参照。

源配分の効率性の観点からみて非効率となるだろう。この点については，詳しくは第3章および第4章で取り上げる。また，維持管理の費用負担のあり方については，第9章において検討を加える。

(2) 特定補助と一般補助

次に，使途を限定する特定補助と使途を限定しない一般補助の観点から，日本の道路事業の補助金について検討を加える。道路事業での国庫支出金は，使途を特定して，かつ表序-1のように地方公共団体が行う道路事業支出の一定割合として国が支出するため，特定定率補助金と呼ばれる。また，第4章で取り扱う地方債の交付税措置も，道路整備支出にかかわる地方債の一定割合を後年度に国が地方交付税として支出するため，国庫支出金と同様の特定定率補助金の特徴を有する。

このような特定定率補助金は，代替効果を有し，かつ補助対象が特定されるため，同額の一般補助と比較して地方公共団体に与える効用が小さい点で資源配分上非効率とされる[15]。また，藤井（1997）が指摘するように，特定補助は，査定や適切な支出の確保のために国の介入を増加させ，地方公共団体の行動を制約する可能性がある。

一方，特定定率補助金は，便益が地域を越えてスピルオーバーしている，あるいはナショナル・ミニマムを確保させる場合のように，地域での意思決定では是正が困難な場合，国の介入方法としては有効な手段である。ただし，道路事業の場合，3.1で議論したように，少なくとも道路特定財源が一般財源化されるまでは，特定定率補助金の費用負担を行っているものは道路利用者であった。したがって，ナショナル・ミニマムを確保させる場合の特定定率補助金のメリットを検討するには，あわせて地域間所得再分配実施によるデメリットを検討する必要がある。

以上の検討結果から，道路事業における特定定率補助金，つまり国庫支出金のメリットとして第1に考えなければならないことは，便益が地域を越えてスピルオーバーしているといった資源配分上の問題を是正することになる。

---

[15] 中条（1980）は，地方交通サービスのケースを取り上げて，特定定率補助金の代替効果が地方公共団体の支出に与える影響について詳細な検討を加えている。

また、地方交付税のような一般定額補助金においても，地方公共団体に公共財を過大に支出させてしまい，結果として地域の効用水準を下げてしまうというフライペーパー効果を有するとの指摘がある[16]。そのため，特定補助か一般補助かといった補助手法の選択をする場合には，最終的には資源配分効率の相対的な評価も求められる。

4　政治的要因と地方分権

　ここまでの議論では，政府を明示的に集団的意思決定組織として取り上げて議論をしていない。しかし，政府には，中央政府（国）と地方政府（地方公共団体）があり，それぞれに政治家や官僚が存在して，政策の集団的意思決定を行っている。そこで，本節では，道路事業の地域間補助を対象として，市場の失敗と同様に，集団的意思決定の組織である政府にも失敗が存在する可能性を明らかにする。

4.1　政府の失敗

　次章以降明らかとなるが，諸外国とは異なり，日本における道路事業の地域間補助を決定する基準は，必ずしも明確ではない。また，自動車関係諸税の地域間配分は，第三者からみて複雑かつ不透明な政治プロセスを経て決定されているため，政治的要因が配分に与える影響はあると考えられる。

　ただし，このような政治的意思決定が合理的になされ，かつ社会の経済厚生を最大にする機能を果たすといった，従来の経済学が想定する政府ならば，なんら問題はない。しかし，一連の先行研究が指摘しているように，集団的意思決定の組織である政府において，政治プロセスにかかわる政治家や官僚にも個々の行動原理がある。例えば，政治家の1つの代表的な行動原理仮説として知られているものに得票最大化仮説があり，官僚の1つの代表的な行動原理として知られているものに自省庁の予算最大化仮説がある。このような行動原理に基づいて各主体が政府内で意思決定を行えば，社会的厚生を最

---

[16] 日本のフライペーパー効果の検証は，例えば土居（1996）を参照

序章
政府による市場介入の妥当性

大にする役割を政府は果たせるのだろうか。
　藤井（1985）によれば，日本が採用している代議制は以下の4点で問題がある。

①公共財による利益・費用の分配と，票（決定権）の分配が一致しないことにより，公共財供給の際のパレート効率的な配分が達成できない点
②得票の不確実性を避けるため，特定の利益団体に有利な政策を採用する点
③不確実性の回避と情報の取得に要する費用から，消費者より生産者を優遇する政策を採用する点
④長期的な政策の軽視

　長峯（2003）によれば，代議制による政策実施は，国民の意思決定に要する費用を節約するメリットを有するが，一方で，政策の次元が多様化して，有権者の選好も複雑化するほど，政策の結果が社会的厚生の最大化から乖離する可能性も高まるとされる。
　このように，政府内の行動主体である政治家が，代議制のもとで得票最大化行動を行う場合，政府が求められている社会的厚生の最大化という役割を果たすことができず，結果として政府の失敗が生じる可能性が高い。
　それでは，自動車関係諸税の地域間配分における政治家（あるいは代議制）が引き起こす資源配分上の非効率を検討する際には，どのような分析が望ましいのだろうか。長峯（2003）は，公共投資の地域間配分の分析に使用されている応答仮説と集票仮説の検証が有用であると指摘する。
　応答仮説とは，与党議員が地元選挙区にその政治力を活かしてより多くの道路事業やそれに伴う予算・補助金を誘引してくるという仮説である。他方，集票仮説とは，公共事業や補助金をどれだけ誘引してきたということが，次の選挙時における与党議員の得票につながるという仮説である。これらの仮説の検証は，第3章で行われる。
　一方，古典的で理念型の官僚の行動原理は，効率的かつ合理的に職務を遂行する公僕として，社会的厚生の最大化を図るものと取り扱われてきた。しかし，先進国で観察されてきた政府規模の拡大や予算の浪費という現象は，

上記行動原理から十分に説明することができない。

　Niskanen（1971）は，官僚自身も合理的経済人として取り扱い，官僚は自己の所属する省庁の予算や組織を最大化するという予算最大化仮説をその行動原理として取り上げて，公共サービスがパレート効率的な供給量より過大に供給されることを明らかにした。

　Niskanen（1971）での官僚は，公共サービスの供給量のみを唯一の変数として効用関数を想定することに対して，Migué and Bélanger（1974）では，公共サービスの供給量にくわえて，公共サービス供給に関係のない自由裁量的な余剰予算も官僚の効用関数の変数として組み込まれると想定した。Migué and Bélanger（1974）の分析結果から，公共サービスがパレート効率的な供給量より過大に供給されることと同時に，余剰予算は，公共サービスへの支出とは無関係に官僚によって支出されることが示唆された。

　また，余剰予算の使い道には，例えばイギリス海軍を対象とした観察結果から得られた公務員増加に関するParkinson（1957）の知見のように，要素雇用バイアスの存在も考えることができる。

　このように，官僚が主体的に合理的な意思決定を行うものと想定すれば，社会的厚生の最大化という政府の役割から乖離して，官僚組織は予算の浪費を行う要因を内在することが明らかとなった。

　道路事業では，中央官僚は，計画立案から事業の優先順位づけ，あるいは個別の事業ごとの配分（いわゆる箇所づけ）まで作成している[17]。日本の道路事業における意思決定に官僚組織は深くかかわっており，道路事業は前述した官僚の問題点を内在している可能性がある。

4.2　地方分権

　第3章でも論じるように，日本の道路事業は，計画立案，財源および権限が中央政府に集中している中央集権的制度で運営されており，地域のニーズに即した供給が行われていない可能性がある。そこで，ここでは道路事業の地方分権について議論を整理して，地方分権が政府の失敗を減じる1つの有

---

17) 道路事業を含む公共事業の実施過程は，例えば城山・鈴木・細野編（2002）に詳しい。

序章
政府による市場介入の妥当性

効な方法であることを明らかにする。

　Oates（1972）は，ある公共サービスに対する住民の選好が地域間あるいは住民間で大きく異なる場合や，住民の公共サービスの選好に関する情報の非対称性が中央政府と地方公共団体間で大きい場合には，中央政府による画一的な供給より，地方公共団体独自の決定による供給の方が，一般的には望ましいと指摘した[18]。

　道路事業の場合を検討してみると，例えば第5章で取り扱われる1.5車線的道路整備の事例のように，通常地域間の道路に対するニーズは異なっていると考えられるため，Oatesの地方分権定理に従えば，道路事業は原則として地方公共団体による供給が望ましいことになる。

　また，受益と負担の観点からみれば，少なくとも道路特定財源が一般財源化されるまでは，道路事業は道路利用者の支払う自動車関係諸税あるいは料金により賄われていた。このように，収入と支出間にリンクがある場合には，2節で議論したように，便益が他地域へスピルオーバーしていなければ，中央政府の介入はナショナル・ミニマムの達成に限られる。

　鷲見（2003）は，公共選択論におけるこれまでの研究から，収入と支出間にリンクがある目的税の優位性は，地方レベルでの公共サービスの財源調達方法として発揮されると主張した。自動車関係諸税が全国プールとなっていたことを考えれば，目的税としての自動車関係諸税の優位性を検討する際には，地方への財源移譲という手法も考えられるだろう。

　したがって，道路の種別や管理主体の範囲を便益が及ぶ範囲と一致させることが資源配分上効率的であり，その後自動車関係諸税を地方公共団体に移譲することにより，地域間補助を現状よりも減少させることが望ましい。この点については，第2章でより詳細に取り扱われる。

　一方，地方分権によって住民が地方政府を選択できるようになれば，住民は自らの選好に従って居住地域を選択できるようになる。Tiebout（1956）が指摘した「足による投票」は，成立条件[19]の厳しさから必ずしも常に成

18）Oatesの地方分権定理については，例えば土居（2002b）を参照。
19）「足による投票」の成立条件は，井堀（1999）によれば次の7つである。①人々は地方政府間を自

立するものではないが，中央集権的制度と比較して，地方政府間の競争により，より効率的な資源配分が達成される可能性があることを示唆している。

しかし，日本の道路事業制度では，権限および財源ともに，地方政府間の競争を促すようなシステムがいまだ確立できていない。このような地方政府間の競争を阻害している要因については，第2章から第4章で取り扱われる。

5 結論

本章では，道路事業に対する政府の市場介入と介入方法の妥当性について，本書の基本的な分析視角を明らかにしてきた。2節では，道路事業に対する政府の市場介入の妥当性について，市場の失敗要因に照らしあわせて検討を行った。その結果，道路は市場の失敗要因を多数内在しており，私的財のように市場メカニズムに放任すれば，資源配分上非効率となるため，適切な政府の市場介入により資源配分の効率性を高める必要性があることが明らかとなった。

次に，3節において，道路事業に対する市場介入方法としての地域間補助の妥当性および地域間補助を行う際に使用される補助方法を形態別に整理して，その妥当性をそれぞれ検討した。その結果，地域間補助は，資源配分の効率性と負担の公平性の観点からみて望ましい手法ではないことが明らかになった。

最後に，4節において，政府が集団的意思決定の組織であることを明示的にして，道路事業の地域間補助において政府の失敗が生じる可能性について明らかにした。その上で，日本の道路事業では，道路の種別や管理主体の範囲を当該道路の便益が及ぶ範囲と一致させ，その後，自動車関係諸税を地方公共団体に移譲することにより，政府の失敗をできるかぎり減少させることが望ましいことを指摘した。

由に移動できる。②人々は，すべての地方政府の公共サービスの供給やその財源負担の方式について，完全な情報をもっている。③地方公共サービスの便益は，他の地方には正あるいは負の外部効果をもたらさない。④居住地方とその人の働く地方とは一致しなくてもよい。⑤人々の選択対象となる地方政府が十分に存在する。⑥地方公共サービスの供給には，最適人口規模がある。⑦最適人口規模を上回る地方では，住民を減少させようと政府が行動し，逆の地方では，住民を増加させようと政府が行動する。

第 1 章

道路事業の計画制度と財政制度

1 はじめに

　本書は，第1次道路整備5箇年計画が発足して道路整備が本格化した1954年度から，道路特定財源の一般財源化が実施されるなど，日本の道路政策が大きく変更された2008年度までを主な分析期間としている。本章では，上記期間の日本の道路事業の仕組みについて，計画制度と財政制度に区分して整理する。

2 道路の状況

　本節では，主に2008年度までの日本の道路の状況について概観する。日本における道路は，図1-1のように自動車関係諸税など税徴収によって整備される「一般道路」と料金徴収によって整備財源を確保する「有料道路」に大別される。また，表1-1および図1-2は一般道路と有料道路の管理主体をそれぞれ表したものである。これらの図表をみると，例えば一般国道，都道府県道および市町村道といったような「一般道路」と「街路」というように，道路は管理主体に応じた道路種別で区分できる。
　一方，後述するように，国が直接行う直轄事業と国が地方公共団体に対して補助を行う補助事業などのように，事業負担別でも道路を区分できる。

図1-1 道路種別と事業費（2008年度）

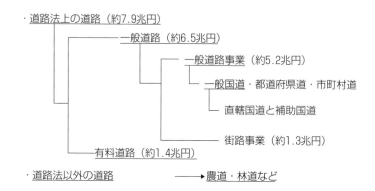

- 道路法上の道路（約7.9兆円）
  - 一般道路（約6.5兆円）
    - 一般道路事業（約5.2兆円）
      - 一般国道・都道府県道・市町村道
      - 直轄国道と補助国道
    - 街路事業（約1.3兆円）
  - 有料道路（約1.4兆円）
- 道路法以外の道路　→　農道・林道など

表1-1 道路の管理主体

道路の種類		道路管理者	費用負担	国の負担・補助の割合 新設・改築	国の負担・補助の割合 維持・修繕
高速自動車国道	有料道路方式	国土交通大臣【高速自動車国道法§6】	高速道路会社	会社の借入金で新設・改築・修繕等を行い、料金収入で上記に係る債務及び管理費を賄う【道路整備特別措置法§3等】	
高速自動車国道	新直轄方式	国土交通大臣【高速自動車国道法§6】	国 都道府県（政令市）	3／4負担【高速自動車国道法§20①】	10／10負担【高速自動車国道法§20①】
一般国道	直轄国道	＜新築又は改築＞国土交通省大臣【道路法§12】＜維持，修繕，その他の管理＞指定区間：国土交通大臣その他：都道府県（政令市）【道路法§13】	国 都道府県（政令市）	2／3負担【道路法§50①】	10／10負担【道路法§49】
一般国道	補助国道		国 都道府県（政令市）	1／2負担【道路法§50①】	維持：—【道路法§49】修繕：1／2以内補助【道路法§56】
都道府県道		都道府県（政令市）【道路法§15】	都道府県（政令市）	1／2以内補助【道路法§56】	維持：—【道路法§49】修繕：1／2補助【修繕法§1①】
市町村道		市町村【道路法§16】	市町村	1／2以内補助【道路法§56】	維持：—【道路法§49】修繕：1／2補助【修繕法§1①】

出所：国土交通省資料より作成。

第 1 章
道路事業の計画制度と財政制度

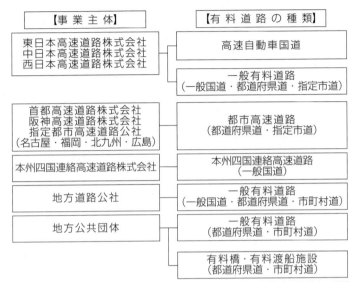

図1-2 有料道路の管理主体

注)高速道路株式会社が事業を営む道路は独立行政法人日本高速道路保有・債務返済機構との協定および協定に基づく国土交通大臣の許可を受けた道路のみ。

出所:国土交通省資料より抜粋。

それでは,道路種別ごとの延長等シェアはどのようになっていたのだろうか。図1-3は,2008年の道路種別ごとの延長シェアと2005年度の道路交通センサスに基づく総走行台キロのシェアを表したものである。これをみると,例えば第3章で取り上げる一般国道(指定区間外)と都道府県道の延長シェアはあわせて約15％であるが,総走行台キロでみるとあわせて約45％になることがわかる。

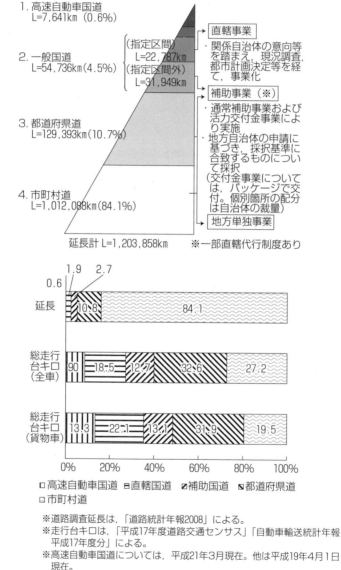

図1-3 道路種別ごとの延長シェア

※道路調査延長は、「道路統計年報2008」による。
※走行台キロは、「平成17年度道路交通センサス」「自動車輸送統計年報平成17年度分」による。
※高速自動車国道については、平成21年3月現在。他は平成19年4月1日現在。

出所:国土交通省資料より抜粋。

第1章
道路事業の計画制度と財政制度

　次に，道路ストックについて概観する。図1-4は内閣府が推計した道路の粗資本ストック（2005年暦年基準）の推移を表したものである。これをみると，2008年時点で道路の粗資本ストックは約250兆円に達していたことがわかる。
　このように，日本は着実に道路のストックを増加させてきたが，着実な道路整備には継続した計画制度と財政制度の裏づけが必要である。表1-2は，1954年度から2008年度までの事業別の道路投資額の推移を表したものであるが，毎年着実に道路投資が行われてきたことがわかる。
　そこで，次節では，特に一般道路事業に着目して，道路整備を支えてきた計画制度と財政制度について整理する。なお，有料道路事業については，第5章，第6章および第8章において，分析にかかわる制度の整理をそれぞれ行う。

図1-4　道路の粗資本ストック（2005年暦年基準，単位千円）

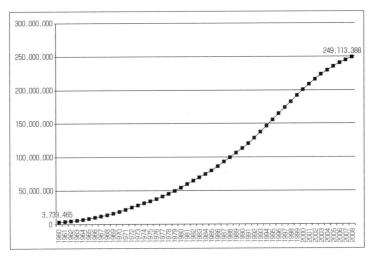

出所：内閣府ホームページより筆者作成。

表1-2　事業別の道路投資額の推移

年度	一般道路事業 投資額 (億円)	伸率 (%)	有料道路事業 投資額 (億円)	伸率 (%)	地方単独事業等 投資額 (億円)	伸率 (%)	計 投資額 (億円)	伸率 (%)	構成比 一般 (%)	有料 (%)	地単 (%)
昭和29	336		21		254		611		55	3	42
30	379	12.8	19	△9.5	225	△11.4	623	2.0	61	3	36
31	433	14.2	27	42.1	285	26.7	745	19.6	58	4	38
32	672	55.2	79	192.6	356	24.9	1,108	48.7	61	7	32
33	832	23.8	83	5.1	466	30.9	1,381	24.6	60	6	34
34	1,147	37.9	146	75.9	466	0.0	1,759	27.4	65	8	26
35	1,243	8.4	281	92.5	589	26.4	2,113	20.1	59	13	28
36	1,922	54.6	450	60.1	790	34.1	3,162	49.6	61	14	25
37	2,363	22.9	745	65.6	1,017	28.7	4,125	30.5	57	18	25
38	2,936	24.2	1,061	42.4	1,238	21.7	5,235	26.9	56	20	24
39	3,561	21.3	1,220	15.0	1,437	16.1	6,219	18.8	57	20	23
40	4,109	15.4	1,254	2.8	1,628	13.3	6,991	12.4	59	18	23
41	4,771	16.1	1,957	56.1	1,959	20.3	8,686	24.2	55	23	23
42	5,568	16.7	2,350	20.1	2,244	14.5	10,163	17.0	55	23	22
43	5,787	3.9	2,490	6.0	3,020	34.6	11,296	11.1	51	22	27
44	6,601	14.1	2,694	8.2	3,863	27.9	13,159	16.5	50	20	29
45	7,784	17.9	3,100	15.1	5,095	31.9	15,979	21.4	49	19	32
46	10,067	29.3	4,408	42.2	5,991	17.6	20,467	28.1	49	22	29
47	13,341	32.5	5,671	28.7	6,776	13.1	25,789	26.0	52	22	26
48	14,090	5.6	7,085	24.9	7,596	12.1	28,772	11.6	49	25	26
49	14,048	△0.3	6,984	△1.4	8,144	7.2	29,176	1.4	48	24	28
50	14,140	0.7	7,517	7.6	7,893	△3.1	29,550	1.3	48	25	27
51	15,470	9.4	8,186	8.9	10,247	29.8	33,904	14.7	46	24	30
52	19,831	28.2	9,835	20.1	13,058	27.4	42,724	26.0	46	23	31
53	23,962	20.8	11,398	15.9	15,601	19.5	50,961	19.3	47	22	31
54	26,845	12.0	12,653	11.0	17,008	9.0	56,506	10.9	48	22	30
55	26,428	△1.6	13,067	3.3	18,795	10.5	58,290	3.2	45	22	32
56	26,138	△1.1	13,590	4.0	20,002	6.4	59,731	2.5	44	23	33
57	26,105	△0.1	15,437	13.6	20,908	4.5	62,450	4.6	42	25	33
58	26,304	0.8	16,649	7.9	21,376	2.2	64,329	3.0	41	26	33
59	26,216	△0.3	17,574	5.6	22,355	4.6	66,145	2.8	40	27	34
60	31,581	20.5	18,819	7.1	21,473	△3.9	71,874	8.7	44	26	30
61	33,495	6.1	20,691	9.9	22,850	6.4	77,036	7.2	43	27	30
62	41,668	24.4	23,669	14.4	24,473	7.1	89,811	16.6	46	26	27
63	41,848	0.4	25,018	5.7	26,973	10.2	93,840	4.5	45	27	29
平成元	43,057	2.9	25,785	3.1	31,832	18.0	100,674	7.3	43	26	32
2	43,675	1.4	27,399	6.3	36,253	13.9	107,328	6.6	41	26	34
3	44,685	2.3	30,311	10.6	39,647	9.4	114,643	6.8	39	26	35
4	53,110	18.9	33,874	11.8	46,937	18.4	133,921	16.8	40	25	35
5	63,568	19.7	36,918	9.0	50,156	6.9	150,642	12.5	42	25	33
6	50,130	△21.1	36,476	△1.2	49,368	△1.6	135,974	△9.7	37	27	36
7	66,131	31.9	35,677	△2.2	50,937	3.2	152,745	12.3	43	23	33
8	54,572	△17.5	34,236	△4.0	53,342	4.7	142,151	△6.9	38	24	38
9	51,873	△4.9	33,729	△1.5	50,958	△4.5	136,560	△3.9	38	25	37
10	72,789	40.3	32,590	△3.4	48,687	△4.5	154,066	12.8	47	21	32
11	63,550	△12.7	28,496	△12.6	42,956	△11.8	135,002	△12.4	47	21	32
12	62,168	△2.2	25,810	△9.4	39,708	△7.6	127,686	△5.4	49	20	31
13	60,690	△2.4	25,725	△0.3	36,527	△8.0	124,415	△2.6	49	21	29
14	58,092	△4.3	21,692	△15.7	33,676	△7.8	113,460	△8.8	51	19	30
15	50,916	△12.4	21,035	△3.0	30,521	△9.4	102,471	△9.7	50	21	30
16	49,934	△1.9	18,675	△11.2	26,850	△12.0	95,459	△6.8	52	20	28
17	48,343	△3.2	16,201	△13.2	23,986	△10.7	88,530	△7.3	55	18	27
18	47,870	△1.0	14,277	△11.9	21,774	△9.2	83,921	△5.2	57	17	26
19	46,198	△3.5	14,343	0.5	22,600	3.8	83,142	△0.9	56	17	27
20	42,051	△9.0	13,619	△5.1	22,200	△2.8	77,869	△6.3	54	17	29

(注) 1．道路事業費のうち一般，有料は19年度まで最終実施計画，20年度は当初予算。
　　　地方単独は18年度まで決算，19年度以降は推計値。
　　2．平成15年度以降の一般道路事業には，本四債務処理等の道路特定財源を活用した関連施策に係る経費を含まない。
　　3．四捨五入の関係上，合計が一致しないところがある。

出所：国土交通省資料より抜粋。

3 道路事業の事業量・地域配分を決定する計画制度

　道路事業の事業量および地域間配分を決定する計画を策定主体別に区分すれば，大きく国と地方公共団体（本書では主に都道府県）に整理することができる。国が策定主体となる計画には，国土政策としての理念が盛り込まれた全国総合開発計画（以降，本書では全総計画と表記）がある。そして全総計画を踏まえて，道路行政の中期的な計画であり，全総計画の下位計画として道路整備5箇年計画があった。また，道路整備5箇年計画と歩調をあわせて，いくつかの計画が策定されていた（図1-5参照）。

　一方，都道府県が策定する計画としては，国レベルでの全総計画と同様に，県政全体の理念および方向性を盛り込んだ「総合計画」がある。また国の道路整備5箇年計画を受けて，都道府県ごとに県内の道路整備のための道路整備5箇年計画が策定されていた。その他の計画としては，各都道府県が自主的に交通政策に関する計画として策定する「交通ビジョン」や各都道府県の道路整備5箇年計画に基づいて各地方整備局別に策定される「広域道路整備計画」があった。以下では，それぞれの計画ごとに整理する。

3.1 国が策定する計画

(1) 全国総合開発計画（道路整備5箇年計画の上位計画）

　国土全体を対象として，国民生活に大きな影響を与える地域政策のはじまりは，1950年に制定された国土総合開発法であり，それに伴って策定された計画が全総計画である。全総計画には国土全体の社会資本整備の方向性が盛り込まれており，それゆえ全総計画は公共投資に関する長期的な指針となるため，公共投資の予算獲得および地域配分に多大な影響を及ぼしている計画と考えられる。これまでの全総計画の概要は表1-3に示しているが，第一次全総計画以来目標とされているものが「国土の均衡ある発展」であり，いいかえれば，所得格差を含む地域間格差の是正を行うことであった。

　したがって，公共投資の地域間配分は全総計画の理念に基づいて，都市部よりも地方部に傾斜配分されてきた可能性がある[1]。

図1-5 一般道路事業の計画策定の流れ（国レベル）[2]

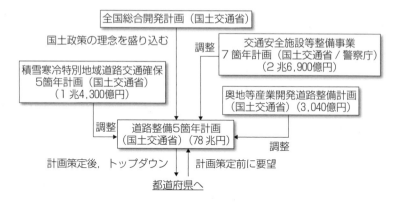

表1-3 現在までの全総計画の概要

	第一次	第二次	第三次	第四次	第五次
	全国総合開発計画	新全国総合開発計画	第三次全国総合開発計画	第四次全国総合開発計画	第五次全国総合開発計画
閣議決定	1962（昭和37）年	1969（昭和44）年	1977（昭和52）年	1987（昭和62）年	1998（平成10）年
目標年次	1970（昭和45）年	1985（昭和60）年	おおむね10年間	おおむね2000（平成12）年	2010～15（平成22～27）年
基本目標	地域間の均衡ある発展	豊かな環境の創造	人間居住の総合的環境の整備	多極分散型国土の構築	多軸型国土構造形成の基礎づくり

出所：国土交通省ホームページより筆者作成。

（2） 道路整備5箇年計画

　道路整備5箇年計画は，日本におけるすべての道路整備の事業量および目標を規定する5年間の計画であり，1958年施行の道路整備緊急措置法第2条が根拠となっていた。道路整備5箇年計画は，全総計画に基づいた道路整備の中期計画として位置づけられ，課題別整備目標や改良済延長[3]のような

1）一般道路事業の地域間配分についての問題点は，例えば第2章を参照。
2）括弧内の金額は，1998年以降5箇年（交通安全施設等整備事業7箇年計画は1998年以降7箇年）の総額。
3）改良済延長とは，車道幅員5.5m以上で改良された延長である。

事業量が設定された。また，各道路整備5箇年計画内での計画投資規模もあわせて設定された。ただし国が策定する道路整備5箇年計画の段階では，具体的な路線に対する投資規模，いわゆる「箇所づけ」はまだ行われていないとされたが，作業ベースから積み上げて計画案を作成する以上，計画段階である程度投資する路線は選定されていたと考えられる[4]。この計画は国から地方へのトップダウンで施行された。

道路整備5箇年計画は，2003年から社会資本整備重点計画法に基づき，9本の事業分野別計画（道路，交通安全施設，空港，港湾，都市公園，下水道，治水，急傾斜地，および海岸）を一本化した社会資本整備重点計画に移行した。表1-4にも示したとおり，変更の大きなポイントは，①従来の事業量ベースからアウトプット評価に移行した点および②事業分野別に策定されていた計画を一本化して横断的に計画を策定することであった。そして，同時に「道路整備費の財源等の特例に関する法律」に基づき，『2003年度以降5箇年間に行うべき道路の整備に関する事業の量は，38兆円を上回らないものとする』ことが決定された。これは，道路整備の事業量の上限を定めて他分野と比較して道路事業が過大にならないように設定されたものであった。

(3) 積雪寒冷特別地域道路交通確保五箇年計画

積雪寒冷特別地域道路交通確保五箇年計画は，「積雪寒冷特別地域における道路交通の確保に関する特別措置法」が根拠法となって作成されている。

表1-4 社会資本整備重点計画と従来の道路整備5箇年計画との比較（代表項目）

	従来の道路整備5箇年計画	社会資本整備重点計画
計画目標	道路延長・面積や整備率などの事業量ベース	新たな複数の指標（例えばＥＴＣ普及率など）を用いた成果主義
コスト縮減目標	特に目標設定はなし	2002年度と比較して15％削減
他事業間の連携	道路整備単独（連携少）	9本の事業分野別計画を一本化

出所：国土交通省総合政策局政策課（2003）をもとに筆者作成。

4）詳細は，例えば林・長峯（2001）を参照。

図1-6　雪寒事業の概要

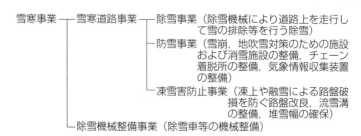

出所：国土交通省ホームページから抜粋。

　国土交通大臣が積雪寒冷特別地域において道路交通の確保が特に必要であると認められる道路を指定し（雪寒法第3条），積雪寒冷特別地域道路交通確保五箇年計画の案を作成して閣議の決定を求めること（雪寒法第4条）が規定されている。この計画に基づいて行われる具体的な事業として，図1-6のような雪寒事業がある。

　雪寒事業の補助率[5]は，国が実施する事業に対する国の負担割合が2／3，地方公共団体が実施する事業に対する補助率が，除雪の場合2／3，防雪・凍雪害防止の場合6／10とされている（雪寒法第5条の2および第6条）。

(4)　奥地等産業開発道路整備計画

　奥地等産業開発道路整備計画は，「奥地等産業開発道路整備臨時措置法」を根拠法として策定された。国土交通大臣が奥地等産業開発道路（奥地等において政令で指定された地域と主要な道路とを連絡する地方的な幹線道路）を指定し，当該道路の新設および改築に関する計画を立案，閣議決定を求めなければならなかった。この計画の目的には地域格差の是正が謳われており，奥地等産業開発道路に指定されると他の道路事業と比較して地方公共団体の負担分が軽減された。具体的には，当該道路の新設および改築に関する補助率は5.5／10以内で，政令で特別な定めをすることができた。ただし，奥地等産業開発道路整備臨時措置法は2003年3月に失効した。

5）補助率とは，当該事業に対して国が地方公共団体に対して補助を行う割合である。

(5) 交通安全施設等整備事業七箇年計画

交通安全施設等整備事業七箇年計画は,「交通安全施設整備事業に関する緊急措置法」を根拠法として策定されている。この計画のもとで,事故が多発し,交通の安全を緊急に確保しなければならない道路について,公安委員会と国土交通省が連携して交通安全施設を整備している。具体的な事業としては,歩道,立体横断施設,交差点改良および付加車線の整備,また駐車場,駐輪場,道路照明および道路情報提供装置の整備がある。1996年度を初年度とした事業規模は,国が費用の全部または一部を負担または補助する特定事業分が,都道府県公安委員会分2,100億円,道路管理者分2兆4,800億円,計2兆6,900億円であった。また地方単独事業分が,都道府県公安委員会分6,300億円,道路管理者分1兆9,500億円,計2兆5,800億円であった。

3.2 都道府県が策定する計画

都道府県が策定主体となっている長期的な計画には,県政全体の長期的な方向性(おおむね10年)を規定するものとして策定される「総合計画」と総合計画に基づき,交通政策に限定して自主的に策定される「交通ビジョン」がある。このような計画では,国における全総計画と同様で,都道府県別に県政や交通政策の理念が謳われているが,具体的な箇所づけまでは至っていない。

道路事業に限定している計画には,都道府県レベルでの道路整備5箇年計画があった。この計画は,国が策定する道路整備5箇年計画および各都道府県で策定される総合計画に基づいて,各都道府県で策定される中期的な計画であった。また,都道府県レベルでの道路整備5箇年計画は国の道路整備5箇年計画と同様,事業量および目標を規定していた。そして,各都道府県で作成された道路整備5箇年計画をもとに,国土交通省地域高規格道路[6]整備の調整を主な目的として地方整備局ごとに策定される計画が,広域道路整備計画であった。

---

6) 地域高規格道路とは,地域の発展の核となる主要な都市を育成し,周辺地域と連携した広域的な経済・社会ブロックである「地域集積圏」の形成を促し,高規格幹線道路と一体となって,地域構造を強化する道路である。

表1-5　一般道路整備の計画策定の流れ（都道府県レベル）

計画名		決定内容	関係主体
総合計画		県政全体の将来の方向性	各都道府県
交通ビジョン（任意）		長期的視点（10年）に立った，県全体の「あるべき交通政策」	各都道府県
広域道路整備計画		地方整備局ベースの道路整備に限定した中長期ビジョン（30年）	各地方整備局
道路整備5箇年計画	計画策定段階	整備される具体的な路線名や工区個所	県民，道路整備地方懇談会
	路線決定段階	各計画の優先順位づけ	各都道府県
	最終決定段階	優先順序の変更	県議会議員

出所：都道府県へのインタビュー調査内容から作成。

　都道府県レベルでの一般道路事業の計画策定の概要について表1-5にまとめておく。このように，各都道府県が管理している道路を整備する際にも，計画面で国が関与しており，各都道府県が裁量的に道路を整備することは非常に限定的となっていた。

4　道路事業の財源に関する計画制度および財政制度

　ここでは，道路事業計画の裏づけとなる，財源に関する計画および財政制度について整理する。財源に関する計画策定主体および財政制度の中心は後述するとおり国であり，国の都道府県に対する関与が計画面と同様に大きかった。国が策定主体となる財源に関する計画には，道路整備5箇年計画，地方財政計画および地方債計画があるが，都道府県が策定主体となる財源に関する計画は特に存在しておらず，都道府県による財政面での（予算編成時の）裁量は国と比較して限定的であったことがわかる。

4.1　道路整備5箇年計画と道路整備特別会計

　1958年施行の道路整備緊急措置法第3条で，「政府は，毎年度揮発油税の税入額に相当する金額を国の道路整備の財源に当てなければならない。」と規定されていたため，表1-6のように道路整備5箇年計画の財源には自動車関係諸税を使用していた。

第1章
道路事業の計画制度と財政制度

表1-6　自動車関係諸税の概要（2008年度時点）

税目		道路整備充当分			2008年度収入額（億円）
		国	都道府県および政令市	市町村	
国税	揮発油税	全額			27,299
	石油ガス税	1/2			140
	自動車重量税	2/3×77.5/100			5,541
	計				32,979
地方税	地方道路譲与税		58/100	42/100	2,998
	石油ガス譲与税		1/2		140
	自動車重量譲与税			1/3	3,601
	軽油引取税		全額		9,914
	自動車取得税		3/10	7/10	4,024
	計				20,677
合計					53,656

出所：国土交通省資料より作成。

　図1-7にもあるとおり，自動車関係諸税のうち，揮発油税，石油ガス税および自動車重量税は国税として「道路整備特別会計」で管理されていた。自動車関係諸税の国税分は，国が行う直轄事業，都道府県が行う事業を奨励する補助事業および緊急地方道路整備事業を行うために支出されていた。そして，国庫支出金や地方道路整備臨時交付金として，道路整備特別会計から各都道府県および各市町村へ補助を行っていた。このように，国税分3税（揮発油税・石油ガス税・自動車重量税）は，いったん国が歳入をプールして，政治的意思決定過程などを経て歳出を行っていたため，地域間の受益と負担が乖離している状況，つまり地域間内部補助が生じていた[7]。

　一方，地方税分の自動車関係諸税は，事業主体別に大枠で配分されて，その後道路延長および道路面積に応じて各地方公共団体へ按分されていた。

4.2　地方財政計画と譲与税および交付税特別会計

　地方交付税法第7条で「内閣は，毎年度地方団体の歳入および歳出総額の見込額に関する書類を作成し，これを国会に提出するとともに，一般に公表

---

[7] 一般道路事業における地域間内部補助に関する指摘は，第2章を参照。

図1-7 道路整備特別会計の歳入・歳出（概念図）

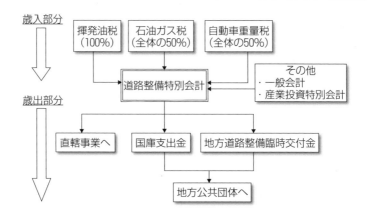

図1-8 地方財政計画での道路整備関係歳入項目

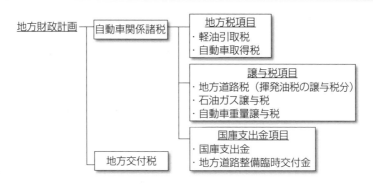

しなければならない」とされており，この「地方団体の歳入および歳出総額の見込額」を一般に地方財政計画と呼んでいる。地方財政計画の役割は，①地方財源を保障すること，②国家財政・国民経済等との整合性，そして③地方団体の毎年度の財政運営の指標，等があげられる。この計画は総務省が中心となって作成しており，都道府県はこの地方財政計画に基づき行政を行わなければならないために，裁量的に行政サービスを行うことが難しい。

ここで，地方財政計画に記載されている道路事業の項目に注目する。地方財政計画に記載されている歳入項目で道路事業にかかわる重要な項目は，自

動車関係諸税にかかわる項目と地方交付税である。自動車関係諸税にかかわる項目はさらに，図1-8のように地方税項目，譲与税項目，そして地方道路整備臨時交付金を含む国庫支出金項目の3つに区分することができた。このうち地方交付税と譲与税項目は，「交付税および譲与税特別会計」で管理され，国から地方公共団体へ支出されている。

4.3 地方債計画

地方債計画は，地方財政計画の下位計画で，毎年度地方団体が発行できる地方債総額を総務省と財務省が協議をして確定させる計画である。地方債計画は，前述した地方財政計画，その中でも特に地方交付税と密接なつながりがある。毎年度の地方交付税総額は，財務省と総務省がそれぞれ独自に算出を行い，両省の算定結果のギャップを補填する方法について財務・総務両大臣が最終的に折衝を行うという段階を経て，確定される。

これを地方財政対策というが，地方財政対策を取りまとめる段階では地方税および国庫支出金等の予算は別途すでに確定しており，地方の歳出額を確保するためには地方交付税および地方債でしか調整することができない[8]。したがって，地方交付税総額を確定する際は，同時に地方債の起債許可予定額が決定されなければならない。これが，地方交付税を含む地方財政計画と地方債計画が同時に策定される理由である。

地方債計画では地方債の起債許可予定額が決定されるが，安定的に地方債が消化されることを目的に，地方債計画が策定される際にあわせて引き受け先も決定される。地方債の引き受け先の中では，政府の役割が大きい[9]。したがって，地方債計画は地方財政計画とともに，地方債の引き受け原資となる財政投融資資金（政府資金の一部）の配分計画である「財政投融資資金計画」と同時に策定される。

8）詳細は，例えば土居（2007）を参照。
9）地域間でもその市場環境から起債発行の格差が生じている。具体的には，都市部では引き受け先の銀行の規模が大きく，引受けシ団を組みやすいことや市場公募しやすいため起債がしやすいが，地方部では引き受け先の銀行が少なく，規模も小さいため起債しにくい。この起債発行の地域間格差のため，地方部において政府資金の需要が大きいと思われる（都道府県へのインタビュー調査による）。

都道府県が地方債を発行する際には，第4章および第11章でも述べるように，地方債計画で総額が決まっているために裁量的に地方債を発行できなかった（起債許可制度）。都道府県が地方債発行をする際には，原則として総務省に発行許可申請を行い，総務大臣から許可をもらわなければならなかった。許可方法には，県単独事業の場合における，事業ごとに審査する「一件審査」方式と補助事業の場合における，都道府県ごとに発行許可額を一括して配分する「枠配分」方式の2種類あった[10]。そのため，補助事業と県単独事業において起債の優劣があり，補助事業に比べて県単独事業での起債は難しいと考えられる。

5　結論

　本章では，本章以降を読み進んでいくために必要な道路事業の状況，計画制度および財政制度の基礎的な情報を提供することを目的として，それぞれ整理を行った。本章でみてきた道路の状況，計画制度および財政制度を踏まえて，以降の章を読み進んでもらいたい。なお，本章の内容は主に1954年度から2008年度までのデータや制度に基づいている。2008年度以降のデータや制度は，本書での分析に必要なもののみ，当該章の中で取り扱われる。

---

10) 2000年に施行された地方分権一括法に基づき，起債許可制度は2006年から事前協議制へ変更された。この変更のポイントは，事前協議時に総務省から起債が許可されなくても，都道府県は県議会へ報告した上で独自に地方債を発行できるようになる点である。ただし，許可を得られなかった地方債は引き受け先に政府資金を使用することができなくなる。

第2章

自動車関係諸税の地域間配分に関する実態分析[1]

1 はじめに

　日本の道路事業を扱った先行研究の中で，近年特に重要なテーマとなってきたものが，自動車関係諸税の地域間配分である。これは，国と地方の財政状況の悪化を背景として，自動車関係諸税の使途の効率性や利用者負担の現状への疑問が大きくなっているからである。

　自動車関係諸税の地域間配分において，地域間で受益に対する費用負担の格差が生じていれば，利用者負担の意義，いいかえれば受益と負担の一致[2]が損なわれ，道路政策における使途の効率性や公平性を確保できない可能性がある。もちろん，道路特定財源は一般財源化されたが，自動車関係諸税が存在している以上，道路政策を分析する際には，1つの視点として受益と負担の視点を考慮することは重要であり，かつ定量的な評価を踏まえた上で今後継続的に検討することが必要である。

　本章では，道路政策に対して従来から指摘されている数多くの問題点の中から，自動車関係諸税の地域間配分に着目して，以下のように分析を行う。

　第1に，本章では，自動車関係諸税の地域間配分の状況を定量的に示すため，武田（1990）に従い還元率を算出した。具体的には，1955年度から2002年度までのデータを使用して[3]，先行研究より分析期間を拡張して算出する。また，本章では都道府県別と地方整備局別の2種類の還元率の算出を試みる。そして，算出された還元率の結果から，地域間内部補助の存在，すなわち地

---

[1] 本章は，後藤（2002）および後藤（2003a）をもとに，加筆・修正を加えたものである。
[2] 本章における受益とは，道路事業における実質投資額を限定的に指し，外部効果を含めた意味では使用していない。
[3] 後藤（2013）および後藤（2014a）では，2002年以降の還元率を算出して検討を加えている。

域間における受益に対する費用負担の格差の存在を指摘する。

第2に，自動車関係諸税の期待される性質を基礎として，地域間内部補助と政府間補助の議論から得られる知見と照らし合わせて，自動車関係諸税の地域間配分の問題点を明らかにする。

2 自動車関係諸税の地域間配分の状況

2.1 自動車関係諸税制度の概要と本章の研究対象

本節では，自動車関係諸税制度の概要および本章の研究対象について整理する[4]。自動車関係諸税にはさまざまな種類が存在するが，管理主体別に区分すると，大きく国（国土交通省）・都道府県・市町村の3つに区分できる。管理主体と自動車関係諸税の関係については，表2-1に示す。管理主体に対する大枠の自動車関係諸税の配分規定は，1958年施行の道路整備緊急措置法に基づいていた。

本章の対象は，揮発油税・石油ガス税・自動車重量税という自動車関係諸税の国税分3税（表2-1中の網掛け部分）の都道府県別および地方整備局別徴収額と国からの再配分額の比率である。国税分3税を分析する理由として，これら3税以外の諸税については，別途法令に従って各地方公共団体に配分されている[5]のに対し，国税分3税については地域間の配分方法が法令で明確に規定されておらず，配分基準がブラックボックスになっていたためである。

以上を踏まえて次節では，第1に公共投資の地域間配分とその評価概念の1つである社会資本の生産性に関する先行研究を整理する。第2に，自動車関係諸税の地域間配分に関する先行研究を整理する。その上で，自動車関係諸税の国税分3税を対象に，1955年から2002年までの各データを用いて，自動車関係諸税の地域間配分の状況を定量的に明らかにする。

---

4) なお，より詳細な道路事業の財政制度は，第3章で取り扱われる。
5) 地方道路税・軽油引取税・自動車取得税の配分規定は，各都道府県・市町村の道路面積および道路延長を基準に法令で規定されており，その修正事項についても別途法令で規定されている。

表2-1　管理主体と自動車関係諸税

税目		道路整備充当分			2008年度収入額（億円）
		国	都道府県および政令市	市町村	
国税	揮発油税	全額			27,299
	石油ガス税	1/2			140
	自動車重量税	2/3×77.5/100			5,541
	計				32,979
地方税	地方道路譲与税		58/100	42/100	2,998
	石油ガス譲与税		1/2		140
	自動車重量譲与税			1/3	3,601
	軽油引取税		全額		9,914
	自動車取得税		3/10	7/10	4,024
	計				20,677
合計					53,656

出所：全国道路利用者会議編（2010）に基づき，作成。

2.2　社会資本の生産性に関する先行研究

　ここでは，公共投資の地域間配分とその評価概念の1つである社会資本の生産性に関する先行研究を整理する。本来であれば，道路事業の生産性のみを扱った先行研究を整理することが本章の目的にかなうものであるが，道路事業の生産性のみを扱った先行研究は数少ない。そこで，長峯（2001a）でも行われているように，本節では公共投資全体あるいは道路事業をその一部に含む公共投資を扱った先行研究を対象として，自動車関係諸税収の地域間配分に対する知見を導出する。

　中島（1999）が指摘しているように，社会資本が一国全体の効率的な資源配分を目的として配分されているならば，全地域あるいは全産業において社会資本の限界生産性は同一となるはずである。そこで，長峯（2001a）は，1990年代までの先行研究の中から，公共投資の地域間配分と社会資本の生産

性に関する先行研究を9本取り上げて、以下の2つに分類した。

①経済全体の効率性を高めるための公共投資の配分方法を検討した研究
②これまでの地域間配分が何を目的としたものなのかを実証した研究

長峯（2001a）による先行研究の整理の結果、①に関する研究では、大都市圏と地方圏の比較により、社会資本の生産性が相対的に高い大都市圏での公共投資の配分シェアを高めるべきだという結論が大多数を占めていることが明らかになった。

また、②に関する先行研究の議論では、公共投資の従来の目的が、効率的な資源配分を目指したものというよりも、地域間の経済成長格差や所得分配の是正を目指したものであることが数多く示された。

①に分類される先行研究の中で、道路事業を扱った数少ない研究として、林（2004）がある。林（2004）は、24年間（1975年度〜1998年度）を分析期間として、11ブロック[6]のプーリングデータを用いて道路ストックの限界生産性を推定した。推定の結果[7]、従来の道路事業では、経済力の弱い地域に、短期的な需要創出効果を期待して道路関連の財政資金を投入してきたものの、社会資本の限界生産性が低いことによって地域の生産力増強にはそれほど寄与しなかったことが明らかとなった。

一方、②に分類される先行研究で道路事業を扱った研究として、長峯（2001b）、田邉・後藤（2005）および田邉・後藤（2014）などがある。これらの先行研究では、自動車関係諸税収の地域間配分に影響を与えた要因として、政治的影響力や地域間所得再分配政策の存在をあげて、自動車関係諸税収が本源的需要と乖離した要因に基づき配分されている割合が少なくないことが明らかとなった。

以上から、社会資本の生産性の観点からみれば、社会資本の限界生産性の

6）北海道、東北、東京、東京を除く首都圏、北関東・甲信、北陸、東海、近畿、中国、四国および九州の全11ブロックを指す。
7）道路ストックの限界生産性（1998年度）の推計結果は、東京が0.135であったのに対して北海道は0.014と、地域間で大きな限界生産性の差が存在していた。

高い都市部に重点的に道路投資すべきであるが，実際は本源的需要と乖離した要因に基づき，相対的に社会資本の限界生産性の低い地方部に道路投資がなされていたことがわかった。

それでは，自動車関係諸税収の地域間配分にはどのような偏りが存在していたのだろうか。次項以降では，自動車関係諸税収の地域間配分を表す1つの指標である還元率の時系列的推移を定量的に算出して，その結果の検討を行う。

2.3 自動車関係諸税の地域間配分に関する先行研究と還元率の意味

ここでは，自動車関係諸税の地域間配分を扱った先行研究を整理する。

小椋（1984）は，1979年度の各都道府県での道路・街路投資実績を被説明変数としたクロス・セクション推計を行い，道路面積と政治力に基づいた資金配分が行われたという仮説を支持した。また，道路事業費の地域間配分の効率性について，1979年度のデータを用いて，道路がもつ公共財の性質を利用した効率性基準を計測した結果，道路ネットワークの効率性を低下させるような地域間配分が行われていたと結論づけた。

武田（1990）は，1981年度の都道府県別一般道路事業費を分子に，そして軽油引取税などの地方道路利用者税収の地域別比率で測定した揮発油税と自動車重量税の地域別収入を分母に用いて，その比率を地域別還元率として，自動車関係諸税収の地域間配分の実態を明らかにした。地域別還元率の算出結果が1より大きい場合は，当該都道府県は自地域における税収よりも国からの補助が多いことを意味し，還元率の算出結果が1より小さい場合は，その逆を意味する。算出結果によると，北海道，北陸，山陰，および四国では，税収の1.3倍から2.3倍の道路支出を国からの補助を受けて行っている反面，3大都市圏およびその近隣では，6〜7割しか税収額に対する還元を受けていなかった。

味水（2003）および味水（2008）は，道路事業の地域間での受益と負担の関係について，1974年度から1999年度のデータを使用して，分析を行った。その結果，1970年代以降，費用負担指標が基本的には逓減傾向にありながらも，1999年度に再び上昇に転じていることを明らかにして，地域間の受益と負担を管理する必要性を示した。

高林（2005）は，1980年度から1999年度までの5時点における受益（道路整備費（国費分））と負担（国の自動車関係諸税の納税額）の比率を比較した結果，都市圏から地方圏への地域間再分配が行われていることを指摘した。

　上村（2006）は，2003年度のデータを用いて都道府県別および地域ブロックごとの受益負担比率を測定した。その結果，地域別にみた場合，道路整備特別会計において都市部から地方部への地域間所得再分配が行われていることが明らかとなった。

　このように先行研究を整理すると，自動車関係諸税収の地域間配分の実態を明らかにするものとして，先行研究によって名称は異なるものの，還元率の概念が基礎となっていることがわかる。

　そこで本章では，武田（1990）に基づき，還元率について，「当該都道府県に対して国が負担する一般道路整備額（つまり国が補助する金額）を当該地域で徴収したであろう自動車関係諸税の国税分3税の税収（以下推計税収）で除した指標」と定義し，以下の式で表す。

$$還元率 = \frac{当該都道府県に対する国からの補助額}{当該都道府県における自動車関係諸税（国税分3税）の推計税収額}$$

　本章では，1955年度から2002年度の各データを用いて，上記の方法で自動車関係諸税の国税分3税の地域別の還元率の算出を試みる。ただし，武田（1990）に対して，以下の3点の課題がすでに指摘されており[8]，本章ではその課題の克服もあわせて目指す。

① 都道府県別の自動車関係諸税の国税分3税のデータが体系的に公表されていないため，推計税収額を軽油引取税等の地方道路利用者税収の地域別比率から算出している点
② 国からの補助額において，国税分3税にくわえて，一般財源を含むデータが使用されている点

8）①・②に関しては今橋（1992）を参照。③は筆者の指摘である。③は，一般道路事業が道路整備5箇年計画に基づいて実施されていたため，単年度で還元率をみると，年度により算出結果の偏りが発生してしまう可能性があることによる。

③単年度（1981年度）のみ算出されており，その算出年度前後の還元率の推移について分析がなされていない点

2.4 還元率の算出方法と算出結果

還元率を算出する際には，当該都道府県に対して国が負担する一般道路整備額および推計税収額が必要である。当該都道府県に対して国が負担する一般道路整備額は，表2-2に示されているとおり，体系的に公表されているデータが使用可能である。しかし，都道府県別の自動車関係諸税の国税分3税徴収額は，都道府県ごとに公表されていないため，推計する必要がある。

本章では，表2-2のように都道府県別の自動車関係諸税の国税分3税徴収額をそれぞれ推計して，積算した。ただし，推計方法は先行研究と以下の点で異なる。

表2-2 推計値の算出方法とデータの出所

	種別	算出方法	出所
推計税収	揮発油税	各年度都道府県別揮発油販売量に当該年度の税率を掛け合わせ，税収を推計	①石油統計年報（1956-1974，通商産業省大臣官房調査統計部）②エネルギー統計年報（1975-1979，通商産業省大臣官房調査統計部）③エネルギー生産・需給統計年報（1980-2001，通商産業省大臣官房調査統計部）④資源・エネルギー統計年報（2002-2003，経済産業省経済政策局調査統計部・経済産業省資源エネルギー庁資源・燃料部）
	石油ガス税	各年度の都道府県別LPG自動車保有台数で各年度の全国合計値を按分	①道路ポケットブック（2005年度版，国土交通省道路局），②自動車保有車両数（1956-2003，国土交通省自動車交通局）
	自動車重量税	各年度の都道府県別自動車保有台数で各年度の全国合計値を按分	①道路ポケットブック2005年度版，国土交通省道路局），②自動車保有車両数（1956-2003，国土交通省自動車交通局）
国が負担する一般道路整備額	国からの補助額	一般道路事業と都市計画街路事業における国からの補助金の合計	道路統計年報（1956-2003，国土交通省道路局）

第1に,揮発油税の各都道府県別推計税収であるが,武田(1990)では,軽油引取税等の地方道路利用者税収の地域別比率を全国合計値に按分して算出している。しかし,より実態に近づけるため,本章では年度別での都道府県別揮発油販売量から当該年度の揮発油税率を掛け合わせ,推計税収を算出

表2-3　揮発油税の集計データと積み上げデータの乖離率(単位:億円)

	揮発油税収(A)	推計結果(B)	乖離率(B／A)		揮発油税収(A)	推計結果(B)	乖離率(B／A)
1955	260	292	1.12	1979	14,663	16,227	1.11
1956	343	344	1.00	1980	15,276	16,121	1.06
1957	504	515	1.02	1981	15,277	16,400	1.07
1958	567	593	1.05	1982	16,654	16,634	1.00
1959	800	897	1.12	1983	16,632	17,009	1.02
1960	963	1,078	1.12	1984	16,095	17,476	1.09
1961	1,398	1,495	1.07	1985	16,945	17,707	1.04
1962	1,733	1,514	0.87	1986	16,843	18,075	1.07
1963	1,903	2,002	1.05	1987	17,130	18,587	1.09
1964	2,340	2,421	1.03	1988	17,825	19,440	1.09
1965	2,509	2,597	1.04	1989	18,719	19,740	1.05
1966	2,777	3,071	1.11	1990	20,046	20,484	1.02
1967	3,319	3,488	1.05	1991	21,377	21,039	0.98
1968	3,814	3,983	1.04	1992	22,113	21,667	0.98
1969	4,314	4,548	1.05	1993	22,910	21,996	0.96
1970	5,035	5,146	1.02	1994	23,789	24,478	1.03
1971	5,622	5,641	1.00	1995	23,904	24,894	1.04
1972	6,021	6,160	1.02	1996	25,217	25,717	1.02
1973	6,550	6,836	1.04	1997	26,281	26,184	1.00
1974	6,954	7,900	1.14	1998	26,614	27,227	1.02
1975	8,363	8,351	1.00	1999	26,867	27,545	1.03
1976	10,124	11,134	1.10	2000	27,736	27,997	1.01
1977	11,400	11,718	1.03	2001	28,622	28,388	0.99
1978	12,830	12,516	0.98	2002	28,414	29,066	1.02

注)網掛けの部分は,乖離が10%以上の年度をあらわしている。

した。表2-3では，公表されている揮発油税の全国合計値と本章で算出した揮発油税の積算値を比較している。比較の結果，全国合計値と乖離が10％以上の年度は，48年度中8年度であった。この乖離は，当該年度の途中に揮発油税率の変更があったためと考えられる。

　第2に，武田（1990）では，推計税収に対する石油ガス税の算入が不明確であるが，本章では，石油ガス税が課税されるLPGを燃料とする自動車の都道府県別保有台数で石油ガス全国値を按分することにより，推計税収に参入している。

　第3に，武田（1990）では，自動車重量税の都道府県別推計税収について，揮発油税の算出方法と同様に，軽油引取税等の地方道路利用者税収の地域別比率を全国合計値に按分することにより算出している。しかし，より実態に近づけるため，本章では都道府県別自動車保有台数で自動車重量税の全国値を按分することにより算出している。

　以上の算出方法により算出された都道府県別の自動車関係諸税の国税分3税の推計徴収額を合算して，都道府県別の推計税収を作成した。

　一方，当該都道府県に対して国が負担する一般道路整備額は，『道路統計年報』内の「道路・都市計画街路事業費（総括・合計）」における「国負担分」の都道府県別データを使用した。ただし，この事業費には，純一般財源やNTT財源という，いわゆる国費内の一般財源が含まれており，先行研究の改善はデータの制約上いまだなされていない。

　以上のようなデータをもとに，1955年度から2002年度までの都道府県別の還元率を求めた。ただし，一般道路事業は，上記期間中道路整備5箇年計画をもとに実施されていたため，単年度の還元率をみることはあまり有益ではない。

　そこで本章では，道路整備5箇年計画ごとに還元率を算出した。なお，還元率の算出対象であるが，本章では，事業実態を踏まえて都道府県別と表2-4のように地方整備局別の2種類の還元率を求めている。

　都道府県別の還元率の算出結果は，表2-5のようになった。また，表2-5の算出結果の一部および地方整備局別の還元率の算出結果の一部を図示したものが本章末に掲載してある。

表2-4 地方整備局と管轄都道府県

地方整備局	都道府県
北海道開発局	北海道
東北	青森・岩手・宮城・秋田・山形・福島
関東	茨城・栃木・群馬・埼玉・千葉・東京・神奈川・山梨・長野
中部	岐阜・静岡・愛知・三重
北陸	新潟・富山・石川
近畿	福井・滋賀・京都・大阪・兵庫・奈良・和歌山
中国	鳥取・島根・岡山・広島・山口
四国	徳島・香川・愛媛・高知
九州	福岡・佐賀・長崎・熊本・大分・宮崎・鹿児島
内閣府沖縄総合事務局	沖縄

出所：全国道路利用者会議（2006）に基づき，作成。

　ここで，表2-5にある「全国計」という項目は，全都道府県の推計税収と一般道路整備額（国負担分）をそれぞれ合算して算出した還元率である。本来であれば，「全国計」の還元率は1になるべきであるが，前述した揮発油税の推計税収算出の際の乖離や一般道路整備額（国負担分）に一般財源が含まれていることから，還元率が1になっていない。この点は今後の課題となる。また，表2-5にある「全国平均」という項目は，都道府県別に算出した還元率の単純平均である。還元率の算出結果から，以下の4点が指摘できる。

①北海道と沖縄の還元率が，他の都道府県の還元率と比較して明らかに高い点
②東京都，愛知県および大阪府というような都市部の還元率は1より小さく，地方部の還元率は概して1より高い点
③②の傾向は，1955年度から2002年度まで概ね変化がみられない点
④地方整備局別に求めた還元率の算出結果においても，都道府県別に求めた還元率の算出結果と同様の性質（①～③）が指摘できる点

　①の原因として，北海道と沖縄県の道路事業は，それぞれ（旧）北海道開発庁・（旧）沖縄開発庁所管で別途事業費が計上されていた点が影響を及ぼしている。一方，②，③および④は，日本の一般道路事業において，次節で論じる地域間内部補助が継続的に存在していたことを意味している。

第2章
自動車関係諸税の地域間配分に関する実態分析

表2-5　各道路整備5箇年計画における都道府県別還元率の算出結果

	第1次	第2次	第3次	第4次	第5次	第6次	第7次	第8次	第9次	第10次	第11次	第12次
北海道	3.193	3.183	2.908	2.891	2.874	3.196	2.525	2.425	2.590	3.153	3.378	3.043
青森	0.834	1.063	1.086	1.063	1.031	1.320	1.172	1.213	1.199	1.359	1.322	1.211
岩手	1.240	1.587	1.499	2.090	2.301	1.957	1.561	1.443	1.466	1.843	1.748	1.598
宮城	0.717	1.126	1.003	0.940	0.865	0.905	0.897	0.808	0.774	0.863	0.882	0.830
秋田	1.802	2.278	2.547	1.988	1.431	1.714	1.519	1.396	1.429	1.824	1.995	1.977
山形	1.329	1.954	2.151	2.066	1.640	1.717	1.620	1.538	1.597	1.845	1.904	1.847
福島	1.306	1.760	1.652	1.542	1.262	1.259	1.143	1.160	1.217	1.367	1.390	1.165
茨城	1.067	0.864	0.687	0.941	0.904	0.766	0.684	0.705	0.714	0.686	0.717	0.787
栃木	0.926	0.708	0.519	0.631	0.767	0.884	0.726	0.710	0.608	0.692	0.697	0.807
群馬	1.088	0.835	0.674	0.691	0.665	0.701	0.686	0.766	0.739	0.777	0.701	0.673
埼玉	0.943	0.690	0.793	0.885	0.697	0.721	0.637	0.696	0.510	0.559	0.574	0.535
千葉	0.665	0.658	0.581	0.702	0.723	0.741	0.591	0.519	0.393	0.428	0.486	0.462
東京	0.098	0.378	0.528	0.617	0.587	0.578	0.435	0.410	0.412	0.451	0.513	0.470
神奈川	0.514	0.446	0.557	0.772	0.636	0.607	0.529	0.501	0.445	0.457	0.551	0.610
新潟	1.375	1.909	2.297	1.980	1.593	1.719	1.542	1.505	1.502	1.547	1.423	1.383
山梨	1.129	1.357	0.926	1.023	1.156	1.163	1.188	1.372	1.255	1.472	1.679	1.665
長野	1.164	1.188	1.194	1.115	0.966	1.054	0.759	0.518	0.545	0.601	0.580	0.677
富山	1.560	1.305	1.053	0.959	1.011	1.126	1.036	0.990	1.049	0.992	1.030	0.946
石川	1.566	1.156	0.814	0.904	0.997	1.120	0.941	0.870	0.737	0.821	0.836	0.906
岐阜	0.912	0.959	1.055	1.090	0.881	0.978	1.020	1.097	1.040	1.203	1.414	1.276
静岡	0.954	0.623	0.489	0.689	0.804	0.772	0.589	0.557	0.556	0.636	0.739	0.872
愛知	0.550	0.465	0.426	0.510	0.499	0.516	0.486	0.398	0.321	0.392	0.430	0.390
三重	0.999	0.964	1.311	1.557	1.155	1.335	1.219	1.930	1.950	2.016	2.082	2.139
福井	2.035	1.637	1.334	1.282	1.221	1.351	1.467	1.778	1.897	1.983	2.211	2.167
滋賀	2.606	1.309	0.849	0.869	0.873	1.113	0.905	0.877	0.780	0.742	0.776	0.690
京都	0.614	0.681	0.662	0.656	0.612	0.666	0.570	0.717	0.760	0.909	1.060	1.425
大阪	0.259	0.283	0.457	0.873	1.000	0.746	0.572	0.541	0.455	0.557	0.614	0.537
兵庫	0.735	0.968	0.794	0.899	0.967	0.977	0.811	0.862	0.851	0.859	1.341	0.982
奈良	1.739	1.189	2.034	1.798	1.620	1.561	1.463	1.504	1.248	1.188	1.259	1.514
和歌山	0.925	1.019	1.162	1.400	1.062	1.094	1.064	1.184	1.193	1.458	1.618	1.835
鳥取	1.906	2.355	2.342	2.240	1.896	1.955	1.925	1.721	1.648	1.936	2.070	2.262
島根	1.441	2.899	3.894	3.060	2.160	1.969	1.805	1.903	1.726	2.073	2.158	2.560
岡山	1.255	1.064	0.756	1.026	1.077	1.029	0.862	0.860	0.811	0.843	0.897	0.756
広島	1.249	1.012	0.839	1.007	1.053	1.091	0.862	0.922	0.951	1.108	1.129	1.091
山口	1.247	1.464	1.196	1.077	1.054	1.227	1.127	1.017	0.968	1.077	1.146	1.106
徳島	1.175	1.351	1.496	1.753	1.739	1.686	1.393	1.283	1.212	1.365	1.549	1.601
香川	1.196	1.260	1.043	0.802	0.716	0.894	0.812	0.839	0.796	0.911	0.927	0.721
愛媛	1.084	1.317	1.448	1.660	1.498	1.321	1.326	1.297	1.204	1.377	1.412	1.618
高知	1.244	1.667	2.114	2.555	2.476	2.155	1.760	1.765	1.720	1.891	2.236	2.584
福岡	0.521	0.462	0.443	0.574	0.643	0.749	0.696	0.705	0.603	0.687	0.780	0.824
佐賀	1.451	1.283	1.003	1.011	1.269	1.612	1.435	2.101	0.960	1.016	1.015	1.129
長崎	1.333	1.006	0.909	1.195	1.160	1.229	1.068	0.987	0.983	1.166	1.255	1.273
熊本	0.769	1.182	1.210	1.067	1.061	1.137	0.978	0.907	0.888	0.997	1.005	0.998

45

大分	1.410	2.144	1.745	1.425	1.547	1.459	1.311	1.389	1.348	1.458	1.368	1.574
宮崎	1.412	1.808	2.170	2.002	1.678	1.938	1.669	1.401	1.403	1.530	1.534	1.452
鹿児島	1.098	1.369	1.269	1.274	1.229	1.141	1.075	1.197	1.217	1.355	1.388	1.475
沖縄	0.000	0.000	0.000	0.000	0.000	4.269	3.193	3.870	3.657	3.542	3.651	3.584
全国計	0.840	0.909	0.928	1.045	1.016	1.064	0.936	0.947	0.890	0.981	1.062	1.038
全国平均	1.188	1.265	1.259	1.286	1.197	1.303	1.142	1.174	1.113	1.234	1.308	1.320

3 自動車関係諸税の存在意義と補助の問題点

　前節では，都道府県別と地方整備局別に求めた還元率の算出結果から，一般道路事業において，地域間内部補助が継続的に存在していたことを定量的に明らかにした。ここでは，地域間内部補助とその手法である政府間補助の問題点について述べる。

　ただし，地域間内部補助および政府間補助の問題点について述べる際には，本書が対象としている自動車関係諸税の期待される性質が議論の基礎となると思われる。そこで，第1に自動車関係諸税の期待される性質について整理を行う。そして第2に，自動車関係諸税の期待される性質を踏まえて，道路事業における地域間内部補助および政府間補助の問題点について述べる。

3.1 自動車関係諸税の期待される性質

(1) 公共財供給の議論からみた期待される性質

　自動車関係諸税は，一般道路事業の費用を賄うため，道路利用者に費用負担を課す性質のものであり，当初は収入と支出がリンクした目的税としての側面をもっていた。そこで，ここでは，公共財と目的税の一連の議論を整理することによって，自動車関係諸税の期待される性質を明らかにする。

　序章でも述べたように，公共財は，消費における非排除性と非競合性という2つの特徴をもっている。公共財の2つの性質から，道路の性質についてみると，道路は非排除性を有する財であることが理解できる。

　より具体的にみていくと，道路の種類は，大きく有料道路と一般道路の2つに区分できる。有料道路事業の費用負担は，高速走行の便益に対する道路利用者の支払意思に基づいた利用者負担と解され，料金所を設置するなどで

排除可能であることから，個人的な利用者負担の原則を持ち込むことが是認されてきた[9]。

しかし，一般道路事業の費用負担の場合，有料道路事業のように個人的な利用者負担の原則を持ち込むことは，料金所を設置することによる排除費用が禁止的な費用になることを考慮すれば，資源配分上非効率になるであろうことは容易に想像がつく。

消費の非排除性をもつ財を供給する場合，市場メカニズムを通じた供給ではフリーライダー問題が原因で過小供給が生じることが知られている。そのため，公共財供給には市場の失敗が存在するとして，伝統的に政府の市場介入の根拠となってきた。

それでは，道路を供給する際に，市場メカニズムに代わる費用負担の仕組みについてどのように考えることができるのであろうか。公共財の最適供給に関する代表的な論文であるSamuelson（1954）およびSamuelson（1955）では，公共財を等量消費財として位置づけ，消費者選好理論を適用して，以下の式のような公共財の最適供給量をあらわす条件を明らかにした。

$$\sum_{i=1}^{n} MB_i = SMC$$

これは，公共財の使用から得られる各個人（n人存在）の限界便益（= MB_i）の垂直的な総和である社会的限界便益が，公共財生産時の社会的限界費用（= SMC）と等しくなる関係が，公共財の最適供給条件となることを意味する。くわえて，私的財供給のときと同様に，公共財供給の際にも価格を想定することにより，パレート最適性が達成されることも明らかにした。

ただし，このようなSamuelson条件の導出過程では，各個人の選好について，政府との間に情報の対称性，つまり「全知全能の政府」が仮定されていた。そのため，Samuelson条件を満たす，市場メカニズムに代わる公共財の供給メカニズムの解明が次の議論の中心となる。

Johansen（1963）は，以下のような2個人，2公共財，2私的財のモデ

9）宮川（2004），p.15を参照。

ルを用いて，各個人の各公共財に対する選好に基づく負担方式によってパレート効率性の観点から望ましい結果が得られるということを明らかにした。

今，各個人AとBがそれぞれの保有する所得（R_AとR_B）を制約として，所与の私的財と公共財の価格に基づいて，効用最大化を満たす私的財と公共財の組み合わせを選択することとする。このとき，2私的財の消費量を貨幣換算したものをそれぞれXとY，2公共財の消費量を貨幣換算したものをそれぞれG_1とG_2とすると，各個人の効用関数は，

$$U_A = F_A(X, G_1, G_2), \quad U_B = F_B(Y, G_1, G_2) \tag{1}$$

とあらわすことができる。また，各個人の予算制約は，公共財供給に関する負担割合をhとすると，

$$X + h(G_1 + G_2) = R_A, \quad Y + (1-h)(G_1 + G_2) = R_B \tag{2}$$

とあらわすことができる。

このように，公共財に対する負担割合を一括とした場合，(2)式のもとで効用極大化を行えば，

$$\frac{\partial F_A}{\partial G_1} = \frac{\partial F_A}{\partial G_2} = \frac{\partial F_A}{\partial X} \tag{3}$$

$$\frac{\partial F_B}{\partial G_1} = \frac{\partial F_B}{\partial G_2} = (1-h)\frac{\partial F_B}{\partial Y} \tag{4}$$

という2式を得る。ここで，変数（G_1, G_2, X, Y, h）が5つ存在するのに対して，(1)～(4)式の合計6つの方程式が存在するため，過剰決定体系となってしまう。

この過剰決定を解決するために，各公共財に対する負担割合を個別に設定する。つまり，G_1に対する負担割合をh_1，G_2に対する負担割合をh_2とすると，(2)式は，

$$X + h_1 G_1 + h_2 G_2 = R_A, \quad Y + (1-h_1)G_1 + (1-h_2)G_2 = R_B \tag{5}$$

と置き換えることができる。(5)式のもとで，効用極大化を行えば，

$$\frac{\partial F_A}{\partial G_1} = h_1 \frac{\partial F_A}{\partial X}, \quad \frac{\partial F_A}{\partial G_2} = h_2 \frac{\partial F_A}{\partial X} \tag{6}$$

$$\frac{\partial F_B}{\partial G_1} = (1-h_1)\frac{\partial F_B}{\partial Y}, \quad \frac{\partial F_B}{\partial G_2} = (1-h_2)\frac{\partial F_B}{\partial Y} \tag{7}$$

という式を得る。このとき,過剰決定問題は解決され,かつ Samuelson 条件も満たす。

以上の議論から,Johansen (1963) は,公共財に対する費用負担を一括で徴収する場合は,過剰決定問題が生じて解を求めることはできないが,各公共財に対して個別の負担方式を導入することにより,過剰決定問題を回避してパレート効率性を満たすことを示した。

また,Hurwicz (1979) は,各消費者が他の消費者の行動を所与として合理的行動を行う場合,パレート効率性と個人の合理性を満たすような配分を実現するためには,リンダール・メカニズムと同様の消費行動を行わなければならないことを明らかにした。

一方,公共財供給に際して,各個人の選好に基づく負担方式によってパレート効率性の観点から望ましい結果が得られるとしながらも,各個人の選好に基づく負担方式を導入すれば,フリーライダー問題が発生してしまうという指摘がある。

公共財に関する選好顕示問題を研究したものに,Clarke (1971) および Groves and Loeb (1975) により提起された,すべての需要者に自らの真の選好を政府に報告させるインセンティブをもたせようとするピボタルメカニズムの研究がある。しかし,ピボタルメカニズムは,理論上各個人の真の選好を顕示させることが可能であるとされたが,各個人の選好にばらつきが大きい場合や受益の範囲が広い公共財供給の場合は,その複雑さから利用できないという限界が明らかとなっている[10]。

それでは,道路のような消費の非排除性をもつ財の供給水準とその費用負担を独立させることが,資源配分の効率性の観点からみて望ましいことなの

---

10) 常木 (2002), pp.54-59を参照。

だろうか。消費の非排除性をもつ財の供給水準とその費用負担を独立させた場合，公共財が正の便益をもたらすかぎり，各個人は選好を過大に顕示して，フリーライダー問題が発生することが明らかである。そのため，フリーライダーを排除するためには，公共財に対する費用負担と供給水準は何らかの形でリンクさせることが望ましい[11]。

したがって，消費の非排除性をもつ道路の費用負担を担う自動車関係諸税の期待される性質として，限界はあるものの，できるかぎり個人の選好を適切に表明させ，かつフリーライダーを排除するために，整備水準とその費用負担をリンクさせることがあげられるだろう[12]。

(2) 目的税の議論からみた期待される性質

次に，政府の存在を明示的に考慮して，自動車関係諸税の意義について検討してみよう。近代国家の予算統制の原則として，さまざまな税種がそれぞれ特定の支出に目的税化されると，議会の意思による望ましい支出を実現させる可能性が失われるため，特定の支出に税種をリンクさせるべきではないとする目的非拘束（non-affectation）の原則がある。

山本（1995）によれば，目的非拘束の原則が成立する前提として，以下の3つの条件をあげている。

①民主主義が前提されており，国民の意思が財政活動に適正に反映されていること
②政治家が可能なかぎり国民の意思を反映した賢明で公正な意思決定を行うこと
③議会などの意思決定機関で決定された意思を，最も効率的かつ公正忠実に実行する官僚群が存在すること

---

[11] 本間（1973），pp.46-47を参照。
[12] 中条（1996b）でも指摘があるように，料金の徴収技術が進歩すれば，料金所なしで各道路の利用者からその対価を徴収することが可能になり，自動車関係諸税の存在意義は大幅に薄れることになる。

第2章
自動車関係諸税の地域間配分に関する実態分析

しかし,このような民主主義の理念が現実的ではない場合,つまり政府が国民の社会的厚生を最大化するような「全知全能」な主体ではない場合,目的税の存在意義が生じる。

Buchanan (1963) にはじまる目的税の議論では,政府の失敗が存在するという観点から,公共財に対する財政支出を検討する際に,「普通税と目的税のどちらが公共財供給の財源を調達する際に資源配分上望ましいのか」という,いわゆる財政選択の問題について検討が加えられてきた。

Buchanan (1963) は,警察と消防という2つの公共財を政府が供給するモデルを提示した。Buchanan (1963) のモデルでは,Samuelson 条件の前提と同様に,公共財供給と費用負担は,個人の選好に基づくこと,かつ社会の集合的平均として「代表者」1人を設定する。

また,公共財に対する租税価格に応じた代表者の需要の提示と政府の単位当たり費用の提示から,公共財の供給量が決定される。そして,費用一定で,限界費用と平均費用が一致しているとする。さらに,警察と消防という2つのサービスは結合して需給され,1単位を100円で利用できる2つのサービスの組み合わせとする[13]。D_fは消防の需要を示し,D_pは警察の需要を示しており,D_f+D_pは警察と消防サービスの需要の垂直和であり,総需要となる。

今,目的税と普通税であっても個人の需要に応じた支出額が達成される比率を完全均衡予算比率と呼ぶ。

以下では,完全均衡予算比率が警察1単位当たり40円,消防1単位当たり60円となる場合を想定して,普通税の配分が完全均衡予算比率に従わない場合,目的税が達成するような個々のサービスの最適供給が達成されない可能性を明らかにする。図2-1では,完全均衡予算比率での最適供給量はXとなる。

ここで,前述した需要に関する条件は変更せず,予算比率を警察1単位当たり50円,消防1単位当たり50円という割合に変更すれば,各需要曲線は,D_f',D_p',および$D_f'+D_p'$となる[14]。

---

13) 原文では,貨幣単位はセントである。
14) 図の需要曲線は,Buchanan が仮定した需要方程式から導かれる。詳しくは,Buchanan (1967), pp.85-87(山之内・日向寺訳(1971), pp.92-94)を参照。

図2-1 普通税と目的税における予算配分

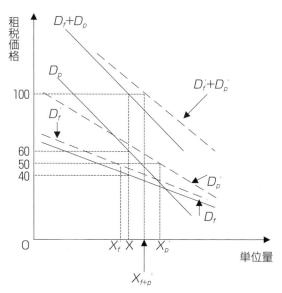

出所：Buchanan（1963）およびBuchanan（1967），pp.85-87（山之内・日向寺訳（1971），pp.92-94）から引用。

このとき，警察サービスの最適供給量は，OX_f'，消防サービスの最適供給量はOX_p'となり，完全均衡予算比率時と比較して，警察サービスの供給量は$X - X_f'$分減少し，消防サービスは，$X_p' - X$分増加する。これは，目的税から普通税に移行して，完全均衡予算比率から乖離すれば，一方の需要を過小評価し，かつもう一方の需要を過大評価することを意味する[15]。

同時に，予算規模が，$X_{f+p}' - X$分増加している。これは，目的税から普通税に移行して，完全均衡予算比率から乖離すれば，予算全体の規模が拡張することを意味する。

以上の議論から，目的税から普通税へ移行することは，完全均衡予算比率で配分しないかぎり，個人の選好を歪める可能性があることがわかった。あわせて，一方の公共財の需要者の負担によって納税者余剰が生じることが結

---

15) 需要の過大・過小評価は，需要弾力性の相対的な大きさに由来する。

論として得られる。

　普通税と比較した場合の目的税の意義に関するその他の研究として，Burennan and Buchanan（1978）がある。Burennan and Buchanan（1978）は，歳入の最大化をはかる「リヴァイアサン」政府のもとでは，政府の課税権に制約を加える目的税の方が，政府の肥大化を抑制する手段として有効であると論じた。

　Newbery and Santos（1999）は，イギリスの高速道路整備における財源調達の方法について考察を加えて，「適切に適用されるならば」，目的税がもつ「価格」というシグナル機能が資源配分上望ましい状況に導くことを主張した。また同時に，単年度による予算制度の非効率性や硬直性を排除した形で，複数年による投資計画が容易に設計できる点をあわせて目的税設置の意義とした。

　Hsiung（2001）は，Burennan and Buchanan（1978）の議論を土台として，目的税の意義について，「目的税として徴収したある特定の予算項目で問題が生じた場合に，他の予算項目にまでその問題が拡大することを防ぐ役割があること」を主張した。

　一方，政策決定プロセスにおける，政党と有権者間の「コミットメント」としての意義を目的税に見いだしている議論もある[16]。Brett and Keen（2000）およびAnesi（2006）は，現在の与党が選挙に勝利する1つの戦略として，有権者の大多数が好むと思われる公共財を賄う財源を目的税化する行動モデルを提示した。このモデルでは，選挙後に目的税に関する公約は変更できないと想定した。そのため，有権者が将来の与党の行動に対して制約を課し，政治の不確実性を減少させる意義を目的税に見いだした。

　このように，厚生経済学が提示した歳入と歳出の分離という考え方や従来の最適課税理論の結論とは正反対の主張である目的税について，Buchanan（1963）以来，肯定的な議論がなされてきた一方で，懐疑的な議論も存在する。

---

[16] Brett and Keen（2000）およびBös（2000）に関する考察は，目的税の経済分析プロジェクト（2001）の中で詳細に行われている。

Deran（1965）は，①効率的な予算統制を阻害する，②廃止がしにくい，③財政の硬直化が生じるなどを理由に，目的税の意義に疑問を投げかけた。

　Bös（2000）は，情報の非対称性が存在している中で，議会が社会的厚生を最大化する場合と得票最大化する場合において，そのどちらの場合でも目的税を正当化しにくい状況が存在すると論じた。

　Hsiung（2001）は，政策決定プロセスにおいて，高速道路整備に関する目的税収が大量交通機関への補助やその他のサービスに使用されるといった，目的税の本来の使途とは異なった支出へ政治的圧力が働くことは非常に問題であると指摘した。

　以上のように目的税に関する先行研究を整理してみると，自動車関係諸税は，現在の技術水準を考慮すれば，できるかぎり個人の選好を適切に表明させ，かつフリーライダーを排除できる課税方法であることがわかる[17]。さらに，整備水準と費用負担をリンクさせるという意味において，資源配分上の効率性の観点からみれば，自動車関係諸税は本来優れた機能を有していると思われる。

　また，自動車関係諸税は，市場メカニズムに代わる分権的な意思決定システムとして，期待される性質の1つであるシグナル機能が資源配分上望ましい状況に導くことや，政治の不確実性を減少させて安定的な投資計画を策定できる意義も本来もっていることが明らかとなった。

　ただし，日本の自動車関係諸税制度を考察すれば，全国画一的な税率での徴収や徴収後の全国プール制での運用，あるいは地域間配分の偏りなど，制度の運営自体がその期待される性質を損なわせていた可能性がある。

　鷲見（2003）によれば，公共選択論におけるこれまでの研究から，目的税の優位性は地方での公共サービスの財源調達方法として発揮される。自動車関係諸税が全国プール制での運用となっていたことを考えれば，本来の目的税としての本来の自動車関係諸税の機能を高めるためには，地方への財源移譲という手法も考えられるだろう。

　そこで，次節では，自動車関係諸税の地域間配分の実態から明らかとなる

17）将来的には，一部の一般道路においても，ETCを利用して，直接的に利用者に課金する費用負担方式ができる可能性も存在する。

問題点について，地域間内部補助および政府間補助の議論を用いて整理する。

3.2 自動車関係諸税の地域間配分の問題点

前節では，自動車関係諸税の期待される性質がその運用面において損なわれていた可能性があることを指摘した。その1つが，地域間配分の問題であり，2節でも明らかにしたように，自動車関係諸税の地域間配分は，継続的に受益と負担の関係が乖離していた。

それでは，自動車関係諸税の地域間配分において受益と負担の関係が乖離していたことはどのような問題点を生じさせたのだろうか。ここでは，地域間内部補助と政府間補助の規範的な視点を整理することにより，その問題点を明らかにしていきたい。

(1) 地域間内部補助の問題点

地域間内部補助とは，内部補助の一形態であり，内部補助とはきわめて一般的な形として，「単一事業体において，個別の生産（事業）活動の間で，ある生産（事業）活動によって生じる欠損を，他の生産（事業）活動による剰余によって補填する行為」と定義される[18]。

この基本的な定義での「個別の活動」とは，きわめて多種多様な組み合わせを想定することが可能であり，より具体的には，「個別の活動」を「事業部間」や「地域間」，あるいは「路線間」や「サービス間」と読み替えることが可能である[19]。

したがって，本章では2.4で算出した還元率を評価指標として，還元率が1より大きい地域について「不採算地域」，また，還元率が1未満の地域を「採算地域」と呼ぶ。そして，以前存在していた道路整備特別会計における収支均衡のもと，内部補助の範囲が全国にわたり，かつ採算地域と不採算地域間の収支に大きな差がある状態を地域間内部補助と本書では呼ぶ。

このような地域間内部補助による整備手法は，資源配分上の効率性と負担

---

[18] 財団法人運輸経済研究センター（1985），p.18を参照。
[19] 財団法人運輸経済研究センター（1985），p.18を参照。

の公平性に照らし合わせると，以下のような問題がある。

　第1に，中条（1996b）によれば，地域間内部補助による資源配分上の浪費として，費用に見合わない価格を設定することによる浪費が指摘された。より具体的には，画一税率制のもとでの地域間内部補助による道路事業では，都市部では費用以上の税率を設定し，本来の税率であれば利用するであろう道路利用者を排除する。一方で，本来の税率であれば支払意思が費用に満たない地方部の道路利用者への道路供給も意味する。このような地域間内部補助による整備手法は，資源配分上の非効率を生み，比較的中立的な所得税等の一般財源からの補助（以降，外部補助と呼ぶ）に比べて社会的厚生が少なくなることが指摘された。

　一方，資源配分の効率性からみた地域間内部補助による整備手法の根拠として，道路のネットワーク効果（相互依存性）の存在がしばしば指摘される。確かに，一般道路事業の場合をみると，一般国道を含む幹線道路などのごく限られた道路事業にはネットワーク効果が存在する可能性が考えられる。また，戦後の道路整備草創期では，全国的に道路ネットワークを迅速に整備する際に，外部からの一般財源が期待されなかったために，地域間内部補助を正当化して，政策的に受益と負担の乖離を容認してきたことは有効であった[20]。

　しかし，第1章でもみたように，幹線道路を含む道路ストックが全国的に順調に蓄積されてきている。そのため，将来的な道路ネットワーク全体の水準の検討は必要であるが，資源配分上の効率性の観点からみれば，地域間内部補助による道路整備手法は，その根拠を失いつつある。

　第2に，負担の公平性の観点からみた地域間内部補助による整備手法の問題点を整理する。地域間内部補助の目的として，地域間所得再分配政策の観点からみれば，ナショナル・ミニマムを維持するという点で正当化されるという議論がある。しかし，中条（1996b）は，以下の2点のため，外部補助に比べて地域間内部補助には負担の不公平が存在すると指摘した。

20）詳細は，太田（2001）p.217を参照。

①ナショナル・ミニマムの維持という所得再分配政策の原資は，国の政策として行う場合は国民，自治体の政策の場合は自治体住民全体で負担すべきであって，特定事業体の採算分野の消費者だけに負わせるべきものではない点

②補助財源を負担するもの，すなわち採算サービスの消費者が，他人を補助できるほど状況のよい人々（高所得者）ばかりとは限らない点[21]。

　自動車関係諸税の地域間配分に上記議論を照らし合わせるならば，各地域内で徴収した自動車関係諸税額の範囲内で整備採算をとることが負担の公平性の観点からみて望ましい。また，当該地域に十分な負担能力がないために，当該地域の負担のみでの道路事業はできないが，所得再分配の観点からみて，ナショナル・ミニマム水準の確保を求められるならば，都市部の利用者負担のみで行うべきではなく，国民全体で負担，つまり国の一般財源からの補助が負担の公平性の観点からみれば望ましい。

　このように，負担の公平性の観点から地域間内部補助による整備手法を考察するならば，地域間内部補助が外部補助に比べて根拠に乏しい整備手法であり，地域間内部補助より外部補助による所得再分配が望ましいことがわかる。

　地域間内部補助の手法は，全国的な道路ネットワークが形成途上にあり，かつ経済成長の途上にあって政府の財政状況が厳しい状況では有効な方法であったと考えられる。しかし，全国的な道路ネットワークが概成したといわれる現在では，地域間内部補助による道路事業は，資源配分上の非効率および負担の不公平を有しており，その妥当性は限定的であると考えられる。

(2) 政府間補助の問題点

　政府間補助とは，上位政府（例えば，国）から下位政府（例えば，都道府県）への補助をさし，政府間補助の際に使用される補助金を政府間補助金と呼ぶ。前述した地域間内部補助は，実際には政府間補助金を通じて生み出さ

---

21) ①・②ともに中条（1996b），p.81より抜粋。

れるため，ここでは，政府間補助の役割および問題点について整理を行う。

政府間補助金には，使途を限定しない一般補助金と使途を限定する特定補助金がある。また，補助率を用いて補助される定率補助金とサービスの供給量とは無関係に，一定額の補助金が与えられる定額補助金にも分類される。上記2種類の分類を踏まえれば，日本の道路事業の場合，国庫支出金と呼ばれる特定定率補助金が政府間補助に使用されている[22]。

そもそも政府間補助金の役割には，①財政調整（垂直的財政力格差[23]の是正と水平的財政力格差[24]の是正），②財源保障，および③資源配分の効率化（インセンティブの矯正）がある[25]。このうち，特定定率補助金に求められる役割は，下位政府が供給するサービスに伴う便益のスピルオーバー効果の内部化のような，下位政府の効用関数に問題がある場合の是正，つまり資源配分の効率化機能である。

また，中央政府が特定の公共サービス量を確保しなければならない場合（例えば，公平性の視点に伴うナショナル・ミニマムの確保）にも，所得効果のみの定額補助金よりも代替効果をもつ特定補助金は有効であるとされる。しかし，上記議論を道路事業の政府間補助に照らし合わせてみると，以下のような問題点が明らかとなる。

第1に，金本（2000）によれば，スピルオーバー効果による道路の過小供給を避けるための最適な補助率は，スピルオーバーする便益と総便益との比率で算出されなければならない。しかし，日本の自動車関係諸税制度では，上記最適な補助率を基礎にしていないことが指摘されている。これは，道路事業における国庫支出金が，資源配分の効率化機能を十分に果たしていないことを意味する。

第2に，公平性の視点に伴うナショナル・ミニマムの確保が要請される場

---

22) 日本の一般定額補助金の例として，地方交付税交付金がある。
23) 垂直的財政力格差とは，上位政府が自らの支出責任を上回る税収を集め，下位政府が自主財源以上の支出責任を担う場合に生じる，税収と支出責任の差をさす。赤井・佐藤・山下（2003），p.84を参照。
24) 水平的財政力格差とは，下位政府間における税源の偏在に起因する自主財源の差をさす。赤井・佐藤・山下（2003），p.84を参照。
25) 赤井・佐藤・山下（2003），p.84を参照。

合，下位政府へ特定定率補助金を与えることは確かに有効な手法であるが，自動車関係諸税は道路利用者の負担で賄われている点である。3.2(1)でも指摘したように，ナショナル・ミニマムの確保の費用負担は国民全体で行うべきものであり，道路利用者のみにその費用負担を負わすことは負担の公平性の観点からみて望ましくない。

上記問題点以外に，政府間補助金自体の問題点として，赤井・佐藤・山下 (2003) は，政府間補助金による財政錯覚を指摘する。これは，補助金給付により下位政府の住民がコストの過小評価を行うこと，および補助金給付額の情報を住民が十分に把握できないことなどにより，住民のコスト意識が希薄になり，過大な支出や非効率な公共サービスの生産および配分を住民が許容してしまう可能性を意味する。

このように，政府間補助金，とりわけ特定定率補助金である国庫支出金は，資源配分の効率化機能の達成のみにおいて正当化されるが，道路事業において，その機能を十分に果たしていない可能性があることがわかった。

また，負担の公平性の観点からみて，国庫支出金をナショナル・ミニマムの確保に使用することは望ましくないことや財政錯覚により下位政府の規律づけを損なわせ，過大な支出を容認させる可能性もあわせて明らかとなった。

4　結論と今後の課題

本章では，自動車関係諸税の地域間配分を対象として取り上げて，その問題点を考察した。本章の分析結果として，第1に，道路特定財源制度が存在していた1955年度から2002年度までにおける還元率の算出結果により，自動車関係諸税の地域間配分において継続的な地域間内部補助が存在していたことを指摘した。第2に，地域間内部補助とその補助手法である政府間補助の問題点を整理することにより，自動車関係諸税の地域間配分には資源配分上の非効率および負担の不公平が内包されていたことを明らかにした。

上記のような地域間配分の問題点を解消するためには，地域間の受益と負担の関係の改善，いいかえれば，下位政府の住民により財政責任を課すことが求められる。本章でも述べたように，自動車関係諸税は本来そのシグナル

機能により，市場メカニズムの代替システムを期待されている。ただし，市場メカニズムのように個人的な利用者負担を持ち込むことが難しい一般道路事業の場合，味水（2005）による指摘のように[26]，明らかに利用形態が異なり，かつ整備状況も異なる地域ごとの受益と負担の関係を比較して，その関係の一致に近づけることは，次善として自動車関係諸税の使途の効率性を高めることに資するだろう。

ただし，地域間の受益と負担の指標である還元率を地域ごとにすべて1に一致させることが望ましいとはいえない。本章でも指摘したように，地域間のスピルオーバー効果の内部化を考慮すれば，還元率を地域ごとにすべて1に一致させることは資源配分の効率性の観点からみれば非効率となるからである。

しかし，アメリカの道路信託基金の地域間配分では，地域間の受益と負担の一致を目的として，1982年以降各州に対する最低配分保障制度[27]を制定していることと比較すれば，日本の自動車関係諸税のこれまでの地域間配分は，自動車関係諸税が本来もっている効率性および公平性の機能を失わせていたと思われる。

したがって，本章の結論として，以下の3点があげられる。特に，①および②は，一般道路事業の地方分権化を視野に入れる。

①自動車関係諸税の地域間配分は，個人的な利用者負担を持ち込むことが難しい以上，原則として地域間の受益と負担の一致を1つの視点として重視すべきである。
②自動車関係諸税の地域間配分における1つの補助手法である国庫支出金は，地域間のスピルオーバー効果の内部化など資源配分の効率化のためのみに使用されるべきである。
③自動車関係諸税の地域間配分を通じた所得再分配政策は，負担の公平性上望ましくない。

---

26) 味水（2005）では，道路利用者の負担問題の検討対象として，地域ごとの他に①社会資本ごと，②車種ごと，③道路種別ごと，そして④世代ごとの4点をあげている。
27) 1998年に制定されたTEA-21（21世紀に向けた交通最適化法）では，各州への道路信託基金の最低配分保障を90.5％としている。味水（2005），pp.23-25を参照。

今後の課題として，本章では，利用者の直接利益とその負担の関係を述べてきたが，外部効果をより明示的に含めた場合による包括的な議論や，一般道路事業全体の資源配分の効率性を考察する上で重要な地方公共団体の自主財源（一般財源）も含めた議論を行う必要がある。

　また，本章では，都道府県や地方整備局といった現実の地方行政制度や国道および都道府県道といった道路行政制度をもとに議論を行ったが，受益と負担の関係をみる上での最適な地域の検討および道路の機能別による受益と負担の関係についてもより詳細に検討を加える必要があるだろう。

参考資料

ここでは，参考資料として，沖縄返還以降初めての計画となった第6次道路整備5箇年計画と第12次道路整備5箇年計画時の都道府県別還元率と地方整備局別還元率の図をそれぞれ示す。

都道府県別還元率の算出結果（第6次道路整備5箇年計画，1970-1974）

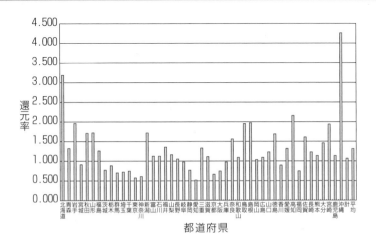

都道府県別還元率の算出結果（第12次道路整備5箇年計画，1998-2002）

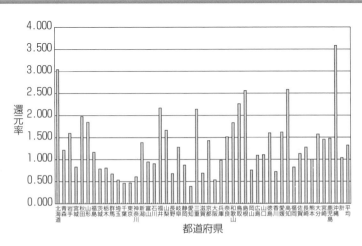

第2章
自動車関係諸税の地域間配分に関する実態分析

地方整備局別還元率の算出結果(第6次道路整備5箇年計画,1970-1974)

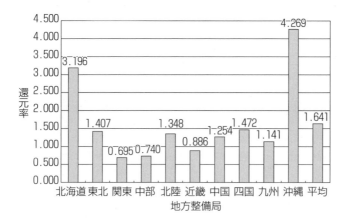

地方整備局別還元率の算出結果(第12次道路整備5箇年計画,1998-2002)

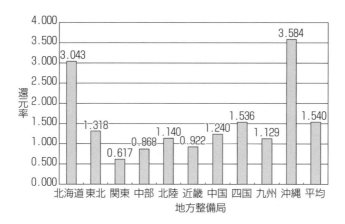

第 3 章

自動車関係諸税の地域間配分の要因分析[1]
―都道府県管理の一般道路事業額の決定要因―

1 はじめに

　本章は，前章までに得られた知見をもとに，自動車関係諸税の地域間配分に影響を及ぼす要因について定量分析を行う。公共投資の分野別の研究は，第2章でもふれたように，まだ端緒についたばかりである。とりわけ公共投資の中で大きなシェアを占める道路事業は制度自体が複雑で，かつ体系的なデータが完備されておらず，その定量的な研究は数少ないのが現状である。また，その数少ない定量的な先行研究においても，マクロ的なアプローチでの研究が大半である。

　しかし，第1章で示したとおり，道路事業といっても道路種別や事業ごとの性質は異なっているため，既存研究での道路事業に対するマクロ的なアプローチでの分析には限界があると考えられる。

　そこで，ミクロ的なアプローチを行うべく，1998年度から2002年度までの都道府県の予算資料などのデータをもとに，本章では県管理道路（一般国道〔指定区間[2]外〕および都道府県道）[3]に対する投資決定要因を実証分析する。

　県管理道路は，表3-1で示しているとおり，2002年時点では全体の約14％であった。しかし一方で，道路別利用度は全体の約43％を有しており，県管理道路は日本の道路行政において非常に重要な位置を占めていることがわかる。

---

1) 本章は，田邉・後藤（2005）および後藤・田邉・中条（2006）をもとに，加筆・修正を加えたものである。また本章は，(公財)高速道路調査会による研究助成の成果の一部である。
2) 直轄管理区間の指定基準に関しては，道路審議会基本政策部会幹線道路網検討小委員会（1998）を参照。
3) 以降，本章では「県管理道路」と表すこととする。

表3-1　一般道路の管理主体および整備状況

道路の種類	管理の内容		実延長	道路面積
	新築・改築	維持補修		
一般国道 (指定区間)	国土交通大臣	国土交通大臣	21,828	600
一般国道 (指定区間以外)	国土交通大臣 (知事)	知事 国土交通大臣	32,038	506
都道府県道	都道府県	都道府県	128,409	1,724
市町村道	市町村	市町村	982,521	6,444

出所：全国道路利用者会議（2003）より作成。着色した所が本章の研究対象。

表3-2　日本での道路別利用度

	高速自動車国道	直轄国道	補助国道	都道府県道	市町村道
総走行台キロの割合(%)	10.9	19	12.6	29.5	28

出所：長峯・片山（編）（2001）p.4より作成。

　上記研究目的に従って，本章では，前半部分（2節〜3節）で県管理道路に関する計画面および制度面の現状を整理し，県管理道路の投資決定要因を探る。後半部分（4節以降）では，前半部分での整理およびインタビュー調査で得られたデータを使用して，長峯（2001b）を拡張したモデルを用いて実証分析を試みる。

2　県管理道路に関する地方財政構造

　第1章では，県管理道路の事業量および地域間配分の根拠となる投資計画とその裏づけとなる予算計画および財政制度について整理した。本節では，県管理道路に関する地方財政制度に焦点を当てて，歳入および歳出部門に区分して整理を行う。地方財政における県管理道路事業は，土木費（款）の中の道路橋りょう費（項）で歳入・歳出を管理している。ここでは，道路橋りょう費に注目し，県管理道路事業の歳入・歳出構造を整理する。

2.1 道路橋りょう費の歳入構造

道路橋りょう費の財源はその性質から，表3-3のように大きく4つに区分できる。以降，4つの歳入項目について整理する。

表3-3 都道府県における道路橋りょう費の財源内訳

項目	内容
国庫支出金	国が特定事業に対して当該事業を行うために地方公共団体に支出する金額
地方債	地方公共団体が当該事業を行う際に債券として調達する財源
一般財源	地方税・地方交付税・地方譲与税が含まれると考えられる。
その他	市町村分担金および負担金・使用料および手数料・諸収入

(1) 国庫支出金

国庫支出金は，国から地方への政府間補助金である。国土交通省本省が国庫支出金配分を一手に行う中央集権的な予算配分過程に対して，従来からさまざまな批判があった。そこで2001年度から，国庫支出金の配分過程が，国土交通省が直接決済する「本省配分[4]」と本省から各地方整備局に割り当てられた予算について，地方整備局が管轄している都道府県への予算配分を決定する「一括配分[5]」に変更された。ただし，本章の分析期間中は，地方整備局への予算配分過程を通じて，本省の影響力が強かったと考えられる。

県管理道路事業における国庫支出金が占める割合は，1998年度から2002年度までの都道府県別当初予算[6]では，全国平均で約20％強（図3-1）となっており，大きな割合を占めていた。

(2) 地方債

地方債は，国の地方債計画に基づき，起債が行われる。地方債を使用した一般道路事業は，その費用負担を後年度に先送りする意味合いをもっている。

---

[4] 本省配分の具体例としては，高規格道路事業・地域高規格道路事業・電線共同溝事業・一般国道改修事業・沿道環境改善事業・交通連携推進道路事業等がある。
[5] 一括配分の具体例としては，地方道改修事業・交通安全施設等整備事業・雪寒地域道路事業・道路交通環境改善事業等がある。
[6] 都道府県へのインタビュー調査による。

図3-1 道路橋りょう費に占める国庫支出金の割合(1998〜2002年度当初予算)

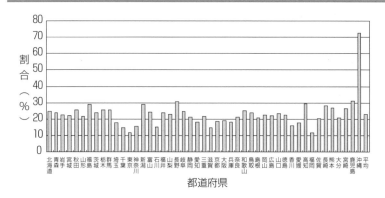

図3-2 道路橋りょう費に占める地方債の割合（1998〜2002年度当初予算）

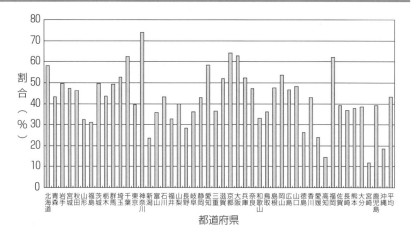

近年の不況による地方税減収の中，財源に占める地方債の役割が増加した。地方債の引き受けは，主に政府系60％（財投資金および公営公庫資金：2002年度では総額95,000億円のうち，財投資金は50,300億円）と民間40％（市場公募と縁故債：2002年度では総額70,329億円のうち，市場公募は19,400億円）で成り立っていた。

また地方債は，地方債の元利償還に対して普通交付税を使った国からの補助金（地方債の交付税措置）が存在するため，都道府県の自己負担が厳密に

行われていなかったことに注意が必要である[7]。県管理道路事業における地方債が占める割合は，1998年度から2002年度までの都道府県別当初予算[8]では全国平均約40％強（図3-2）となっており，道路橋りょう費の項目の中で最も大きな割合を占めていた。

(3) 一般財源とその他

一般財源には，地方税・地方交付税・譲与税等自動車関係諸税（自動車取得税や軽油引取税）が含まれる。このうち，地方交付税および譲与税は，国の「交付税および譲与税配付特別会計」で管理されている。その他には，ある事業を行う際に，受益を受ける市町村から徴収する「分担金」や地方公共団体の一般会計における歳入予算の計上科目の1つであり，特定の歳入のための科目ではなく，他の収入科目に含まれない収入をまとめた科目の「諸収入等」が存在している。

2.2 道路橋りょう費の歳出構造

2.1では県管理道路事業に関する地方財政制度に焦点を当てて，道路橋りょう費の歳入項目について整理した。本項では道路橋りょう費の歳出構造を整理する。道路橋りょう費の歳出構造を整理する上で，事業主体別の負担割合による区分あるいは事業内容別に区分することが有用であるため，下記のように整理する。

(1) 事業主体別の負担割合による区分

道路橋りょう費の歳出構造を事業主体別の負担割合による区分で整理すれば，表3-4のようになる。事業主体別の負担割合から県管理道路事業を整理すると，国からの補助金がある事業（補助事業，地方特定道路整備事業および緊急地方道路整備事業）と国からの補助金がない事業（県単独事業）という2種類に大きく区分できる。

この区分によれば，国からの補助金の有無によって，例えば都道府県の自

---

7) 地方債の交付税措置に関して，詳細は例えば第4章および土居・別所（2004b）を参照。
8) 都道府県へのインタビュー調査による。

表3-4 事業別地方債と起債充当率および交付税措置率

事業別	地方債名	起債充当率	交付税措置率
補助事業	一般公共事業債	40%	50%
単独事業	臨時道路整備事業債	95%	30%
地方特定道路整備事業	臨時道路整備事業債（一般・財源対策債）	75%・15%	50%
緊急地方道路整備事業	臨時道路整備事業債（一般）	95%	30%

出所：後藤（2003ｂ）より抜粋。

己負担分を賄う際の地方債の種類が異なるなど，都道府県の自己負担分をあわせて明示できる。なぜなら，例えば地方債の種類が異なるということは，「当該事業に対してどの程度地方債を起債できるか」ということを示す「起債充当率」と「当該事業に充当された地方債の元利償還分を普通交付税が補填する割合」を示す「交付税措置率」に違いが生じるということである。つまり，都道府県の自己負担分が異なることを意味しているからである。

このような補助制度のもとで都道府県が県管理道路事業を行う場合，合理的な都道府県は道路事業費の自己負担分を最小化するように事業を選択する行動をとると考えられる。したがって，事業主体別の負担割合による区分で道路橋りょう費の歳出構造を整理することは，都道府県の道路事業の投資決定要因を探る上で有用であると考えられる。

①補助事業

補助事業は，国庫支出金によって国が補助をする事業であり，分析対象期間における具体的な負担割合は補論１で別途示す。補助事業は，国による予算編成の流れにおいて優先的に確定されるため，都道府県では県単独事業より事業の優先度が高くなっている。そのため，補助事業に関する財源の裏づけも，例えば補助事業の都道府県負担分は県単独事業よりも地方債が起債しやすいなど他事業よりも優先される。

したがって，県管理道路事業を行いたい都道府県は，自己負担が少なく，事務手続きや財源の裏づけといった「道路事業を推進させる要因」から，他事業よりも事業を推進しやすい補助事業の獲得を目指すインセンティブをもつ。そのため，都道府県は補助事業を獲得するために，補助事業を配分する

国土交通省に対して要望するなど働きかけを行い，その働きかけの1つとして政治的要因が関与する可能性がある。

②地方特定道路整備事業

地方特定道路整備事業は，一般都道府県道および市町村道が対象であり，地域が緊急に対応しなければならない課題に応えて早急に行う必要がある道路事業を推進していくことを目的とした。この事業は，補助事業と単独事業を組み合わせた事業であり，事業費の総枠は補助事業を所管している国土交通省と地方行政を所管している総務省が調整して決定された。

③緊急地方道路整備事業

緊急地方道路整備事業は，1985年に道路整備緊急措置法および道路整備特別会計法の一部を改正して地方道路整備臨時交付金を創設し，地方へ配分および実施された事業である。地方道路整備臨時交付金の財源は，揮発油税収入額の予算額の1／4を限度として道路整備特別会計へ直入されており，地方道路整備臨時交付金は道路整備特別会計で管理されていた。事業規模は，原則として都道府県道は5億円を上限としており，1988年度以降，緊急地方道路整備事業は生活密着型（Aタイプ：交付金：地方費＝1：1）と連絡強化型（Bタイプ：交付金：地方費＝5.5：4.5，北海道・雪寒・離島は6：4，奄美は7：3，沖縄は8：2）に区分され，実施されていた。

④県単独事業

県単独事業は「都道府県が独自の財源を用いて行う事業」であるが，これまで見てきたように，実際に都道府県が独自の財源で県管理道路事業を行うことは計画面および財政制度上かなり限定的であると考えられる。したがって，都道府県にとって，国からの補助金がある事業と比較して県単独事業の優先度・重要度は相対的に低いと考えられる。

⑤その他

その他には，国が行う直轄事業（一般国道指定区間）に対して各都道府県が負担するものとしての「直轄事業負担金[9]」，地方道路公社を設立し，有

---

9) 直轄事業は，都道府県ではなく国が実施する事業であり，あくまで国がイニシアチブをとっている。そのため，都道府県は直轄事業負担金の予算額の決定に直接関与することはない。したがって，直轄事業負担金は国の決定に従って都道府県が自動的に拠出している予算となっている（都道府県へのインタビュー調査による）。

料事業を行っている都道府県（約40都道府県）が地方道路公社に対して補助をするものとして「道路公社出資金」および負担金や使用料等も道路橋りょう費で処理されている。

(2) 事業種類別による区分

一方，道路橋りょう費の歳出構造を事業種類別による区分で整理することもまた有用である。なぜなら，新たに一般道路を設置する（新規[10]）事業や以前から設置されていた一般道路を拡幅する事業（改築・改良）という「新規・改築・改良事業[11]」と以前から存在する一般道路を維持・補修する「維持・補修事業」とでは，事業の種類および財源の裏づけなどの違いがあると考えられるからである。したがって，ここでは道路橋りょう費の歳出構造を事業内容別による区分で整理する。

①新規・改築・改良事業

新規・改築・改良事業とは，新たに一般道路を設置する事業や以前から設置されていた一般道路を拡幅する事業などをさす。道路橋りょう費の歳出項目では，道路建設費についての項目である「新規道路建設費」と橋梁を建設する費用が計上されている「新規橋りょう建設費」がある[12]。現在では新規事業よりも既存の設備を拡幅する改築・改良事業が増加している。

1998年度から2002年度までの当初予算では，道路橋りょう費に占める新規・改築・改良事業は全国平均で約60％[13]となっており，全体の傾向としてまだ道路建設が行われていたことがわかる。この理由として，①維持・補修事業と比較して新規・改築・改良事業は補助率が優遇されていたため，②高度成長期に建設された道路および橋梁が更新期を迎えつつあったため，ということが考えられる。

---

10) 新規事業という用語は，年度を越えて継続している事業を指す「継続事業」と対比させて，「新たに事業を計上する」際にも使用される。しかし，ここでは「道路を新たに建設する事業」を意味している。
11) 具体的には，バイパス整備や立体交差事業，防雪事業や凍雪害防止事業等がある。
12) ただし各名称は，都道府県によって若干異なる用語が使用されている。
13) 都道府県へのインタビュー調査による。

②維持・補修事業

　維持・補修事業とは，既存の一般道路を維持・補修する事業をさす。道路橋りょう費の歳出項目では，道路維持・補修費についての項目である「道路維持費」と橋梁を維持・補修する費用が計上されている「橋りょう維持費」がある[14]。1998年度から2002年度までの当初予算では，道路橋りょう費に占める維持・補修事業[15]は約20％となっていたが，道路ストックの状況から，今後さらに増加することが予想されている。

2.3　小括

　以上から，国が県管理道路事業に対して，特に財政面で大きく関与していたことがわかった。次節以降では，本章の研究目的である「道路投資の決定要因」について，データを用いながら分析を進めていく。

〈補論１　分析対象期間の管理主体別負担割合について〉

　道路事業の費用負担は，道路法第49条に「道路の管理に関する費用は，道路法および他の法律に特別の規定がある場合を除くほか，当該道路の道路管理者の負担とする」と規定されている。しかし，「単に管理の主体のみによって費用負担を律することは，すべての場合に適切であるとは言い得ない」ため，道路法第50条以降に修正を含めた個々の道路についての負担割合を以下の３つのように定めている。

　①一般国道の新設または改築に要する費用は，国が直轄でこれを行う場合においては，国がその２/３を，都道府県（指定市を含む。以下同じ）が１/３を負担し，都道府県知事（指定市長を含む。以下同じ）がこれを行う場合には，国および都道府県がそれぞれ１/２を負担する。（道路法第50条第１項）

　②一般国道の維持・修繕その他の管理に要する費用は，指定区間内の国道については国が5.5/10を，都道府県が4.5/10を負担し，指定区間外の国道については都道府県の負担とするが，指定区間外の国道の修繕

---

14) ただし各名称は，都道府県によって若干異なる用語が使用されている。
15) 具体的には，除雪事業や交通安全対策事業などがある。

については1/2以内を国が補助することができる。（道路法第50条第2項，同法第56条）

③地方道については，国土交通大臣の指定する主要な都道府県道または市道の新設または改築，資源の開発，産業の振興，観光その他国の施策上特に道路を整備する必要があると認められる場合における当該道路の新設または改築に要する費用については，予算の範囲内において国がその費用の1/2以内を道路管理者に対して補助することができる。（道路法第56条）

3 データから読みとる県管理道路事業

本節以降では，県管理道路事業での道路投資メカニズムを定量的に検証する。まず，インタビュー調査によって入手した基礎データによる都道府県間比較から全体的傾向を把握し，続いて投資・財源の内訳別の決定要因を探る。

3.1 基礎データから読みとれること

表3-5は1998年から2002年までの都道府県（東京都以外の政令指定都市を除く[16]）の単位当たり県管理道路の面積の比較である。具体的には，人口当たり，可住地面積当たり，人口および可住地面積の幾何平均当たり道路面積を示している。人口当たりでは，北海道，鳥取県，島根県，そして岩手県の値が大きく，大阪府，神奈川県，埼玉県，そして千葉県が小さな値になっている。

一方，可住地面積あたりで比較すると北海道が圧倒的に少なく，東京都，大阪府や鳥取県が相対的に多い都道府県だといえる。表3-5の値を散布図としてプロットしたものが図3-3に示されており，原点から右上方向に位置する都道府県は単位当たり道路面積が多い都道府県であるといえる。

5年間の県管理道路への投資額は17兆6,000億円におよび，年間1人当た

---

[16] 都道府県とは別に政令指定都市は道路事業を行っているため，今回のサンプルデータから除外している。例えば神奈川県は横浜市および川崎市を除いた地域が該当する。

第3章　自動車関係諸税の地域間配分の要因分析

り県管理道路投資額の全国平均は3万6,000円程度になる。県管理道路の事業量は1998年の3兆8,000億円から，2002年の3兆2,000億円へと減少傾向にある。この5年間の県管理道路投資額（1年当たり）の多い都道府県は，北海道（2,203億円），新潟県（1,341億円），東京都（1,297億円），兵庫県（1,263億円），そして愛媛県（1,023億円）となっている。

　表3-6は道路投資額の都道府県比較を示している。表から読みとれるように，人口当たり道路投資額の多い都道府県は山梨県，鳥取県，島根県，徳島県，愛媛県，そして高知県となっている。一方，面積当たり道路投資額の比較では，圧倒的に東京都が多くなり，山梨県，大阪府，奈良県，そして愛媛県などが上位に位置づけられる。

　このような簡単な比較だけから類推すると，既存の道路ストックが多く，今後道路事業をそれほど必要としないと思われる一部都道府県は，道路投資額が多い都道府県である。もちろん，道路の事業量は都道府県の面積の広さや人口で決まるものではなく，さまざまな要因の積み重ねの結果であるが，道路投資額が各都道府県によって大きく異なっていたのは間違いない。これはどのような要因が考えられるのだろうか。

　県管理道路の道路投資額（事業量）を決める要素は大きく分けて2つある。第1の要素は，「そもそもその地域に道路が必要だから」という需要の側面である。第2の要素は財源である。都道府県は単独ですべての県管理道路事業を行うことができず，国からの補助金や債券の発行によって資金調達を行う。どれほど必要な道路であっても，裏づけとなる財源が確保されていなければ計画は実行されない。

　このように道路投資決定のメカニズムは大きく「投資」と「財源」の2つの側面から形成されており，互いが互いに影響を与え，投資額と財源（補助金）が毎年同時に決定する。以下では投資および財源の内訳ごとの決定要因について，詳細にみていこう。

表3-5 単位当たり県管理道路面積

	人口	可住地面積	√人口・可住地面積		人口	可住地面積	√人口・可住地面積
北海道	28.9	4.2	350	滋賀	14.6	15.0	469
青森	19.1	8.9	412	京都	15.5	19.1	545
岩手	26.0	10.0	510	大阪	4.2	23.7	316
宮城	17.5	8.6	388	兵庫	9.9	16.5	405
秋田	22.8	8.7	445	奈良	10.2	17.3	420
山形	23.6	10.3	494	和歌山	15.9	15.8	502
福島	20.9	10.6	471	鳥取	30.1	20.4	783
茨城	14.3	10.7	391	島根	29.1	17.7	718
栃木	16.9	11.5	441	岡山	18.1	16.0	538
群馬	14.5	12.8	431	広島	20.0	17.7	596
埼玉	6.0	14.6	295	山口	18.1	15.9	536
千葉	6.3	9.7	246	徳島	19.2	15.6	548
東京	10.2	50.0	714	香川	15.8	16.5	509
神奈川	3.9	16.0	252	愛媛	18.1	16.4	544
新潟	20.7	11.5	487	高知	24.4	17.1	647
富山	20.8	12.7	513	福岡	11.9	14.4	414
石川	19.3	16.4	563	佐賀	16.4	10.8	422
福井	22.9	17.8	637	長崎	12.8	12.1	393
山梨	14.9	13.9	455	熊本	18.7	12.7	488
長野	18.3	12.1	471	大分	23.1	16.1	611
岐阜	17.1	16.8	537	宮崎	20.7	13.4	526
静岡	9.6	13.2	356	鹿児島	22.0	12.1	517
愛知	10.7	19.4	455	沖縄	10.2	11.6	343
三重	16.0	14.7	484	全国平均	14.4	11.6	409

注) 単位：道路面積（km²）を人口（百万人），可住地面積（百万km²），√（人口×可住地面積）当たりで除したもの。道路面積は1998年～2002年の平均値。

図3-3 人口・可住地面積当たり県管理道路面積

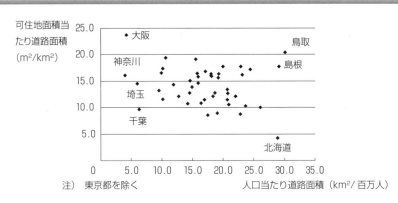

注) 東京都を除く

第3章
自動車関係諸税の地域間配分の要因分析

表3-6　単位当たり県管理道路投資額

	人口	可住地面積	√人口・可住地面積		人口	可住地面積	√人口・可住地面積
北海道	57	8	688	滋賀	30	30	954
青森	45	21	974	京都	45	55	1,581
岩手	52	19	1,012	大阪	11	60	812
宮城	35	17	771	兵庫	31	51	1,275
秋田	58	22	1,129	奈良	47	79	1,931
山形	55	23	1,143	和歌山	50	49	1,584
福島	44	22	985	鳥取	79	53	2,068
茨城	27	20	735	島根	96	58	2,362
栃木	36	24	930	岡山	29	25	871
群馬	29	25	866	広島	54	48	1,611
埼玉	14	33	679	山口	45	39	1,344
千葉	16	25	647	徳島	66	53	1,880
東京	34	166	2,377	香川	40	42	1,304
神奈川	15	62	982	愛媛	68	61	2,036
新潟	54	29	1,272	高知	62	43	1,633
富山	42	25	1,047	福岡	37	44	1,279
石川	43	36	1,245	佐賀	46	30	1,192
福井	58	44	1,604	長崎	40	37	1,217
山梨	67	62	2,044	熊本	32	22	845
長野	37	24	959	大分	58	40	1,521
岐阜	47	46	1,485	宮崎	58	37	1,481
静岡	25	34	938	鹿児島	47	25	1,107
愛知	21	38	908	沖縄	38	43	1,282
三重	35	32	1,066	全国平均	36	29	1,018

注）単位：道路投資額（千円）を人口（千人），可住地面積（千㎞），√（人口×可住地面積）当たりで除したもの。道路投資額は1998年～2002年の平均値。

図3-4　県管理道路の人口・可住地面積当たり道路投資額

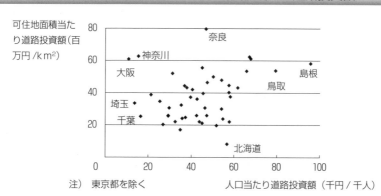

注）東京都を除く

3.2 投資

道路投資は事業の種別によって「新規・改築・改良（以降，道路建設と表記）」，「維持補修」，そして「その他」に分類できる。投資内訳（全国平均）をみると，道路建設は減少傾向にあるとはいえ，全体の60.9％であり，維持修繕費（19.5％），その他（19.9％）よりも大きなウエイトを占めていた。

道路建設に区分される事業はすべて新しい道路を整備している訳ではなく，道路の拡幅工事，車線数の増加，立体交差事業等の既存道路施設改良といった事業の方がむしろ多い。表3-7は投資項目の道路建設・維持割合が多い都道府県および少ない都道府県を示している。表からもわかるように，大都市圏に属する都道府県は道路建設の割合が少なく，維持補修の割合が相対的に高くなっていた。

表3-7　投資項目の道路建設・維持の割合

		道路建設	(%)	維持補修	(%)
上位	1	鹿児島	92%	東京	45%
	2	石川	79%	神奈川	34%
	3	島根	78%	埼玉	33%
	4	山梨	77%	愛知	31%
	5	沖縄	77%	青森	31%
下位	1	東京	33%	石川	3%
	2	神奈川	40%	鹿児島	3%
	3	兵庫	42%	島根	8%
	4	愛知	45%	静岡	8%
	5	埼玉	45%	奈良	9%

出所：各都道府県予算資料より作成。

(1) 道路建設額を左右する要因

道路建設の決定要因は，道路の「量」と「単位当たり費用」に区分して考えるとわかりやすい。基本的に，県管理道路は県内の市町村を結ぶ道路であるため，北海道や新潟県のように都道府県の面積が大きく，各都市間の距離が長い場合，必然的に道路延長は長くなる。一方，道路交通量が多く，慢性的に交通渋滞を引き起こす箇所が多い都心部では車線数を多く確保する必要があり，道路の単位当たり面積は大きくなる。

第3章
自動車関係諸税の地域間配分の要因分析

このように整備が必要な道路の量（道路延長と道路面積）は地理的条件と当該地域の交通量によって決まると考えられる。地理的条件を示す指標には都道府県の面積（特に可住地面積），各都市間の距離，地形の険しさ，そして積雪などがあり，これらは当該都道府県で整備されるべき県管理道路の「量」を定める。

降雪地域では雪の影響は無視できない。除雪した雪を車道の外側に寄せることができるように道路幅を広くとる必要性があるため，降雪地域では道路面積が広くなる。また山岳地帯に道路を整備する場合，直線的に最短距離を結ぶ道路建設が困難であり，迂回の道路延長は長くなる。

こうした地理的・社会的要因は道路の総事業量を決める要因の1つであるが，各年の道路投資の整備計画を決めるすべての要因ではない。実際には，都道府県の道路事業担当者は予算の状況，維持補修費，その他の支出項目について比較検討しながら，当該年度の事業計画を策定する。

また，他の都道府県に比べて道路改良率や整備率が低い場合，あるいは混雑度が高い道路を多く有する場合，そうした都道府県は相対的に道路建設額が高くなる。くわえて，例えば長野オリンピックや中部国際空港といった他の大規模プロジェクトに関連する道路の場合には，計画を前倒しにして整備が進む可能性がある。

一方，道路単価の決定要因は「量」とは異なる。道路の事業費は主に工事費，用地費，および補償費にわけられる。用地費と補償費は，大都市のような地価が高いところに道路を建設する場合，事業費の多くを占める。改築工事にも一定の用地確保は必要である。

さらにトンネル，橋梁，および立体交差事業といった建造物としての道路が必要となる場合，道路の単位当たり工事費は飛躍的に増加する。橋梁は山岳地，一級河川，湖沼を多く抱える長野県や山梨県のような都道府県だけではなく，東京都や大阪府のように立体化しなければ道路事業が困難な市街化地域を多く抱える都道府県も多い（表3-8参照）。

工事の発注に際して地元の建設業者を優遇することはなく，また一般競争入札ではなく指名競争入札による選定といった契約上の違いは，少なくともインタビュー調査では工事費に大きな影響を与えていないという感触を得た。

表3-8 橋梁・トンネル延長が長い都道府県・短い都道府県

		橋梁	単位：m	トンネル	単位：m
上位	1	東京	199,996	新潟	77,418
	2	北海道	168,134	長野	61,997
	3	大阪	119,388	愛媛	60,285
	4	兵庫	107,245	岐阜	55,416
	5	長野	97,317	高知	53,930
下位	1	沖縄	13,444	沖縄	3,136
	2	香川	18,956	茨城	4,005
	3	佐賀	23,586	佐賀	5,016
	4	長崎	26,124	香川	6,960
	5	奈良	29,365	福岡	7,459

出所：『道路統計年報』（1998年から2002年の平均）。

　このように道路の量と単価は異なる要因から影響を受けるが，実証分析において道路単価と面積を別々に推定することは難しい。この理由の1つに「道路の格下げ」がある。これは，例えば都道府県道として整備された道路を市町村に移管することをさす。この試みが顕著な三重県では，1997年度の道路面積（30.59㎢）が，1998年度では28.32㎢と減少している。こうした道路の管理主体の移管をデータとして区別することは困難である。そもそも道路担当者は「量」と「単価」を分けて考えておらず，むしろ事業費ベースで計画を策定している。以上の理由から，道路単価と道路面積を別々に推定するのではなく，道路投資額を被説明変数として推定を行う。

(2)　維持補修費とその他

　道路建設が減少傾向にあるため，維持補修費の占める割合は年々増加傾向にある。表3-9は一般道路における維持管理費の主な項目が示されている。道路舗装の損傷（ひびわれ・わだち掘れ・平坦性の低下など）の他に，除雪関連費と交通安全関連費が一部の都道府県では大きな支出項目となっている（表3-10参照）。除雪車・スプリンクラー等の施設が必要な上，除雪にかかわる人件費がかさむため非常に大きな負担となっており，豪雪地帯には特別な補助が手当てされている。一部の維持補修工事については，補助事業として国庫支出金が拠出されている。

第3章
自動車関係諸税の地域間配分の要因分析

表3-9 一般的な道路の維持管理費の項目

項目	内容
維持管理費	散水，除草などの維持費
	橋梁補修，橋梁塗装，路面などの修繕費
	除雪，防雪などの積雪寒冷対策費
	歩道設置，道路照明などの交通安全費
	有料道路の場合の料金徴収費

出所：道路投資の評価に関する指針検討委員会編（1998）。

表3-10 除雪と交通安全費

都道府県	降雪日数	維持費に占める除雪費の割合	維持費に占める交通安全費の割合	道路建設額に占める防雪対策費の割合
北海道	127	19%	65%	19%
青森	114	9%	19%	7%
岩手	105	13%	29%	3%
宮城	70	0%	23%	5%
福島	72	8%	24%	6%
栃木	16	0%	21%	0%
群馬	15	1%	37%	1%
埼玉	10	0%	40%	0%
千葉	8	0%	30%	0%
東京	8	0%	35%	0%
神奈川	10	0%	48%	0%
新潟	75	41%	33%	41%
富山	52	13%	16%	13%

出所：各都道府県予算資料等より作成。

　その他については主に2つの項目に分類される。第1に，直轄事業負担金である。直轄国道の道路事業計画は地方の意見が反映されるとはいえ，基本的には国が最終的な意思決定者であり，都道府県からみれば外生的に決定する事業である。直轄事業はほぼ道路建設であり，道路橋りょう費に占める直轄事業負担金の割合は国の支援を必要とする地方部の都道府県で目立つ。もう1つは道路公社に対する支出である。金額ベースでは前者の方が大きい。

3.3　財源

　道路財源と道路投資計画は表裏一体であり，財源の裏づけが担保されて投

資計画が実施され，同時に投資計画の存在によって財源が確保される。道路財源の確保がままならない場合，道路事業担当者は優先順位の低いプロジェクトを後年度に行うか，場合によってはプロジェクト自体を縮小してしまう可能性がある。道路財源（全国平均）は，国庫支出金（22.8％），地方債（43.1％），一般財源（26.8％），その他財源（7.3％）から構成される。

(1) 国庫支出金

　揮発油税，軽油引取税などから構成される自動車関係諸税は，税目により地方と国の歳入にわかれている。前者は地方が直接集める地方税と，国が税を回収し一定の基準に基づいて各都道府県に配分する譲与税の部分からなる。

　自動車関係諸税の地方税と譲与税は地方財政上「一般財源」に分類されるが，道路に投資される。すべての地方公共団体は一般財源だけでは十分な道路事業ができないため，国の自動車関係諸税を原資とする「国庫支出金（補助金）」によって，道路事業が促進される。

　補論1でも述べたように，国庫支出金は国から地方への特定補助であり，定率補助になっているため，国の補助に対応して相当分の資金を地方は負担しなければならない（表3-11参照）。

　補助率は地域によらず一定だが，国から補助金が受けられる事業（補助事業）がどの程度認められるかによって補助額は各都道府県で異なる。この補助事業の配分メカニズムはブラックボックスである。都道府県の道路事業担当者が当該年度に獲得できると予想する補助金が道路投資額の決定に大きな影響力をもっており，国が地方の道路事業に介入する政策の一手段になっている。補助事業は道路建設を推進することが主な目的である反面，目的の一

表3-11　道路事業の費用負担

	国	地方
直轄国道（新設・改築）	2／3	1／3
補助国道（新設・改築）	1／2	1／2
地方道（新設・改築）	1／2以内	1／2以上

注）維持修繕事業は原則，都道府県が負担する

部は景気対策・雇用対策というマクロ経済政策の一環であると考えられる。

(2) 地方債

　自主財源（地方交付税含む）と補助金だけでは道路事業を行う財源が十分に確保されないため，地方公共団体は地方債によって財源の穴埋めをしており，財源の約43％（全国平均）が地方債の発行で賄われていた。債券による道路事業は，将来世代と現役世代の費用負担を公平にする点で政策的意味がある。地方債は都道府県が自主的に発行することはできず，財務省が策定する地方債計画に沿って発行が認められていた。地方債の引き受けは，政府系（財政投融資，公営公庫資金）60％，民間（市場公募，縁故債）40％の割合となっていた。

　例えば，あるA県の補助事業では事業費全体の50％が地元負担となっていた。このうち一般公共事業債の発行が40％（事業費全体の20％）認められており，残りの60％（事業費全体の30％）が一般財源の負担になっていた。この比率は「起債充当率」と呼ばれ，事業ごとに細かく比率が決められており，事業によって10～100％と幅が広かった。さらに，このA県の事業では，一般財源で負担すべき事業費のうち40％は後進地域特例法による債券発行が認められていた。

　ただし，すべての借入金を地方公共団体が負担する訳ではない。多くの地方債は後年度に交付税で措置される[17]。全債券に占める交付税措置の割合を「交付税措置率」といい，事業ごとに規定されていた。A県の例では，補助事業の場合，事業費全体の50％が補助金，28％が交付税措置分，22％が最終的な都道府県の自己負担になっていた。

　単純に考えれば，起債充当率や交付税措置率の高い事業の方が都道府県にとって有利であるが，その事業の債券発行が認められるかどうかは別問題である。一般に，国の直轄事業や補助事業は，そもそも補助率が高いので，債券の起債充当率や交付税措置率が低い場合が多いが，申請された債券はほぼ認められる。

---

17) このような理由から，財政錯覚と呼ばれる，過剰な特定財への財政支出を招く危険性がある。

一方,都道府県の単独事業に対応する債券の起債充当率は補助事業に比べて高いが,債券発行は容易ではない。各都道府県はできるかぎり一般財源による負担を避けたいため,地方債の引き受け手が多い都心部の都道府県は地方債を多く利用し,地方債の引き受け手が少ない地方部の都道府県は補助事業や債券の起債充当率・交付税措置率が高い事業を指向する可能性が高い。

　表3-12は財源項目別の国庫支出金・地方債の割合が多い都道府県と少ない都道府県を示している。国庫支出金の財源に占める割合は,歴史的経緯から沖縄県が突出して高く,全体的に地方部の都道府県が上位に顔を連ねている。国庫支出金は補助事業として認められた都道府県の事業の国負担分であり,主として道路建設に充てられている。

　一方,地方債の割合が多い都道府県は神奈川県,京都府,千葉県,福岡県,そして大阪府など,民間の引き受け機関が多い都市部の都道府県が上位となっている。道路財源の内訳を簡単にまとめると,都心部は維持補修の道路事業が多く,地方債による財源調達が目立ち,反対に地方部は道路建設事業が多く,国庫支出金による財源調達が目立っている。

表3-12　財源項目の国庫支出金・地方債の割合が多い都道府県・少ない都道府県

		国庫支出金	(%)	地方債	(%)	一般財源	(%)
上位	1	沖縄	73%	神奈川	74%	愛媛	56%
	2	宮崎	49%	京都	64%	高知	51%
	3	長野	31%	千葉	63%	徳島	48%
	4	鹿児島	31%	福岡	62%	新潟	43%
	5	高知	29%	大阪	62%	佐賀	39%
下位	1	福岡	11%	高知	14%	京都	16%
	2	東京	11%	沖縄	18%	群馬	17%
	3	滋賀	15%	宮崎	22%	愛知	19%
	4	千葉	15%	新潟	24%	福岡	20%
	5	石川	15%	愛媛	24%	茨城	22%

出所：各都道府県予算資料等より作成。

(3) 一般財源

投資総額に対して，国庫補助金と地方債で賄いきれない部分を一般財源で負担する。一般財源は自動車関係諸税の地方税分とその他地方税と譲与税，地方交付税から構成される。自動車関係諸税の一部は県管理道路事業の財源として利用されているが，街路事業でも少なくない金額が利用されている。街路事業と一般道路事業にわけて予算項目を記載している都道府県もある。

国が地方にかわって譲与税を回収し，道路面積，道路延長，事業費補正により地方へ配分しているが，その具体的な数値は不明である。この点については，道路面積，道路延長，あるいは所得再分配的に配分しているという仮説があり，3.4で検証を行う。ただし，分配率の決定は国が行うものであり，地方公共団体は関与していない。その他財源は，市町村道に対する分担金と地方道路公社収入から構成されるが，財源総額に占める割合は小さい。

3.4 政治的要因

道路に代表される社会資本整備（公共事業）は，必ずしも道路ストック自体が社会的に必要だから投資されるとは限らない。土居（2002b）や林・橋本（2002）が指摘しているように，財政学では公的部門の役割として，①資源配分機能，②所得再分配機能，③経済安定機能の3つをあげている。①はいわゆる公共財，市場メカニズムで望ましい資源配分が望めない財を政府が適切に供給する機能である。②の所得再分配は個人間の所得格差を調整することで，主に課税と社会保障制度を通じて行われる。道路投資は国庫支出金の各都道府県への配分を政策的に変えることで，地域間の所得再分配に寄与している可能性がある。③の経済安定機能はマクロ経済政策の観点に立ったもので，特に景気の低迷が顕著な地方部に対する公的支出を増加させ，土木建設業を中心とした雇用確保を通じて，地域経済の安定的成長を実現する目的で利用されている。

こうした機能は一定の意味を有するものの，①一般道路事業による所得再分配がよいのか，②再分配や景気対策をどの程度まで行うべきなのか，といった議論が不十分なまま，制度的な理由により道路投資が行われるのは問題であると思われる。特に補助金の地域間配分は不透明で，受益者と負担者の

関係を曖昧にしている。自動車関係諸税の合理性として「自動車利用者の負担が道路事業に充てられることが明らか」であることが謳われていたが,「どの都道府県の道路利用者の負担がどの都道府県の道路事業費に充てられているのか」ということは明らかではなかった。

　こうした機能と密接にかかわるのが政治的要因である。特に一般道路事業の補助財源の確保は地方部の都道府県にとってより重要であり,政治家を通じた獲得競争が存在している可能性がある。公共選択論や政治学においては,公共投資にかかわる予算あるいは補助金の配分が政治プロセスから影響を受けると考えられており,2つの仮説（応答仮説と集票仮説）が示されている。

　応答仮説は,与党議員が地元選挙区にその政治力を活かしてより多くの公共事業やそれに伴う予算・補助金を誘引してくるという仮説である。集票仮説は,応答仮説と反対に,公共事業や補助金をどれだけ誘引してきたかによって次の選挙における与党得票率につながるという仮説である。

　道路事業担当者に対するインタビュー調査では,都道府県内の道路事業において政治的要素の介入はプロジェクトの優先順序を上げる程度と回答した担当者が多く存在した。また政治的な効果は,①都道府県の道路事業量を大きくする,②都道府県内の市町村間の配分を左右する可能性があり,県管理道路に関しては後者の影響が大きいかもしれない。①については政治的要因により,その都道府県の道路投資額（計画）が大きくなるのか,国庫支出金がより多く支出される結果として道路事業が大きくなるのか,その両方なのかはっきりしない。

　長峯（2001b）は,政治的な影響を測る変数として自民党得票率,自民党議員過去当選回数,自民党議員過去大臣経験回数,衆議院議員定数の1票の重み,建設事業者の全事業に占める比率,そして建設業従事者数の人口に占める比率をあげている[18]。

　やや否定的に政治の機能を捉えたが,そもそも民主主義という政治形態を採用する日本において,各地域から選挙により選出された政治家の意見は,その地域に住む住民の意見の代表である点も尊重されなければならない。

---

18) その他の要因として,前年度の道路投資の事業量を参考に今年度の事業量を設定する「前例主義」「増分主義」がある。

3.5 道路事業の流れ

(1) 担当者からみた道路事業の流れ

　都道府県は，住民の県管理道路へのニーズを正しく把握し，社会的厚生を最大にするように道路事業を行うのではなく，財源が確保できた事業から道路を整備していく可能性がある。都道府県の担当者からみた道路事業の流れを整理すると，まず補助事業の要望を国に提出することから事業化が始まる。このうち，認められた補助事業と国の直轄事業の自己負担分が都道府県の財政計画で優先的に割り振られる。これは主に地方債の発行によって賄われる。補助事業に関連する地方債の大半は，後年度の地方交付税で措置される。

　次に，地方債の起債許可額，道路譲与税（地方の自動車関係諸税）およびその他予算から残りの県単独事業の計画が作成される。県管理道路事業を新規に行う場合などは，費用対効果分析を含めた評価分析が行われているが，少なくともすべての県管理道路事業が費用対効果分析のみによって優先順序が決まるわけではない。

(2) その他の議論

　2節でも取り上げたように，道路投資は事業主体の負担割合の違いにより，補助事業，地方特定道路整備事業，緊急地方道路整備事業，そして県単独事業に区分できた。また通常，道路事業は長期間に渡るため，その事業が当該年度の新規事業なのか，以前からの継続事業なのかで分類することもできる。こうした区分は一般道路事業の構造を分析する上で貴重な情報を提供するが，こうしたデータが全都道府県で確保できなかったため，本章での実証分析には盛り込んでいない。

　県管理道路事業に関連するその他の一般道路について若干の説明を与える。直轄国道に関しては都道府県が要望という形で早期着工を要請するが，最終決定権は国にある。都道府県は直轄事業負担金という形で事業費の一部を負担する。市町村道については，都道府県が県内の市町村の国に対する窓口となるが，国の補助事業のように都道府県は市町村に対して積極的に財政支援をしている訳ではない。一般道路事業はあくまで都道府県対国，市町村対国の関係に縮約される[19]。

表3-13 都道府県道延長の割合が高い都道府県，低い都道府県

			国道	都道府県道	市町村道
上位	1	鳥取	3.2%	25.2%	71.6%
	2	福井	1.9%	23.0%	75.1%
	3	山口	3.2%	22.8%	74.0%
	4	高知	4.0%	22.3%	73.8%
	5	愛媛	3.5%	21.8%	74.7%
下位	1	埼玉	0.8%	6.9%	92.3%
	2	茨城	0.9%	7.7%	91.4%
	3	神奈川	1.6%	9.2%	89.1%
	4	千葉	0.9%	10.0%	89.1%
	5	東京	1.2%	10.3%	88.5%

出所：『道路統計年報』2003年度版より作成。

　また，沖縄県と北海道はその歴史的経緯により，他の都道府県とは異なる補助制度が存在する。そして，積雪地域や山間部に対する配慮もなされている。例えば「積雪寒冷特別地域における道路交通の確保に関する特別措置法」により，国が実施する事業に対する国の負担割合は2／3，地方公共団体が実施する事業に対する補助率は，除雪の場合2／3，防雪・凍雪害防止の場合6／10とされている。こうした補助率が高い事業は地元負担が少ないため，過剰な道路事業が行われた可能性がある。

4　モデルと推定結果

　社会資本投資に関する地域間配分の要因分析を行った既存研究は多いが，本章と同様に対象を一般道路事業に限定して実証分析を行った研究に長峯（2001b）がある。長峯（2001b）は一般国道と都道府県道を対象として，特

19）むしろ注意すべきは，市町村の責任で本来整備すべき道路が，都道府県道として整備されるケースである。表3-13は一般道路延長の種別の内訳を示したものだが，その割合は都道府県によってかなり差があることがわかる。県管理道路は市町村道よりも高規格である場合が多く，プロジェクトの実現可能性が高いという理由で県管理道路が整備される場合，過剰な道路投資が懸念される。ただし，広い範囲に人が居住する市町村が多い都道府県は当該道路需要が高まるので，市町村道ストックは必然的に多くなる。

第3章
自動車関係諸税の地域間配分の要因分析

に地域間配分に与える政治的影響に注目して分析を行った。前節までの議論を踏まえ，本章は道路事業を「投資」と「財源」に区別して，投資計画と財源が同時に決定されるモデルを構築する。さらに，道路投資を道路建設，維持補修，そしてその他投資に，財源を自主財源（都道府県の一般会計），国庫支出金，地方債，そしてその他財源に区別してモデル化している点で長峯論文を拡張している。特に財源データの内訳は体系的に整備されておらず，47都道府県の担当者に対するインタビュー調査によって得られた情報である。今回の分析では特に以下の3点を検証する。

①国庫支出金および譲与税が道路投資に与える影響
②所得再分配および政治的要因が道路投資の地域間配分に与える影響
③その他，定性的に論じられている要因の検証

4.1 モデル

県管理道路担当者に対するインタビュー調査結果を踏まえて，アドホックに定式化を試みる。(1)式で示すように，毎年の各都道府県の道路投資額と道路財源は必ず一致する。道路投資額は各都道府県の会計区分に従い，(2)式のように道路建設，維持補修とその他投資の合計になる。

$$INVEST = FUND \tag{1}$$
　　ＩＮＶＥＳＴ：道路投資額
　　ＦＵＮＤ　　：道路財源

(1) 投資

$$INVEST = Y_1 + Y_2 + Y_3 \tag{2}$$
　　Y_1　　：道路建設額
　　Y_2　　：維持補修額
　　Y_3　　：その他道路投資額

道路建設額は①本源的な需要量（積雪日数，トンネルの距離，道路改良率，

および都道府県の可住地面積)，②道路単価(地価，積雪日数，およびトンネルの距離)，③政治的要因(自民党得票率)，そして④財源(国庫支出金と自動車関係諸税)から決定されると仮定する。説明変数が多くなると多重共線性の問題が生じる可能性が高まるので，変数は最小限に絞った。

(3)式では国庫支出金額が方程式体系の内生変数となる。財源の要素に地方債を入れないのは，道路建設が決定し，国庫支出金を充てた後で債券の発行額が決まるためである。道路単価の有力な説明変数になると予想された橋梁延長であるが，地価と高い相関関係にあったため，説明変数から除外した。これは山岳地帯や一級河川といった地形的要因から必要とされる橋梁よりも，昨今では都心部における立体交差事業のような橋梁の方が多く，橋梁延長が都心の代理変数となっているためと思われる[20]。当該年度の道路事業計画は前年度の状況を鑑みて決定するため，道路改良率等は一期前の値を利用している。

政治的要素については，既存研究において最も代理変数として利用されている自民党得票率とし，1996年の衆議院選挙，1998年の参議院選挙，2000年の衆議院選挙，そして2001年の参議院選挙の平均値とした。

$$Y_1 = g(LP_{t-1}, SNOW_{t-1}, GEO2_{t-1}, KOKKO, ADT, RATE_{t-1}, AREAP, POL) \quad (3)$$

- LP_{t-1} ：前年度地価
- $SNOW_{t-1}$ ：前年度降雪日数
- $GEO2_{t-1}$ ：前年度トンネル延長
- $KOKKO$ ：国庫支出金額
- ADT ：自動車関係諸税の合計
- $RATE_{t-1}$ ：前年度道路改良率
- $AREAP$ ：可住地面積
- POL ：自民党得票率

維持補修費については，(4)式のように前年度道路面積，道路混雑度，および積雪日数を説明変数とした。道路面積が広ければ維持補修費は比例的に増

---

[20] 県管理道路が交わる交差点では，特に問題がない場合，立体交差化することが法的に決められていた。

加する。また，道路交通量が多ければ，その分早く道路が損傷するので，維持補修費は相対的に多くなる。県管理道路の交通量を示す適切なデータが見つからなかったため，代理変数として道路混雑度を説明変数に加えた。道路混雑度は交通安全対策費用が高い都心地域を示す代理変数でもある。そして，除雪関連費の代理変数として前年度積雪日数を選択した。道路建設ほどではないものの，維持補修についても国庫支出金が支出されていたが，説明変数には含めなかった。

$$Y_2 = h(RA_{t-1}, SNOW_{t-1}, CON) \tag{4}$$
　　　RA_{t-1}　：前年度道路面積
　　　CON　：道路混雑度

　その他の項目については直轄事業負担金がこの大半を占める。これは都道府県の担当者が意思決定を下しているのではなく，国から外生的に与えられるため，今回のモデルではその要因分析を行わなかった。ただし，国が何を基準に直轄事業を決めているのかは興味深いテーマであり，今後の研究課題としたい。

$$Y_3 = const \tag{4a}$$
　　　Y_3　：その他（直轄事業負担金と地方道路公社への出資金等）

(2) 財源
$$FUND = KOKKO + BOND + IF + OTHER \tag{5}$$
　　　$KOKKO$：国庫支出金額
　　　$BOND$　：地方債額
　　　IF　　：一般財源額
　　　$OTHER$：その他財源額

　道路財源は国庫支出金，地方債，一般財源，そしてその他財源から構成される。国庫支出金は国の直轄事業あるいは，補助事業といった各事業の国の負担合計と等価であるが，その大半は道路建設であり，計画における道路建設の増減は国庫支出金の額に大きな影響を与える。したがって，(6)式で示さ

れる道路建設は内生変数とした。

また，道路整備特別会計総額も各都道府県への補助金の配分に大きな影響を与えるだろう。そして，国庫支出金を通じた地域間再分配と地域経済・雇用対策機能の代理変数として，1人当たり県民所得を説明変数に加えている。(6)式に政治的要因は含まれていないが，内生変数Y_1を通じて間接的に国庫支出金の増減に影響を与えるモデルになっている。

$$KOKKO = f_1(Y_1, RF, INCOME_{t-1}) \tag{6}$$

 Y_1 ：道路建設額
 RF ：道路整備特別会計総額
 $INCOME_{t-1}$：前年度1人当たり県民所得

地方債も国庫支出金と同様に，当該年の道路計画の事業量によって大半が決まる。また地方債計画の起債総額は各都道府県の地方債発行に一定の制約を課すだろうし，財政的に豊かではない都道府県（財政力指数が代理変数）は民間引き受けの債券発行が厳しいため，相対的に債券発行額が低くなるだろう。ここでいう債券は当該年度に発行したものだけなので，過去の道路ストックが与える直接的な影響はない[21]。

$$BOND = f_2(Y_3, Y_1, TB, ZI) \tag{7}$$

 TB ：地方債計画の起債総額
 ZI ：財政力指数

国庫支出金や地方債に比べると，一般財源がどのような要因によって決まるのかについては非常に曖昧である。一般財源は(8)式のように，自動車関係諸税の譲与税額，地方税額，および各都道府県の地方税額，地方交付税額から構成されるが，自動車関係諸税もすべてが県管理道路事業に利用される訳

---

21) 過去の利子支払いはこのモデルには含まれていない。道路建設のために発行された債券は「公債費」という形で，都道府県の財政課の管轄に移るためである。後年度の交付税措置もすべて財政課の管轄となる。つまり，実際に道路事業を計画する担当は，借入金の利子支払いとは完全に分離された形になっている。

ではない可能性がある．地方交付税は使途が決められていない地方財源であるが，既存の道路ストック量によって各都道府県への配分が一部決まっている．ただし，これは譲与税と違い必ずしも道路事業に使う必要がないので，他の支出目的にも利用される．実際の予算編成の現場では(9)式のように，道路投資額から国庫支出金，地方債，およびその他財源で不足した部分を補うバッファーとして一般財源を運用している可能性がある．

いずれにせよ，一般財源の構造についてはさらなる調査が必要であるため，今回は推定を行わなかった．やや本論から離れるが，譲与税については，既存の道路ストック量で配分されていると指摘されており，別途(10)式を推定する．その他財源については金額も小さいため，要因分析は行わなかった．

$$IF = f_3(ADT_n, ADT_l, LTAX, GTAX) \tag{8}$$

ADT_n：自動車関係諸税の譲与税額
ADT_l：自動車関係諸税の地方税額
$LTAX$：各都道府県の地方税額
$GTAX$：各都道府県の地方交付税額

$$IF = INVEST - KOKKO - BOND - OTHER \tag{9}$$

$$ADT = ADT_n(RL_{t-1}, RA_{t-1}) + ADT_l \tag{10}$$

RL_{t-1}：前年度県管理道路の道路延長
RA_{t-1}：前年度道路面積

$$OTHER = const \tag{11}$$

こうした構造方程式は理論モデルのみから導き出したものではないが，都道府県へのインタビュー調査結果から因果関係をある程度正しく説明していると考えることができるため，単純な相関関係を示すに留まる訳ではないと思われる．

4.2 データと分析方法

実証分析で利用したデータは1998年度から2002年度までの都道府県（東京

都以外の政令指定都市を除く)のパネルデータである。これは第12次道路整備5箇年計画の期間に対応している。表3-14はデータの出所を示している。表3-15はデータの記述統計量であり,債券をまったく発行していなかった都道府県があることがわかる。表3-16は主要データの相関係数を示している。道路財源はデータの入手可能性から,当初予算の値を利用する。

表3-14 データ一覧

	変数名	項目	出所・備考
(1)式	INVEST	道路投資額	都道府県の議会資料(当初予算)・政令指定都市を除く
	FUND	道路財源	
(2)式	Y_1	道路建設額	
	Y_2	維持補修額	
	Y_3	その他(総務費・有料道路)	
(3)式	LP	地価(住宅地・県平均地価)	地域経済総覧(政令指定都市を含む)
	SNOW	降雪日数(主に県庁所在地の降雪日数)	気象庁ホームページ
	RATE	道路改良率	道路統計年報
	RA	前年度・道路面積(km²)	
	AREAP	都道府県の可住地面積(km²)	地域経済総覧
	POL	自民党得票率	民力
(4)式	CONGES	1997年度の混雑度	道路交通センサス
	GEO2	トンネル(km)	道路統計年報
(5)式	KOKKO	(対県管理道路)国庫支出金額	都道府県の議会資料(当初予算)・政令指定都市を除く
	BOND	(対県管理道路)地方債額	
	IF	(対県管理道路)一般財源額	
	OTHER	その他財源額	
(6)式	RF	道路整備特別会計総額	道路行政
	INCOME	県民所得	経済社会総合研究所ホームページ
(7)式	ZI	財政力指数	日本政策投資銀行ホームページ
	TB	地方債計画の起債総額	地方財政統計年報
(8)式	ADT	自動車関係諸税の合計	道路統計年報および都道府県へのインタビュー調査結果に基づく
	ADT_n	自動車関係諸税の譲与税額	
	ADT_l	自動車関係諸税の地方税額	
	LTAX	地方税額	日経NEEDS(地方財政統計年報)
	GTAX	地方交付税額	
(10)式	RL	道路延長(km)	道路統計年報

注1)地価や自民党得票率,県民所得は政令指定都市を含むデータとなっている。
注2)整備率とは改良区間のうち混雑度が1.0未満の実延長に占める割合である。

第3章
自動車関係諸税の地域間配分の要因分析

表3-15　記述統計量

	平均	標準偏差	変動係数	最大	最小
Y_1	45,670,599	18,222,229	39.9%	111,640,432	16,803,308
Y_2	14,587,015	10,800,750	74.0%	68,786,000	1,262,461
Y_3	14,899,713	11,843,597	79.5%	70,871,200	0
KOKKO	17,094,556	8,777,502	51.3%	56,003,592	4,451,255
BOND	32,658,509	20,347,446	62.3%	144,411,984	0
IF	20,409,502	12,330,150	60.4%	70,271,056	1,030,048
OTHER	4,750,254	5,000,536	105.3%	33,708,184	181,737
ADTn	2,739,057	1,602,228	58.5%	12,079,520	475,493
ADTl	29,518,237	22,729,355	77.0%	125,321,904	7,839,816
LP_{t-1}	75,083	63,293	84.3%	386,100	26,600
$SNOW_{t-1}$	32	34	106.4%	145	0
AREAP	2,600	3,659	140.7%	26,452	779
$GEO2_{t-1}$	27,292	16,883	61.9%	85,555	3,040
$RATE_{t-1}$	69	11	15.7%	94	46
AREAP	2,600	3,659	140.7%	26,452	779
POL	34.58	5.82	16.8%	43	24
RA_{t-1}	30	16	51.9%	114	13
CON	0.725	0.180	24.9%	1.160	0.380
$INCOME_{t-1}$	2,838	381	13.4%	4,401	2,057
TB	163,651	1,558	1.0%	165,239	160,940
ZI	0.44	0.19	0.43	1.10	0.20
LTAX	3,581	6,212	173.5%	44,009	495
GTAX	2,289	1,094	47.8%	8,621	0

注1）1998年から2002年までの47都道府県データより。単位は千円。
注2）変動係数は標準偏差を算術平均で除したもので，算術平均の大きさに依存しない変動の大きさを表すことができる。

表3-16　主要データの相関係数

	Y_1	Y_2	Y_3	KOKKO	BOND	IF	OTHER	ADT_n	ADT_l
Y_1	1								
Y_2	0.26	1							
Y_3	0.49	0.63	1						
KOKKO	0.78	0.38	0.56	1					
BOND	0.57	0.66	0.82	0.51	1				
IF	0.67	0.28	0.29	0.47	0.10	1			
OTHER	0.06	0.47	0.37	-0.03	0.26	0.06	1		
ADT_n	0.61	0.60	0.76	0.68	0.81	0.31	0.06	1	
ADT_l	0.26	0.82	0.62	0.31	0.70	0.17	0.44	0.66	1

当モデルは同時方程式であるため，各方程式を最小二乗法で推定すると同時方程式バイアスが生じ，その最小二乗推定量は不偏性だけでなく，一致性も失われてしまう。そのため，(3)，(4)，(6)，(7)式について三段階最小二乗法を用いて同時推定を行った。また，(10)式については別途，最小二乗法で推定を行った。(3)式の POL は直接道路建設を増やすのではなく，国庫支出金の配分を大きくする可能性があるため，両者の交差項を POL の代替変数としたものがモデル 2 である。

また，その他投資は圧倒的に直轄事業負担金が多く，道路建設とほぼ同じ性質の道路投資と考えることができるため，Y_1 と Y_3 の合計を道路建設として分析したのがモデル 3 であり，その両者を含むモデルがモデル 4 である。

4.3 推定結果

推定結果が表 3-17 に示されている。決定係数に関しては比較的良好な推定結果を得られた。まず(3)式（道路建設）であるが，全体として地理的要因は統計的に有意ではなく，財源および政治的要因は有意な結果であった。特に降雪日数は t 値が低い上，符号がすべて負となった。降雪日数の代わりに降雪都道府県ダミーで同様の推定を行っても，同様に有意な結果は得られなかった[22]。これは降雪都道府県において県管理道路の整備が一巡していた可能性がある。改良率はモデル 2 とモデル 4 において正で有意であり，改良率が高い都道府県ほど道路建設に熱心という結果になった。

国庫支出金はすべてのモデルで非常に安定した推定結果を得た。モデル 1 の値を解釈すれば，国庫支出金額の1.78倍の道路建設額が生み出されていると読みとれる。政治的要因の代理変数である自民党得票率も正で有意な値を得た。モデル 1 の値を解釈すれば，自民党の得票率が 1 ％高くなると，道路建設額は2.2億円増加することになる。道路建設額の平均が450億円なので，事業規模の小さな都道府県にとっては無視できない金額である。

自民党得票率を国庫支出金の傾きダミーとしたモデル 2 でも，正で有意な値となった。国庫支出金の傾きが大きくなることは，それだけ道路建設事業

---

[22] ここでいう降雪都道府県とは雪寒法で指定する雪寒地域を多く含む都道府県を指す。

第3章 自動車関係諸税の地域間配分の要因分析

表3-17　推定結果1

		モデル1	モデル2	モデル3	モデル4
(3)式	地価	5.646 (0.588)	2.295 (0.217)	23.39* (1.803)	18.14 (1.318)
	降雪日数	−11,475 (−0.779)	−30,322** (−1.981)	−18,129 (−0.914)	−36,549* (−1.837)
	トンネル延長	153.9** (4.063)	225.5** (6.243)	169.4** (3.314)	236.0** (5.005)
	改良率	13,008 (0.266)	133,861** (3.938)	2,836 (0.045)	121,126** (2.842)
	可住地面積	−11.40 (−0.046)	370.3 (1.392)	881.9** (2.639)	1,260** (3.632)
	自民党得票率	221,562** (4.120)	0.0156** (3.471)	191,931** (2.671)	7.73E−03 (1.366)
	自動車関係諸税 の譲与税分	0.0668** (2.390)	0.0622** (2.067)	0.1642** (4.403)	0.1617** (4.153)
	国庫支出金額	1.783** (11.010)	1.0871** (5.468)	2.3458** (10.991)	1.878** (7.033)
(4)式	道路面積	366,889** (10.514)	362,736** (10.373)	378,276** (10.783)	377,162** (10.748)
	降雪日数	−18,007 (−1.061)	−16,419 (−0.967)	−21,223 (−1.236)	−20,629 (−1.202)
	道路混雑率	6.55E+06** (5.157)	6.68E+06** (5.249)	6.25E+06** (4.897)	6.29E+06** (4.928)
(6)式	道路建設額	0.482** (22.122)	0.474** (20.638)	0.3220** (27.396)	0.320** (26.482)
	道路整備特別 会計総額	33.47 (0.671)	91.67* (1.699)	184.3** (4.346)	223.0** (5.028)
	県民1人当たり 所得	−2,187** (−3.136)	−2,899** (−3.907)	−3,619** (−5.706)	−4,132** (−6.239)
(7)式	その他・道路 投資額	1.094** (14.98)	1.089** (14.553)		
	道路建設額	0.243** (4.286)	0.251** (4.338)	0.591** (18.868)	0.594** (18.955)
	地方債計画の 起債総額	−18.55 (−1.050)	−23.59 (−1.316)	−90.85** (−5.989)	−93.34** (−6.147)
	財政力指数	1.91E+07** (5.066)	2.02E+07 (5.312)	2.72E+07** (7.006)	2.77E+07** (7.115)
R^2	(3)	0.651	0.662	0.726	0.732
	(4)	0.486	0.488	0.479	0.480
	(6)	0.612	0.614	0.677	0.680
	(7)	0.745	0.746	0.683	0.683

注）括弧内はt値。＊：10％水準で有意。＊＊：5％水準で有意。

のうち国の補助率が高い事業が多いことを意味するので，政治的要因が補助事業をより多く当該都道府県にもたらす構造がみてとれる。政治的要因は各事業の優先順位に影響を与えるが，それを地方への利益誘導型政治の典型とみるか，すべての事業はいずれ整備が行われるので，政治的要因は当該事業の順番を早めるに過ぎないと考えるかについては意見のわかれるところである。今回得られた推定値（モデル1）を利用し，データの平均値での理論値から，各説明変数の全体への寄与度を求めたところ，国庫支出金額が66％，自民党得票率が16％と全要因の大半を占めた。

(4)式（維持補修）については，道路面積が予想通り正の相関をもつことがわかった。道路面積は過去の道路投資の積み重ねであり，その一部は過去の政治的要因の結果でもある。また道路建設の場合と同じように，降雪日数は統計的に有意ではない上，符号が負となった。道路混雑率は予想通り正であったが，都心地域を示す代理変数という側面もあり，交通安全関連支出に対して説明している可能性がある。

(6)式（国庫支出金）では，道路整備特別会計総額が有意ではなかった点を除くと，予想通りの結果が得られた。道路建設額は安定して有意であり，符号も正であった。この要素の寄与率（平均値）は74％にも及ぶ。また，県民1人当たり所得は負で有意であった。これは相対的に所得の低い都道府県に国庫支出金が多く配分されていることを意味する。(3)式の結果とあわせて考察すれば，県管理道路事業に対して国庫支出金が所得再分配を目的として拠出されており，さらにそれが道路建設を増加させていると解釈できる。

(7)式（地方債）については，地方債計画の起債総額がモデル1とモデル2では有意でなかった。それ以外の説明変数は予想された範囲の結果である。財政力指数が低い都道府県では発行額が低くなることが確認された。また同じ投資計画でも直轄事業が大半を占める「その他投資」の推定値の方が「道路建設」より大きく，債券発行に有利な条件が設定されていることが推測される。

表3-17では示していないが，(8)式（一般財源）を含めて同時推定した場合，相関係数が非常に低く，各説明変数も不安定な動きをみせた。先の議論のように，すべての投資計画額から国庫支出金と地方債を除いた不足部分を都道

表3-18 推定結果2

	モデル1	モデル2
定数項		-135,032**
		(-1.774)
道路面積	111,609**	111,098**
	(15.54)	(15.53)
道路延長	-178.3**	-140.9**
	(-2.71)	(-2.05)
Adjust-R^2	0.8985	0.8983

府県の一般財源で調整していると考えた方が現実に即しているかも知れない。

最後に，道路譲与税の配分について，(10)式を最小二乗法で分析した結果が表3-18で示されている。定数項の有無にかかわらず，道路面積は正，道路延長は負の値を示しており，ある程度，既存の県管理道路のストック量に応じて配分されている。ただし，同じ自動車関係諸税の地方税額に比べると譲与税額は金額ベースで1/10程度と小さく，国が地方の道路投資に関与する政策手段としては国庫支出金よりも弱いと思われる。

今回の同時方程式モデルは単純な線形関数であり，しかもロウデータで分析を行っている。他の関数形の検討（例えばシェア獲得競争としての離散選択モデルや動学モデル）や，より適当な代理変数の検討を重ねることが必要である。また，データに関しても「1人当たり」道路投資額，あるいは伸び率といった形にデータを変換して分析を行うことなどが今後必要であろう。

5 結論と今後の課題

本章は，一般道路事業における財源と分配の構造およびその要因分析について，都道府県管理の一般道路事業を中心に論じた。ここまでみてきたように，道路事業の制度はきわめて複雑かつ不透明であったことがわかる。

都道府県担当者へのインタビュー調査の結果，一般道路事業はいまだに道路建設が大きな割合を占めており，その財源は主として国庫支出金と地方債によることがわかった。そして実証分析の結果から，国の地方公共団体に対

する補助金である国庫支出金が，都道府県の道路建設の決定に多大な影響を与えているという仮説が確認された。すなわち，国庫補助金が道路投資を呼び，投資計画が補助事業を呼ぶ形になっていた可能性があり，需要ではなく供給サイドの事情によって計画が決まっていたといえよう。

通常の地方公共財と異なり，一般道路事業の国庫支出金の財源は道路整備特別会計で賄われていたため，国の一般会計の状況に左右されない安定的な基金であった。道路整備特別会計の歳入は固定税率である自動車関係諸税から徴収されていたので収入基盤は頑健で，巨額の道路投資が継続的に実施される原動力になっていた可能性が高い。事前に立案された道路事業計画から逆算して税率が決定されることになっているが，財源確保を前提にした投資計画が立案されていた可能性は否定できない。最適値から乖離した固定税率から安定的な財源が形成され，その財源から国庫支出金が各都道府県に配分されることによって，県管理道路事業が促進されることが制度的に確立されていたと考えられる。また，補助率が固定されていたことも，硬直的な予算や投資計画をもたらす要因であったと考えられる。

もう1つの仮説である，道路事業における国庫支出金を通じた都道府県間の所得再分配も確認された。国から地方への所得再分配は，地方が自由に使える地方交付税の方が効率性の面で優れている。特定財への支出に限った政府間補助には，例えばスピルオーバー効果の内部化といった妥当性が明確に示されなければならない。

補助制度を通じた道路事業や所得再分配は，受け手側の都道府県のモラルハザードを引き起こし，過剰な道路事業が行われるだけでなく，地方が国から補助を受けるための仕事，例えば中央官庁への要望に資源を費やすことを意味する。また，このような不透明な補助金獲得競争は，そのプロセスで政治的要因が色濃く作用する制度でもある[23]。こうした問題は道路に限ったものではなく，日本の地方行政全体にかかわる大きな問題である。昨今の地方分権の考え方に従えば，財源が地方に移譲され，地方が自律的に政策立案

---

23) この点については，プロジェクト単位の事業化優先順位の決定要因を分析することが今後の課題である。

できるような制度設計が道路事業においても今後望まれるだろう。
　今後の課題として，第1に，分析の精緻化がある。これは，例えば，変数間の見かけ上の相関関係の識別や分析時における他の関数形の検討などがあげられる。第2に，本章の分析では，モデルの設定およびデータの制約から，国庫支出金とならんで都道府県の道路財源を担っている地方債について，不十分な検討に終わった。この点については，次章で取り扱われる。

参考資料

第12次道路整備5箇年計画の概要

(単位：億円)

区分	第12次5箇年計画	第11次5箇年計画	第12次5箇年計画 計画倍率
高速自動車国道	99,500	97,600	1.02
本州四国連絡道路	2,100	12,400	0.17
一般国道	49,300	43,000	1.15
高規格幹線道路計	150,900	153,000	0.99
地域高規格道路	77,200	—	—
新設及び改築等	224,670	232,920	0.96
交通安全施設等整備事業	22,800	22,520	1.01
機械整備	1,250	1,250	1.00
調査	980	710	1.38
一般道路事業計	249,700	257,400	0.97
日本道路公団	3,900	7,300	0.53
首都高速道路公団	20,900	31,900	0.66
阪神高速道路公団	13,700	19,500	0.70
東京湾横断道路株式会社	—	8,600	—
有料道路融資	16,800	13,100	1.28
指定都市高速道路	8,900	5,800	1.53
一般有料道路	7,900	7,300	1.08
道路開発資金等	6,100	6,200	0.98
有料道路事業計	61,400	86,600	0.71
高規格・一般・有料計	462,000	497,000	0.93
地方単独事業	268,000	252,000	1.06
計	730,000	749,000	0.97
調整費	50,000	14,000	3.57
合計	780,000	763,000	1.02

注1) 地域高規格道路の事業費は，一般道路および有料道路のうち地域高規格道路にかかるものを重複計上している。
注2) 一般道路の事業費には，緊急地方道路整備事業を含む。
注3) 第11次5箇年計画の東京湾横断道路株式会社の事業費には，道路開発資金からの融資額を重複計上している。
注4) 有料道路の事業費にはＮＴＴ－Ａ型事業を含む。
出所：国土交通省ホームページから抜粋。

第3章
自動車関係諸税の地域間配分の要因分析

事業量および財源を決める計画の流れ

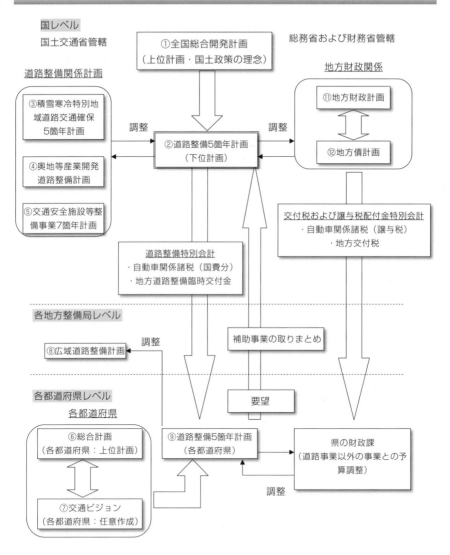

第 4 章

地方公共団体への政府間補助 I [1]
—地方債の交付税措置が道路整備支出にあたえる影響—

1 はじめに

　本章は，自動車関係諸税以外の地方公共団体の重要な財源である地方債を対象に，政府間補助の問題点を明らかにする。具体的には，都道府県が管理する一般道路（補助国道および都道府県道，以降，県管理道路と表記）整備時の財政面での補助手法である地方債の交付税措置に着目して，地方公共団体の支出に与えた影響を分析する。本章で県管理道路を考察対象とした主たる理由は，これまでみてきたように，国が都道府県の支出に関する意思決定に強く関与していること，および定量分析を行う際に必要なデータが都道府県のデータまで入手可能であったことの2点である。

2 地方債の交付税措置

2.1 地方債の交付税措置とは

　ここでは，本章の目的に沿って一般道路事業での地方債の交付税措置について整理する。地方債の交付税措置とは，地方交付税交付金額の算定基準の1つである基準財政需要額を増額させることを指す。地方債の交付税措置は1962年に導入されたが，1993年度の各事業に対する国庫補助率の見直しおよび恒久化により，それまでの各事業の国庫補助分との差額が地方債で賄われることとなった。その結果，元利償還を後年度地方交付税交付金で賄う地方債が増加したため，1990年代から交付税措置額は年々増加の一途をたどっ

---

1) 本章は，後藤（2003b）および後藤（2012a）をもとに，加筆・修正を加えたものである。

た[2]。

　地方債の交付税措置の具体的な手法は，大きく区分して，単位費用における公債費への算入と，事業費補正による公債費への算入の2種類ある。単位費用における公債費への算入とは，基準財政需要額の一項目として公債費に計上することを指す。一方，事業費補正による公債費への算入とは，基準財政需要額を算定する際に地方債を発行した事業の単価をかさ上げすることを意味する[3]。県管理道路事業における地方債の交付税措置は，事業費補正による公債費への算入という手法で処理されていたため，本章では特に事業費補正による公債費への算入についてさらに整理を行う。

　事業費補正による公債費への具体的な算入方法は以下のとおりである。地方交付税交付金を算定する際に必要な基準財政需要額は，通常以下の(1)式で算出される。

$$（単位費用）×（測定単位）×（補正係数） \quad (1)$$

　この中で，単位費用とは，「標準的条件を備えた地方団体が合理的，かつ妥当な水準において地方行政を行う場合又は標準的な施設を維持する場合に要する経費を基準とし」と規定されており，その算定方式は(2)式のとおりである。

$$単位費用 = \frac{標準団体の標準的な歳出 - そのうち国庫補助金等の特定財源}{標準団体の測定単位の数値}$$
$$= \frac{標準団体の標準的な一般財源所要額}{標準団体の測定単位の数値} \quad (2)$$

　単位費用を算出するためには，以下のように標準的な地方団体（標準団体）を設定するが，その概要は表4-1となっている。そして，道路事業にかかわる単位費用については，表4-2のようになる。

2）地方債および地方債の交付税措置に関する現在までの経緯については，例えば土居・別所（2004a）を参照のこと。
3）詳細は，例えば土居・別所（2004a）を参照のこと。

第4章
地方公共団体への政府間補助Ⅰ

表4-1　標準団体の概要

	都道府県	市町村
人口（人）	1,700,000	100,000
面積（km²）	6,500	160
世帯数（世帯）	660,000	39,000
道路の延長（km）	3,900	500

出所：地方交付税制度研究会編（2010），p.21より作成。

表4-2　道路整備にかかわる単位費用一覧

	都道府県		市町村	
	2010年度	2009年度	2010年度	2009年度
道路延長（円／km）	2,167,000	2,287,000	230,000	252,000
道路面積（円／km²）	153,000	161,000	83,500	80,900

出所：地方交付税制度研究会編（2010），pp.24-25より作成。

なお，道路事業にかかわる測定単位には，道路維持管理関係の給与費，物件費および道路の維持補修修繕に要する経常経費と一般道路改築および交通安全施設等の整備に要する投資的経費をそれぞれ算出することを目的に，①道路面積（経常経費分）と②道路延長（投資的経費分）の2種類に区分される。

そのため，道路整備にかかわる単位費用についても同様に，①道路面積（経常経費分）と②道路延長（投資的経費分）の2種類がある。表4-2をみると，都道府県区分では道路延長および道路面積にかかわる単位費用がともに減少する一方で，市町村区分では道路延長に関する単位費用は減少しながらも，道路面積に関する単位費用は増加していることがわかる。

(1)式を使用して，事業費補正による地方債の交付税措置の増加分を具体的に表すと以下の(3)式で表される[4]）。

$$（単位費用）\times（測定単位）\times\left[\frac{（地方債の元利償還金）\times（交付税措置率）}{（単位費用）\times（測定単位）}\right] \quad (3)$$

4）本章での交付税措置率とは，「当該事業に充当された地方債の元利償還分のうち，後年度地方交付税交付金が補填する割合」を指す。

このように地方債の交付税措置とは,基準財政需要額を実質的にかさ上げさせる,つまり地方交付税交付金による地方債の元利償還を行う措置であることがわかる。

 一方,県管理道路事業における地方債の具体的な起債充当率[5]および交付税措置率は表4-3に再度示す。県管理道路事業における地方債の起債充

表4-3 県管理道路整備事業別地方債の起債充当率および交付税措置率(2002年度時点)

事業別	地方債名	起債充当率	交付税措置率
補助事業	一般公共事業債	40%	50%
単独事業	臨時道路整備事業債	95%	30%
地方特定道路事業	臨時道路整備事業債(一般・財源対策債)	75%・15%	50%
緊急地方道路整備事業	臨時道路整備事業債(一般)	95%	30%

出所:後藤(2003b)より抜粋。

図4-1 県管理道路整備における地方債の交付税措置率(2001-02年度)

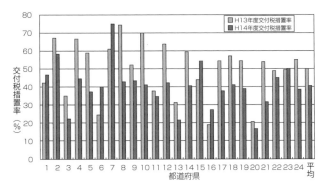

出所:各都道府県資料より作成。

---

5)本章での起債充当率とは,「当該事業の整備財源に地方債が充当可能な割合」を指す。

当率および交付税措置率は，事業ごとに異なる設定となっており，事業の選択によって各地方公共団体の実質負担割合が変わってくる。

それでは実際に，各地方公共団体は県管理道路事業に関連した地方債起債額のうちどの程度実質的に負担したのだろうか。このデータは，体系的に公表されていないため，都道府県へインタビュー調査を行い，その調査結果を図4-1に示す[6]。回答を得た都道府県での交付税措置率は，2001年度は単純平均で約50％，2002年度は約40％となっている。2002年度から，起債充当率および交付税措置率の変更がなされたため，都道府県での交付税措置率は約10％程度減少した。

2.2 諸外国の地方債制度

本項では，諸外国の地方債制度を調査した先行研究について簡潔に整理する。土居・林・鈴木（2005）は，アメリカ，カナダ，フランスおよびスウェーデンの地方債制度について，文献調査や現地調査を行っている。この調査は，各国の地方債の制度を整理および比較し，各国とも時代とともに地方債制度を変革してきていることを明らかにした。

Ter-Minassian（1997）は，各国の地方債制度について，①中央政府統制型（日本・イギリス・ギリシャ・アイルランドなど），②一元的市場規律型（カナダ・フランスなど），③中央・地方政府の協調型（オーストラリア・ドイツなど）および④ルール規制型（アメリカ・スイスなど），の4種類に分類した。

Ter-Minassian（1997）の分類について，土居（2007）は次のように整理している。第1に，中央政府統制型とは，中央政府が地方財政の借入に対して直接的な統制権限を有しており，地方政府の毎年の借入上限を決定し，中央政府が借入を許可する形式である。

第2に，一元的市場規律型とは，地方政府の借入はもっぱら市場に依存し，

6）インタビュー調査は，2002年度から2003年度にかけて各都道府県に対して行った。ただし，各都道府県の道路事業担当部局では事業別に予算調製を行っているため，道路橋りょう費での地方債に占める交付税措置総額を把握していなかった事例が多かった。そのため，47都道府県のうち24都道府県からの回答となっている。

市場における格付けや評価，そしてリスクプレミアムにより発行条件，借入れ条件が決定される形式である。この形式では，中央政府による借入上限などの制限や監督がほとんど行われていない。

第3に，中央・地方政府の協調型とは，中央政府と地方政府が交渉に基づいて借入総額および個別自治体の内訳などについて決定する形式である。

そして最後に，ルール規制型は，債務残高の上限規制，歳入などに占める元利償還比率による新規発行の許可，マクロ経済全体に悪影響を及ぼす借入（外債など）の制限，借入の使途をインフラ整備等投資的経費に限定するゴールデンルールなどの設置とそれによる規制による形式である[7]。

このような先行研究での調査結果を整理すると，日本以外の諸外国では，①地方債を資本支出のみに限定する制限が強く働いていること，②地方債発行に関するルールが整備されていること，および③中央政府の関与はきわめて限定的であること，などが指摘できる[8]。

さらに，たとえ何らかの形で中央政府が地方債発行などに対して影響を及ぼしているとしても，本章で取り上げている交付税措置のような，中央政府からの地方債元利償還金に対する支援の仕組みは諸外国での例にないと思われる[9]。

2.3 県管理道路事業における地方債の交付税措置の問題点

本項では，第1に，日本の地方債の起債時および流通時の仕組みに着目し，理論的にみた交付税措置の問題点について明らかにする。そして，第2に，交付税措置が地方公共団体の支出に与える影響について，主に実証的な先行研究を整理して，その論点と問題点を明らかにする。その上で，道路事業と交付税措置の関係を取り扱った先行研究も整理する。

日本の地方債起債時における仕組みの1つに，地方債の対象経費の規定がある。地方債は，地方財政法第5条但書において認められている事業（適債

---

[7] アメリカの州・地方債のより詳細な現状については，例えば秋山・前田・渋谷編（2007）などを参照のこと。
[8] 土居（2007），p.180を参照。
[9] アメリカの制度との比較を通じて交付税措置の問題点について取り上げたものとして，例えば北山（2007）などを参照。

事業)[10] のみ起債ができることになっており,道路事業もその1つである[11]。

このような対象経費の制限下で交付税措置が存在することが,事業選択の際に各地方公共団体が適債事業を積極的に選択するインセンティブを高める要因となる。なぜなら,各地方公共団体が経済合理的に行動すると考えれば,交付税措置が存在することによって,非適債事業を行うことと比較して適債事業を行うことによって自身の負担が軽減されるためである。いいかえれば,土居・別所（2005）で指摘されているように,交付税措置によって「各地方公共団体の直面する価格が操作される」可能性がある。

交付税措置による価格効果が及ぼす非効率性については,図4-2に示す。図4-2の縦軸は,ある地方公共団体の公共投資額を,そして横軸は公共支出額をそれぞれ表している。このとき地方公共団体は,公共投資以外の公共支出と公共投資を行うことで当該住民の効用を高めることができ,交付税措置が一切ないときの当該住民の無差別曲線は図4-2にある「交付税措置前の無差別曲線」とする。したがって,交付税措置が一切ない状態の地方公共団体の予算制約線が線分XZで表されるとき,住民の効用最大化点は点Eとなる。

次に,対象経費（この場合は公共投資の経費）の制限下で交付税措置が設けられたとする。このとき,地方公共団体の予算制約線が線分YZへとシフトするため,住民の効用最大化点が点Bへ移動する。ただし,交付税措置を設けるのではなく,線分IJ分だけ地方公共団体へ定額補助金を与えれば,点Bと同じ効用水準にある点Aで住民の効用最大化が達成される。

したがって,同じ効用水準を達成するという条件下で,交付税措置を設ける場合の財政負担（線分IB分）と定額補助金を与える場合の財政負担（線

---

10) 適債事業として,①交通事業,ガス事業,水道事業その他地方公共団体の行う企業（公営企業）に要する経費の財源,②出資金および貸付金の財源,③地方債の借換えのために要する経費の財源,④災害応急事業費,災害復旧事業費および災害救助費の財源,および⑤文教施設,厚生施設,消防施設,その他公共施設の建設事業費等,がある。

11) ただし,適債事業であるからといって各都道府県は無制限に起債をすることは現実的に難しい。なぜなら,2005年度までは起債許可制度によって地方債の起債が制限されていた。また,2006年度以降も国から起債の同意をもらわなければ公的資金を借り入れることができないからである。そして,2005年度までは起債許可を判断する1つの指標として起債制限比率が存在していたが,中野（2002）によれば,起債制限比率が地方単独事業拡大の歯止めとなっていた。

図4-2 元利償還金の交付税措置の非効率性

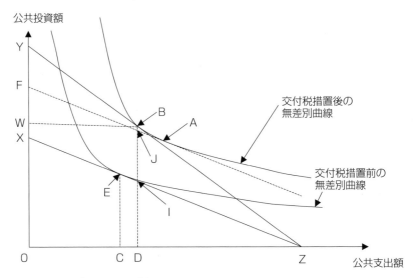

出所：土居（2007），p.104より抜粋。

分IJ分）を比較すると，交付税措置を設ける場合には代替効果の発生分だけ財政負担が大きくなる。つまり，定額補助金の場合と比較して，交付税措置は資源配分上非効率な補助制度であるといえる[12]。

くわえて，日本の地方債流通の状況をみてみると，市場による財政の規律づけの欠如がある。各都道府県が発行する地方債については，財政規模や財政状況からみて過大な発行にならないように，本来は市場からの監視が期待される。しかし，日本の場合は，地方債の引き受けに公的資金が大きな役割を担っており，相対的に市場メカニズムが働きにくくなっている可能性がある。

また，地方債を引き受けている民間資金についても，田中（2004）によれば，1990年代の縁故地方債の需要は，①国による「信用補完」，②個々の地方公共団体の財政状況，および③金融機関側の事情，という3つの複合的要

---

[12] 同様の議論は，特定定率補助金と一般定額補助金との厚生比較の場合にもあてはまる。なお，交通における特定定率補助金の非効率性について論じたものとして，例えば中条（1980）を参照。

因で決定されており，①が最も大きな要因であるとの結論が導かれた。つまり，国の信用補完がなくなれば，本来市場から地方債で財源を調達できなくなる地方公共団体が現れると思われる。

欧米では，地方債の保有は家計部門が大きな役割を担っており[13]，特にアメリカでは小規模な地方自治体でも地方債を発行する場合は市場から資金を調達している[14]。このように，欧米と比較すると，日本の地方債の流通においては相対的に市場メカニズムが働きにくくなっていると考えられる。

したがって，各都道府県は，本来期待されている市場からの規律付けに対して，国の信用補完があることによって，ある程度市場を考慮することなく地方債を流通させることが可能であるため，地方債を過大に発行する可能性がある。

このように，道路事業では，そもそも市場メカニズムが働きにくい状況に加えて，交付税措置という代替効果のある補助手法が用いられているために，いっそう資源配分上非効率な整備が行われる可能性があることが示唆された。

次に，交付税措置が地方公共団体の支出の意思決定に与える影響について，主に実証的な先行研究を整理する。欧米では，交付税措置という仕組みは存在しないが，価格効果をもつ免税地方債が地方政府の行動に与える影響について研究が蓄積されている。

しかし，Holtz-Eakin（1991）は免税地方債が地方債の発行を増加させるという結果を得ている一方で，Coronado（1999）およびTemple（1994）のように，免税地方債が地方債の発行を増加させるという結果を統計的に導き出せていない研究があるなど，価格効果の影響について断定できていない状況にある。

交付税措置に関する日本での実証的な先行研究は，田中（2004）によれば，「国による地方債許可制度が地方公共団体の起債姿勢に及ぼす影響」につい

---

[13] アメリカでは，地方債の利子所得が連邦所得税の対象外となること（免税地方債）に加えて，州および市町村レベルでもさまざまな免税措置が設けられているため，地方債の個人保有が進んでいると考えられる。

[14] その結果，1994年に起こったカリフォルニア州オレンジ郡の財政破綻のように，財政破綻を起こす地方自治体も存在する。ただし，アメリカは日本と異なり，地方自治体の破綻に際して連邦破産法など破産法が準備されている。

て多くの関心が向けられていた[15]ため，数少ない。交付税措置が地方公共団体の支出行動に影響を与える可能性について実証分析した研究には，土居・別所（2004b），土居・別所（2005）および石川（2006）がある。

土居・別所（2004b）は，1975年から2000年までのパネルデータをもとに，普通建設事業費および地方債を被説明変数とした都道府県の政策反応関数を推定して，地方債の交付税措置が地方債の発行を誘導していることを明らかにした。

土居・別所（2005）は，地方交付税交付金と国庫支出金の特徴を踏まえたモデルを構築して，交付税措置が公共投資を増加させる効果を実証分析した。

石川（2006）は，建設地方債の元利償還金に対する交付税措置に焦点をあてて，その価格効果に由来する厚生損失を実証的に検証した。分析の結果，価格効果による厚生損失額の試算値は，1999年度から2003年度までの5年間で約1兆2,000億円となった。

このように，交付税措置に関する実証的な検証は蓄積されつつあるが，道路事業と交付税措置の関係についてはまだ研究が数少ない。そのため，道路事業と交付税措置の関係については今後も継続的な研究が必要である。

3 実証分析

3.1 実証分析の概要

ここでは，道路橋りょう費と地方債発行額をそれぞれ被説明変数とし，地方債発行額に占める交付税措置額（交付税措置率）を説明変数とした対数線形モデルをもとに回帰分析をそれぞれ行う。対象とする地方公共団体は，データの制約から，インタビュー調査の回答を得た24都道府県とした[16]。また，宮崎（2004）によれば，被説明変数に1人当たり額を用いるのか，総額[17]

[15) このような研究は，例えば伊藤（1998），中野（2002）および土居（2001）などを参照。
16) 回答を得た都道府県は，以下のとおりである。（青森県，岩手県，宮城県，茨城県，栃木県，群馬県，新潟県，富山県，福井県，山梨県，長野県，静岡県，愛知県，三重県，京都府，大阪府，和歌山県，鳥取県，岡山県，愛媛県，高知県，長崎県，宮崎県，鹿児島県）
17) 被説明変数に総額を用いることは，暗に純粋公共財を仮定している。

第4章
地方公共団体への政府間補助 I

を用いるのかによって，分析結果が異なる可能性があるため，本章ではそれぞれ分析を行った。

道路橋りょう費と地方債発行額は地方債の交付税措置額以外の要因からも影響を受けると考えられるために，地理的要因として各都道府県の人口密度，経済的要因として各都道府県の県民所得，財政的要因として単年度の財政力指数をそれぞれ説明変数に追加した。

また，国からの補助の影響を制御するために，各都道府県の道路橋りょう費に占める国庫支出金の割合（国庫補助率）もあわせて説明変数に追加した。その他の変数も想定されるが，説明変数間の内生性を考慮して，本章では以上の変数を用いる[18]。各データの記述統計量は，表4-4に示す。

表4-4 記述統計量

	単位	平均	標準偏差	最小	最大
道路橋りょう費	千円	67,233,067	22,512,846	39,281,925	128,807,492
交付税措置率	%	45.394	14.653	16.518	75.092
国庫補助率	%	0.251	0.044	0.162	0.333
人口	人	2,251,287.208	1,853,362.155	617,078.000	8,628,601.000
面積	km²	6,567.231	3,060.031	1,892.860	15,278.400
財政力指数		0.408	0.168	0.200	0.880
県民所得	千円	6,641,551,646	6,350,814,394	1,577,046,000	27,999,943,000

表4-5 データ出所一覧

	出所	年度
道路橋りょう費	各都道府県議会資料（当初）	2001-2002
交付税措置率	各都道府県議会資料（当初）	2001-2002
国庫補助率	各都道府県議会資料（当初）	2001-2002
人口	日経NEEDS	2000-2001
面積	日経NEEDS	2000
財政力指数	地方財政統計年報	2000-2001
県民所得	経済社会総合研究所ホームページ	2000-2001

---

18) ただし，地方債発行額でのモデルでは，県民所得をはずした。

道路橋りょう費など各都道府県の予算データは，それぞれ2001年度および2002年度当初予算額を，それ以外のデータは表4-5のように1期前のデータを用いて，2000年度および2001年度のプールデータとした。

3.2　推定結果

　推定結果は表4-6となる。被説明変数に総額を用いるか，あるいは1人当たり額を用いるのかについては，道路橋りょう費および地方債発行額ともに1人当たり額の推定結果が統計的に有意であるため，本章では1人当たり額の推定結果を採用する[19]。

　推定結果では，全体的にほぼ予想通りの結果を得た。注目していた交付税措置率の影響は，データ数の少なさが原因となって，あくまで弱い有意性ではあるが，道路橋りょう費を正に押し上げていることが判明した。人口密度は有意に負となっているため，都市部では道路事業が行われにくい環境にあ

表4-6　推定結果

説明変数	道路橋りょう費		地方債発行額	
	1人当たり	総額	1人当たり	総額
人口密度	-0.833*	-0.101**	-0.119***	0.5163
	(-1.914)	(-2.404)	(-2.991)	(1.195)
財政力指数	-0.174	-0.578**	-0.489***	0.544***
	(-0.061)	(-2.128)	(-2.831)	(2.912)
国庫補助率	0.057	-0.065	-0.718**	-0.192
	(0.208)	(-0.247)	(-2.278)	(-0.563)
交付税措置率	0.193*	0.184*	0.08	0.029
	(1.705)	(1.682)	(0.584)	(0.197)
県民所得	-0.455**	0.724***		
	(-2.53)	(4.163)		
サンプル数	48	48	48	48
F値	33.439	7.2	11.394	10.04
Adjusted R^2	0.775	0.397	0.469	0.434

注）かっこ内はt値を示し，*，**，***はそれぞれ，10％，5％，1％で統計的に有意であることを示す。

---

19) この推定結果は，県管理道路が純粋公共財ではない可能性を暗に示している。

ることがわかる。財政力指数は当初想定していた符号と異なっている。これは，財政力指数の比較的豊かである都市部の影響を受けていると考えられるため，都市部では道路事業以外の事業に力をいれていることが窺える。県民所得は統計的に有意に負の結果を得た。これは，地方部での道路事業が依然優先的に行われていることを示している。

一方，地方債の発行額についての推定結果であるが，注目していた交付税措置率の影響は，符号条件は予想通り正であったが，統計的にゼロと有意に異なっていない。これは，データ数の少なさおよびプールデータ分析などの分析手法に問題があるかもしれない。この点は，今後の課題としたい。その他の指標では，ほぼ予想通りの結果を得た。

4 結論と今後の課題

本章では，一般道路事業の財政制度の一部である「地方債の交付税措置」について注目して，各地方公共団体の一般道路事業費支出に関する意思決定に与える影響について分析を行った。得られた知見は以下のとおりである。

- 地方債の交付税措置が道路橋りょう費を増加させるというインセンティブを各都道府県の意思決定過程にもたらしていることが示唆された。

地方債の交付税措置により，適債事業を通じて不交付団体から交付団体への所得再分配が行われており，かつ各都道府県の県管理道路事業の歳出に正の影響を及ぼしている可能性がある。これは，政策的な事業促進目的からみれば，非常に効果的な手法ともいえる。しかし，適債事業を優先的に実施するとかえって自己負担が減少するような手法である地方債の交付税措置は，率先して必要以上に適債事業を行いかねないインセンティブを地方公共団体に与えてしまうことになる。

したがって，財政規律を働きにくくし，かつ必要以上に将来世代あるいは他地域に負担を転嫁する地方債の交付税措置は，廃止する必要があると考えられる。ただし，中央集権的な道路事業制度を残した上での地方債の交付税

措置の廃止は，単に地方公共団体への負担が増す結果となるため，自動車関係諸税の国税分を各地方公共団体に移譲するなど地域間内部補助をなくすことがあわせて必要になるだろう。また，地方債市場の整備など市場メカニズムができるかぎり働くような環境・制度設計を行い，地域の自助努力を促すことも必要であろう。

　本章では分析が不十分な点も残されている。本章では，データが完備できなかったため，より精緻な分析を行うことができなかった。また，各都道府県の行動を規定する要因についてのさらなる分析やモデルの設定，およびその他の政府間補助の事例に基づく分析および評価は今後の課題となる。

第 5 章

地方公共団体への政府間補助 II [1)]
―中山間地域への補助制度を対象として―

1 はじめに

　前章までの議論では，主に自動車関係諸税の地域間配分における国庫支出金や地方債の交付税措置など，継続的な政府間補助金が各地方公共団体の支出の意思決定に影響を及ぼし，結果として資源配分上非効率および不公平な配分が行われてきたことを明らかにした。

　本章は，新規の道路政策が導入される場合に各地方公共団体の支出の意思決定にどのように影響を及ぼすのかということについて分析を行い，国と地方の役割分担についてさらに考察を加えることを目的としている。

　一般道路整備事業の非効率性が指摘された中に，中山間地域[2)]における一般道路事業があった。中山間地域の一般道路事業は，都市部と比較して交通量および開発効果も少なく，費用便益分析など効率性の観点からみれば非効率なケースが存在する一方で，病院・学校へのアクセスの確保など，機会の均等という公平性の観点からみれば，道路事業が求められているというトレード・オフが存在する。

　そこで本章は，過去の中山間地域の一般道路事業が非効率になってしまった要因について，道路構造を全国一律に規定していた「道路構造令」の硬直的な運用とその規定に基づいて行われている，国から地方への政府間補助制度，という2点から整理する。

　そして，上記問題点の改善を考察していくために，中山間地域の一般道路事業における事例研究として，高知県で最初に試行され，2003年度から「ロ

---

1) 本章は，後藤（2005）をもとに，加筆・修正を行った。
2) 中山間地域の定義は，統一された明確な定義が存在しない。そこで本章では以降，中山間地域の定義について，農林統計上で用いられている「農業地域類型」に基づくことにする。

ーカルルール」として全国的に新規導入された「1.5車線的道路整備」の制度および事業費縮減額について概観する。

次に，1.5車線的道路整備を導入した都道府県の意思決定過程を分析すべく，1.5車線的道路整備導入に影響を与えた要因を探る上でプロビットモデルによる実証分析を行う。あわせて，弾力的な道路事業の事例として，長野県栄村での「道直し事業」における事例について，参考資料として本章末で紹介する。

2 中山間地域における一般道路事業

2.1 一般道路事業における構造基準

日本における一般道路事業の構造基準を規定する法令として，道路構造令がある。道路構造令は道路法第30条第1項および第2項に基づき制定された政令で，道路法上の道路を新設・改築する場合における道路の構造の一般的技術的基準を定めた法令である。

この法令は，表5-1のように当該道路を整備する際の構造上のミニマム基準について詳細に規定している。国および地方公共団体が一般道路事業を行う際には，その事業の性質にかかわらず，この法令を遵守しなければならない。道路構造令は制定後数度改正が行われてきたが，近年特に問題となっていた改正として，1993年に行われた改正[3]について本項では述べる。この改正は1993年11月に行われたが[4]，改正時に「歩道等の最小幅員の引上げ[5]」と「橋梁の設計荷重の引上げ[6]」がそれぞれ決定された。この改正は当

---

3) 1993年改正以外の近年の改正として，2001年改正（①歩行者，自転車の通行空間の確保，②路面電車の通行空間の確保，③「緑」空間の増大，そして④舗装の構造基準の性能規定化）と2003年改正（①高規格幹線道路における追越区間付2車線構造の導入，②乗用車専用道路（小型道路）の導入，そして③中央帯幅員の特例値の縮小）がある。また，2004年度にそれまでの問題点を改善するために，道路構造令の全面改訂を行った。
4)「道路構造令等の一部を改正する政令」（平成5年政令375号）での道路構造令第10条と第11条部分。
5) 改正以前は，歩道（地方部）の幅員が1.5m（交通量小の場合1.0m），自転車歩行者道（地方部）の幅員が2.0m（交通量小の場合1.5m）であったものが，改正後は，歩道（地方部）の幅員が2.0m，自転車歩行者道（地方部）の幅員が3.0mにそれぞれ引上げられた。
6) 改正以前は橋梁の設計荷重が総重量20ｔだったものが，改正後は総重量25ｔに引上げられた。

第5章
地方公共団体への政府間補助Ⅱ

表5-1　道路構造令に基づく道路区分例（第3種部分）（2003年時点）

級別	道路がある地域の地形	計画交通量（台/日）				
		20,000以上	4,000～20,000	1,500～4,000	500～1,500	500以下
一般国道	平地部	第1級	第2級	第3級		
	山間部	第2級	第3級	第4級		
都道府県道	平地部	第2級		第3級		
	山間部	第3級		第4級		
市町村道	平地部	第2級		第3級	第4級	第5級
	山間部	第3級		第4級		第5級

出所：全国道路利用者会議（2003）より抜粋。

時バリアフリー化や物流の効率化へのニーズの高まりを背景に行われたが，以下の2点の問題点もあわせて生じた[7]。

①歩道や自転車歩行者道は，歩行者や自転車がきわめて少ない場合でも最小幅員以上で整備が必要なこと
②①に伴い，特に中山間地域における一般道路事業の遅れや都道府県の財政負担が増加すること

2.2　一般道路事業における補助事業の採択基準

　本項では，上記構造基準と都道府県の財政負担増加の関係に焦点を絞って，一般道路事業における補助事業の採択基準について考察する。道路構造令は，一般道路事業における構造上のミニマム基準であるが，道路構造令における幅員の引上げは，すなわち一般道路事業における補助事業の採択基準の引上げも意味する。
　都道府県が一般道路事業を行う際には，その事業の性質上，直轄事業，補助事業，および単独事業に区分される。自動車関係諸税の大半を占める揮発油税など一般道路事業にかかわる財源を配分する決定権は，道路整備特別会計を通じて国にあった。その上，地方公共団体に財源移譲が進んでいない状況下において，一般道路整備事業を確保するに当たり，第3章でも指摘した

7）高知県土木部道路課資料による。

ように，各都道府県は当該事業が補助事業に採択されるように一般道路事業を行ってきた可能性がある[8]。

一方，補助事業の構造上の採択基準として，道路構造令に基づいた「道路の標準幅員に関する基準（案）」が1975年7月に定められた。ただし，1993年の道路構造令改正と同時に，「国と地方の役割分担」に対する提言を行った地方分権推進委員会中間報告[9]，そして「公共投資の縮減」に関する財政構造改革会議決定[10]により，一般道路事業において1車線道路改良の不採択や事業量最低限度の引上げなど，補助事業の採択基準の引上げが行われた。

その結果，財政基盤の弱い都道府県は，上記提言の意図に反して，交通量の少ない中山間地域の一般道路事業においても補助事業の採択基準に反しない2車線整備を行い，結果として資源配分上非効率な一般道路事業が行われてしまった可能性がある。

3 中山間地域における一般道路事業の事例研究

3.1 1.5車線的道路整備の概要

以下では，前述の議論を踏まえて，1.5車線的道路整備を概観する。1.5車線的道路整備とは，道路事業のサービス目標を「安全性や快適性を確保した上での旅行速度」と設定して，2車線改良，1車線改良，突角の是正，待避所の設置等を効果的に組み合わせて実施されるものである。この整備手法は比較的交通量の少ない中山間地域の路線整備[11]をより効率的に行うことを目的に，1997年から県単独事業として高知県で図5-1のように試行され，2003年度から道路整備臨時交付金事業として整備されることになった。

そもそも各都道府県において1.5車線的道路整備が検討および試行された背景には，①従来の補助事業による事業速度が，各都道府県で期待されてい

---

8) 例えば森部（2002）を参照。
9) 地方分権推進委員会（1996）を参照。
10) 財政構造改革会議（1997）を参照。
11) 「比較的交通量の少ない中山間地域の路線整備」とは，原則として表5-1区分内の「都道府県道山間部第4級」に相当する路線が想定されていた。

図5-1 高知県の「1.5車線的道路整備」の計画フロー図

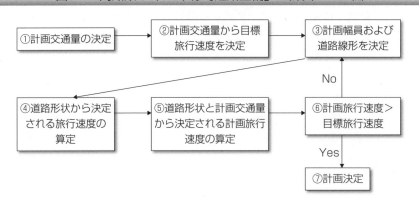

る事業速度より非常に遅い状況であったこと，②各都道府県の財政状況が悪化の一途をたどり，各都道府県は少ない予算で道路事業を行う必要性が生じたこと，などがあった。高知県での1.5車線的道路整備試行においても，補助事業よりも早く整備効果を発現でき，事業費が縮減され，かつ地域住民にも受け入れられる状況があったため，実施されることになった。

3.2 事業量削減の検証

道路事業に対する効率性を判断する基準として，費用便益分析および費用対効果の算出という手法がある。ただし本章では，①便益を厳密に推定するデータが入手できなかったこと，②1.5車線的道路整備では制約条件および便益測定の代替として「目標旅行速度」を設定していること，という理由から，1.5車線的道路整備による事業量縮減効果のみを検証する。

同一路線で補助事業と1.5車線的道路整備の事業量を比較した場合，中村下之加江線のケースでは，6年間で48億9,700万円，十和吉野線のケースでは16億6,350万円の事業量削減効果がそれぞれあった。

国も地方からの要請を受けて，2003年度から「ローカルルール」を導入し，交付金事業として1.5車線的道路整備を容認した。その結果，高知県に加えて，石川県・鳥取県・長野県・和歌山県など計13県が2003年度（鳥取県は2002年度）から1.5車線的道路整備を行った。以下では，インタビュー調査にご協

力頂いた鳥取県と長野県のケースを述べる。

　鳥取県では，県の財政状況の悪化から県財政当局において事業箇所ごとに必要性を査定し，事業実施の可否を厳しく判断する「1件審査」が2002年度から行われた。その結果，地方特定道路整備事業の予算が前年度比45％減少し，中山間地域の道路事業を中心に，継続事業21箇所が事業休止となった[12]。

　このような道路事業予算の減少を背景に，一律2車線整備や幅員3.5mの自転車歩行者道設置にこだわらず，中山間地域の実情に即した整備手法として，「1.5車線的道路整備手法」と「交通量に応じた歩道幅員の選定」を2002年度から下記2路線に対して施行した。その事業費削減額は，概算数値で一般県道河内槇原線の場合は7億5,000万円，主要地方道鳥取国府岩美線の場合は12億6,000万円を見込んだ。

　長野県では，2003年12月1日時点で19路線約11kmについて，すでに策定済みの2車線整備計画を見直し，1車線の整備を実施する予定であった。その事業費削減額は，現場の地形条件等により路線ごとに異なるが，概算数値総額で約36億円を見込んでいた。

4　1.5車線的道路整備導入の意思決定過程の分析

　ここでは，2003年度以降全国で導入された新規の道路政策である，1.5車線的道路整備における各都道府県の導入の差異から，都道府県での一般道路事業の意思決定要因を探る。そこで意思決定要因を探る上で，下記のような二値選択モデルであるプロビットモデルを想定して，分析を行う。

4.1　分析モデルの設定

　本項では，分析モデルの設定を行う。2節と3節では，1.5車線的道路整備の制度およびその特徴について整理を行った。この整理を踏まえて，「各都道府県はなぜ従来の補助事業で整備を行う代わりに，1.5車線的道路整備で整備を行う選択をしたのか」という導入の意思決定要因について考察する。

[12) 鳥取県県土整備部道路課資料による。

1.5車線的道路整備導入要因として，そもそも当該都道府県の総面積に占める中山間地域の割合が多いことが考えられる。これは，1.5車線的道路整備が原則表5-1における都道府県道山間部第4級に相当する路線を想定して生み出された経緯を考えれば，1.5車線的道路整備の導入要因として妥当と思われる。

　また，国の方針として，公共投資および補助事業の削減が掲げられていることから，予算制約が以前より厳しい状況下で，従来の補助事業と比べて相対的に事業費を縮減できる1.5車線的道路整備という手法が選択されることが考えられる。

　この要因は，データの制約から，本章では各都道府県の財政状況を示している財政力指数で表す。しかし，財政力指数を代理変数にすることには以下の点にも留意が必要である。つまり，財政力指数が高いということは，それだけ事業費削減などの財政運営を適切に行っている結果であり，事業費削減に積極的な都道府県と考えられる。あわせて財政の自主性が発揮でき，交付金など国の補助メニューによらず，独自に事業を行うことができるとも考えられる。この点を解消するためには，交付金事業としての1.5車線的道路整備と都道府県が独自に行う1.5車線的道路整備を区別しなければならないが，筆者が確認したかぎりではそのようなデータは存在しなかったため，今後の課題としたい。

　一方，厳しい予算制約の下で当該都道府県が道路事業の費用対効果などを考慮すれば，「中山間地域の道路事業を行わない」という選択肢も当然考えられる。この観点からみれば，1.5車線的道路整備が交付金事業として国から補助金を得ることができるようになったことが都道府県の意思決定に与えた影響は大きいと思われる。

　つまり，以前よりも厳しい予算制約の下では，「中山間地域の道路事業を行わない」という選択肢をあえて選ばず，従来の補助事業から1.5車線的道路整備にシフトすることによって事業量を少しでも確保する選択が行われた可能性も考慮しなければならないだろう。

　この要因は，1.5車線的道路整備導入以前にどの程度国の補助金に道路事業を依存していたかによると考えられるため，道路橋りょう費に占める国庫

支出金の割合で代理する。

　上記以外の導入要因として，ここでは道路改良率，1人当たり県民所得および有効求人倍率を想定した。これらの要因は，上記した「各都道府県の事業量確保」行動の背景となっていると考えられる。1.5車線的道路整備を導入する理由として，当該中山間地域における道路事業が進んでいないことがある。しかし，中山間地域内に存在する路線のうち，整備する必要がある路線がどの程度存在するのかということを表すデータは，筆者が確認したかぎりでは存在しなかった。そこで，1.5車線的道路整備という手法が既存の道路に対して改良を加える整備手法であることから，1.5車線的道路整備導入前までの道路整備水準の代理変数として，道路改良率を用いた。

　また，一般道路事業の決定要因を考察した先行研究[13]では，一般道路事業に影響を与えるものとして，地域間経済力格差の是正効果を評価するべく，1人当たり県民所得がとられている。1.5車線的道路整備は交付金事業になっていたことから，交付金事業が間接的な所得再分配のツールとして用いられた可能性がある。いいかえれば，1人当たり県民所得が低い都道府県ほど交付金が厚く配分されて，結果として1.5車線的道路整備の導入に影響を与えたということである。

　最後に，一般道路事業には景気・雇用対策としての役割が与えられているとして，その説明変数に有効求人倍率がしばしば採用される。1.5車線的道路整備においても道路事業をしないという選択肢があるのにもかかわらず，道路事業を行うという選択肢を選びとっている意思決定を考慮すれば，1.5車線的道路整備に景気・雇用対策が付与されている可能性が少なからず存在する。したがって，本章の分析においても1.5車線的道路整備の導入に影響を与える要因として，有効求人倍率を考慮した。

　以上の要因を踏まえて，モデルの特定化を行う。2003年度時点では，1.5車線的道路整備を導入した都道府県は13県存在しており，その他の都道府県では導入には至っていないため[14]，本仮説を分析するために，二値選択モ

---

13) 例えば，長峯・片山（2001）などを参照。
14) ただし，2004年度の1.5車線的道路整備の導入実績は，継続を含めて34都道府県に拡大した。国土交通省へのインタビュー調査による。

デルであるプロビットモデルを下記のように特定化して，分析を行った。

$$P_r(LOCAL_j=1)=\phi\left[定数項+\lambda_1(財政および事業削減要因)+\lambda_2(地域属性)+\sum_i\lambda_1(諸変数)\right] \quad (1)$$

ただし，

$LOCAL_j=\begin{cases} 1 & 2003年度に1.5車線的道路整備を導入した都道府県（13県）\\ 0 & 2003年度に1.5車線的道路整備を導入しなかった都道府県(31県) \end{cases}$

λ_i：説明変数 i の係数

推定は，国庫支出金などの補助率や環境の違いから北海道，東京および沖縄について除外した計44都道府県を対象に行う。主な指標の符号条件は，図5-2に示す。財政力指数の指標は，財政力の低い都道府県ほど事業費削減のために消極的に1.5車線的道路整備を行うという方向と財政力が高い都道府県ほど事業費削減に積極的であり，財政の自主性が増して積極的に1.5車線的道路整備を導入する方向という2方向が考えられるため，符号は事前に予想できない。

図5-2　プロビットモデルでの想定した説明変数

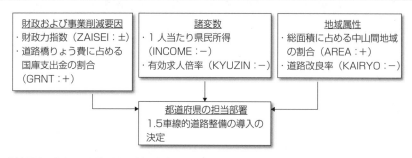

注) 図中の符号は，予想される符号を表している。

補助割合の指標は，補助割合が高い都道府県ほど補助事業の削減および厳しい財政制約のもとで，従来の補助事業から1.5車線的道路整備にシフトすると考えられるため，正を予想する。中山間地域の割合は，各都道府県面積に占める中山間地域面積が広くなれば，1.5車線的道路整備を行う誘因が高まると考えられるため，正を想定している。ただし，中山間地域の各都道府県別面積は散見するかぎり存在していなかったため，都道府県別林野面積で代理する[15]。

4.2　推定結果

　本項では，データの設定，各データの記述統計量および推定結果を示していこう。まず，各説明変数の相関係数および記述統計量について，表5-2および表5-3に明示した。そして，データの出所を表5-4に示す。

　推定結果は表5-5のとおりとなった。1.5車線的道路整備を導入する際には中山間地域の割合が大きな要因となっており，財政力指数がそれに続いているという状況で，他の変数は期待していたような統計的に有意な値が推定されなかった。

　中山間地域の割合は，当初の予想通り正で有意であった。モデル1からモデル4でも同じ正で有意であることもあわせて考えれば，都道府県が1.5車線的道路整備を導入する際には，各都道府県面積に占める中山間地域面積が広くなるほど導入するという意思決定がなされたと思われる。

　一方，あくまで弱い有意性ではあるが財政力指数が正で有意であった。これは，財政力指数が高まれば，1.5車線的道路整備を導入する確率が高まることを意味する。つまり，財政力指数が高ければ，それだけ事業費削減などの財政運営を適切に行っている結果であると考えられるため，事業費削減に積極的な都道府県ほど1.5車線的道路整備を導入した可能性が示唆された。

---

15) 2000年時点では，全国の中山間地域面積の合計は25,507千ha，同林野面積の合計は20,083千haである。

第5章
地方公共団体への政府間補助Ⅱ

表5-2　各説明変数間の相関係数

	GRNT	INCOME	ZAISEI	AREA	KAIRYO	KYUZIN
GRNT	1					
INCOME	−0.404	1				
ZAISEI	−0.492	0.799	1			
AREA	0.478	−0.456	−0.678	1		
KAIRYO	−0.292	0.253	0.461	−0.611	1	
KYUZIN	0.154	0.267	−0.036	0.279	0.040	1

表5-3　記述統計量[16]

	GRNT	INCOME	ZAISEI	AREA	KAIRYO	KYUZIN
平均	0.223	2,692.6364	0.430	0.631	0.687	0.654
標準偏差	0.046	287.24822	0.167	0.145	0.095	0.185
分散	0.002	82,511.539	0.028	0.021	0.009	0.034
最小	0.115	2,213	0.212	0.306	0.474	0.388
最大	0.313	3,421	0.894	0.836	0.852	1.101

表5-4　データ一覧

変数名	項目	出所
GRNT	道路橋りょう費に占める国庫支出金額の割合（1998年から2002年の平均値）	各都道府県の議会資料（当初予算額）
INCOME	1人当たり県民所得（2002年）	経済社会総合研究所ホームページ
ZAISEI	単年度財政力指数（1998年から2002年の平均値）	『地方財政統計年報』各年度版
AREA	林野率（2000年）	『農水産業センサス』
KAIRYO	道路改良率（2002年）	『道路統計年報』各年度版
KYUZIN	有効求人倍率（2002年）	『職業安定業務統計』

---

16) 1.5車線的道路整備を2003年度時点で導入した都道府県は，秋田県・福島県・石川県・福井県・長野県・岐阜県・愛知県・京都府・和歌山県・鳥取県・愛媛県・高知県・宮崎県の計13都道府県である。

表5-5　推定結果

	モデル1	モデル2	モデル3	モデル4
定数項	-7.704	-8.671	-7.726	-6.721
	(-2.563) ***	(-1.818) *	(-1.424) *	(-1.084)
AREA	8.683	8.569	8.931	8.437
	(2.571) ***	(2.076) **	(2.288) **	(2.032) **
ZASEI	3.308	3.534	4.577	4.800
	(1.605) *	(1.572) *	(1.346) *	(1.377) *
GRNT		3.161	3.080	2.854
		(0.506)	(0.494)	(0.454)
INCOME			-0.006	-0.009
			(-0.374)	(-0.486)
KAIRYO			0.250	-0.190
			(0.088)	(-0.061)
KYUZIN		0.155		0.504
		(0.117)		(0.336)
尤度比	0.310	0.315	0.317	0.319

注）かっこ内は，t値。*，**，*** はそれぞれ10％，5％，1％有意水準で有意を表す。

5　結論と今後の課題

　本章は，各都道府県の道路事業がどのような要因で決定されているのかについて分析するために，1.5車線的道路整備の導入過程に着目した。本章では，中山間地域での一般道路事業の問題点，1.5車線的道路整備の手法および効果を整理した上で，各都道府県における新規道路整備手法導入の選択行動分析を行った。

　分析結果としては，モデルの精緻化など今後の課題があるものの，1.5車線的道路整備という新たな整備手法を導入する際に，中山間地域の割合や財政力指数という要因が意思決定に影響を与えた可能性が示唆された。ただし，2004年度から1.5車線的道路整備を導入した都道府県が34都道府県と急激に増加したことを考えれば，国から地方に対して補助制度を導入する際には，地方公共団体の行動に歪みを及ぼす可能性に十分留意して制度設計を行わなければ，事前に予想していた成果を得られないことにもなるだろう。

　一方，2004年度から1.5車線の道路整備を導入した都道府県が34都道府県

第5章 地方公共団体への政府間補助Ⅱ

と急激に増加した点の要因分析やさらなるモデルの精緻化などの点は今後の課題としたい。

くわえて，補助制度によらない中山間地域における一般道路事業として，本章末に参考資料で取り上げている「道直し事業」という事例も存在する。地方公共団体の規模別にみた中山間地域における一般道路事業のあり方についてもさらなる検討が必要となるだろう。

ところで，本章で取り上げた1.5車線的道路整備の評価としては，以下のように考えられる。従来のように地域特性にかかわらず一律2車線で整備することは，資源配分上非効率である。しかし一方で，病院・学校等へのアクセスの確保等，機会の均等という公平性の観点からみて，仮に資源配分上非効率と指摘される一般道路事業でも社会的に要請される場合もある。

このような場合，Baumol・Oates（1975）の「スタンダードアプローチ」の議論が有用と考える[17]。スタンダードアプローチとは，要約すれば社会的厚生の観点から地域において公平性を達成する目標を策定し，この目標を制約条件として全体の効率性を最大化させるという手法である。

本章で取り上げた1.5車線的道路整備の特徴には，上記スタンダードアプローチの考え方に近い考え方が盛りこまれていると考えられる。補助に裏付けされた政策導入の際に，地方公共団体の行動に影響を及ぼす可能性を踏まえた制度設計については別途考慮する必要があるものの，1.5車線的道路整備は中山間地域における一般道路事業に対して1つの方向性を示していると思われる。

---

[17] スタンダードアプローチの紹介として，例えば藤井（2003）を参照。

参考資料 長野県栄村における「道直し事業」について

(1) 長野県栄村における「道直し事業」の概要

ここでは,地域内連絡道路事業の事例研究として,長野県栄村で取り組まれていた「道直し事業」の概要について概観する。

長野県栄村は冬期間では3mを超える積雪があり,その雪対策の一環として1993年度から「道直し事業」を進めてきた。「道直し事業」では,雪対策ということもあり,地区内道路（村道）を機械除雪が行える幅員3.5m－4mに改良するという計画を立てたが,この規格は補助事業としては採択されない規格であった。そこで栄村は,上記道路事業を行う際に「地元負担金」を受益者である村民から徴収し,補助事業によらない整備を行ってきた。単独事業扱いであるため,また整備を行う際には住宅や水路等が密集する集落内の改良ということもあり,地域住民と綿密な協議の上,現場に合わせた施工方法等を採用した。支払科目別地元負担金内訳は下記表のとおりであった。

「道直し事業」における地元負担金内訳

支払科目別	負担率	備考
賃金	0％	臨時職員オペレータ賃金等
消耗品・重機燃料等	0％	コンクリートカッター刃・軽油等
特殊重機借上料	50％	ブレーカ付バックホウ等
	100％	重機運搬
工事請負費	7％	アスファルト舗装等
原材料費	25％	砕石・生コン・2次製品等
用地費・補償費	30％	用地・立木補償等

出所：長野県栄村資料より抜粋。

(2) 「道直し事業」の状況

ここでは,より具体的に「道直し事業」の事例をみていくことにする。「道直し事業」は,1993年度から2004年度まで計37路線に施行されてきた。下記の表は,このうち1998年度から2004年度までの27路線で施行された「道直し事業」の事業費総額とその住民負担額および割合である。

第5章
地方公共団体への政府間補助Ⅱ

「道直し事業」における住民負担額

	路線数	事業費総額（円）	地元負担額（円）	地元負担率（％）
1998年度	3	10,108,856	2,785,746	27.557
1999年度	2	8,382,490	2,571,816	30.681
2000年度	6	26,085,190	4,949,708	18.975
2001年度	7	45,951,019	3,790,988	8.250
2002年度	9	35,536,446	4,343,060	12.221

出所：長野県栄村資料より筆者作成。

「道直し事業」と類似事業の単位当たり事業費比較（単位：円／㎡）

	1998	1999	2000	2001	2002
1㎡当たり事業費（道直し事業）	5,616	3,742	5,434	7,009	8,240
	1997（秋山線）	1997（屋敷線）	1996（屋敷線）	1993（極野線）	
1㎡当たり事業費（類似事業）	40,711	38,005	13,451	5,317	

出所：長野県栄村資料より筆者作成。

　また，上記の表では「道直し事業」と類似事業[18]の単位当たり事業費を比較した。結果として，1㎡当り事業費が「道直し事業」導入により削減されたことがわかる。これは，事業に対して住民負担が発生して，村が地域住民と協議した過程を経て，相対的に事業費が削減されたと考えられる。

参考資料　2002年時点地域データ（人口，面積，林野面積，国道・都道府県道改良率）

	高知県	鳥取県	長野県	全国平均	長野県栄村
人口（人）	810,337	612,047	2,217,371	2,711,390	2,638
全国順位	45	47	16		
面積（k㎡）	7,105	3,507	13,585	8,040	271.51
全国順位	18	41	4		
林野面積割合（％）	83.56	73.47	75.31	65.94	93
全国順位	1	13	10		
改良率（％）	49.9	78.7	64.9		

注）人口は，総務省統計局『推計人口』から，面積は国土交通省国土地理院『全国市区町村別面積調』（平成12年10月1日現在）から，林野面積は，農林水産省『世界農林業センサス』（平成12年8月1日）から，改良率は『道路統計年報』からそれぞれ筆者が抜粋・作成。

18）ここでいう「類似事業」とは，幅員4mの林道を指す。

第 6 章

地方公共団体への政府間補助Ⅲ[1]
―地方道路公社を通じた補助制度の問題点―

1 はじめに

　前章までは，国と地方公共団体（主に都道府県）間の道路事業に関する地域間配分と補助制度について，一般道路事業を対象とした分析を行ってきた。しかし，補助制度は一般道路事業のみに存在するものではなく，有料道路事業にも存在する。

　そこで本章は，前章までに行った政府間補助に関する分析の枠組みに従い，有料道路の中でもとりわけ地方道路公社（以降道路公社）管理の一般有料道路を分析対象とする。

　本章は，第1に道路公社管理の一般有料道路の状況，特徴，整備計画策定過程および財政制度について整理を行う。次に，道路公社管理の一般有料道路事業での費用負担の妥当性および補助が地域間所得再分配に影響を与える可能性について，先行研究の整理をする。最後に，上記の議論と道路公社へのインタビュー調査の結果から，道路公社管理の一般有料道路事業では事業採算の観点に合致しない，過剰な投資が行われたことを明らかにする。そして，車種間，路線間および地域間でフリーライダー問題を発生させない費用負担制度を構築することが重要であることを指摘する。

---

1) 本章は，後藤（2004）をもとに，加筆・修正を加えたものである。

2 道路公社管理の一般有料道路の概要

2.1 有料道路制度における一般有料道路の位置づけ

有料道路は，高速自動車国道（以下高速道路）とその他の有料道路（都市高速道路，一般有料道路，本州四国連絡道路および有料橋・有料渡船施設）の2種類に区分される[2]。また，一般有料道路を事業主体別に区分すると，2002年度時点では，（旧）日本道路公団，地方道路公社，都道府県および市町村（道路管理者）という3種類[3]に区分できた。

ところで，有料道路制度における一般有料道路の位置づけを考える上で，高速道路との比較は有用である。高速道路と一般有料道路の間には，構造的な差異は見受けられないが，国の整備計画上ではその整備目的が大きく異なる。高速道路は，全国的な自動車交通網を構成する道路と規定されている[4]のに対して，一般有料道路は地域限定的に，または区間限定的に設置されるものと規定されている[5]。このように，一般有料道路は高速道路とは異なり，制度上あくまで地域的な有料道路であることがわかる。

一方，2008年時点での営業中および事業中の一般有料道路は以下の表6-1のとおりであり，道路公社管理の一般有料道路が（旧）日本道路公団管理の一般有料道路と比較して，建設から管理へ移行していたことがわかる。

---

2) その他にも，道路法によらない有料道路として，道路運送法上の一般自動車道，森林組合法上の林道，自然公園法上の公園道，漁港漁場整備法上の漁港道等がある。
3) 各事業主体の建設対象となる道路にはそれぞれ以下の要件が定められていた。①（旧）日本道路公団が新設，改築するもの…ⅰ）一般国道，ⅱ）新設または改築が国の利害に特に関係がある都道府県道，ⅲ）新設または改築が国の利害に特に関係がある特定市の市道，②地方道路公社が新設，改築するもの…ⅰ）新設または改築が地域の利害に特に関係がある一般国道，ⅱ）都道府県道，ⅲ）市町村道，③道路管理者（都道府県または市町村）が新設，改築するもの…ⅰ）都道府県道，ⅱ）市町村道。
4) 高速自動車国道法第4条第1項に「全国的な自動車交通網の枢要部分を構成し，かつ，政治・経済・文化上特に重要な地域を連絡するもの，その他国の利害に特に重大な関係を有するもの」と規定されている。
5) 厳密には，この規定は一般有料道路を含む自動車専用道路の規定である。道路法第48条の2第1項に「交通が著しくふくそうして道路における車両の能率的な運行に支障のある場合」に自動車専用道路を整備できるとある。

表6-1　日本の一般有料道路の状況（2008年時点）

事業主体	営業中の路線		事業中の路線	
	路線数	道路延長（km）	路線数	道路延長（km）
（旧）日本道路公団	56	924.4	16	503.2
地方道路公社	132	1,044.1	2	1.9
地方公共団体	3	3.4		

出所：全国道路利用者会議（2009）より作成。

2.2　一般有料道路の特徴

　一般有料道路は，一般国道，都道府県道および市町村道を有料道路として建設したものである。一般道路の無料開放原則を考慮して，国は事業主体に対して一般有料道路を建設する際には以下の2つの資格要件を課している。

①当該道路の通行者はその通行により著しく利益を受けるものであること
②通常他に道路の通行の方法があって当該道路の通行が余儀なくされるものでないこと

　つまり，一般有料道路を建設する際に，利用者が距離や時間を短縮でき，かつ原則として代替道路（一般道路）が存在しなければならない[6]。このように，一般有料道路は，追加的に料金を支払わない一般道路と競争をしなければならず，結果として一般有料道路の事業採算性に影響を及ぼす要因の1つと考えられる。
　また一般有料道路は，高速道路で採用された全国プール制とは異なり，各路線で収支を均衡させる個別採算制を採用しており，路線ごとの建設および維持管理の総費用を主に料金収入から30年以内に償還すること（償還主義）が規定されている。

6）詳細は，全国道路利用者会議（2003），p.179参照。

3　道路公社管理の一般有料道路事業における意思決定メカニズム

3.1　道路公社の概要

　本章が対象としている道路公社は,地方道路公社法（昭和45年法律第82号）に基づいて地方公共団体が出資して設立される公益法人であり,2008年時点で40社存在していた。公社設立の当初の目的は,地域の民間資金を導入できること,そして2以上の地方公共団体がかかわる一般有料道路事業を円滑に行うことであった[7]。現在も一般有料道路の建設および維持管理を行い,あわせて駐車場事業まで業務拡大を行っている道路公社も存在する。

3.2　道路公社管理の一般有料道路事業の計画フロー

　それでは,道路公社管理の一般有料道路事業はどのような意思決定メカニズムで計画・実行されているのだろうか。図6-1では道路公社が行う新設の有料道路事業について図示している。道路公社管理の一般有料道路に関しても他の道路事業同様,国および地方公共団体が5箇年ごとに作成する道路整備5箇年計画に沿って整備が行われていた。

　地方公共団体の作成する道路整備5箇年計画は,国が作成する道路整備5箇年計画からのトップダウンによって作成されたため,地方公共団体は独自に道路事業を行うことはできなかった。道路公社は,道路公社を管理している地方公共団体の有料道路事業をあくまで代行しているのに過ぎず,維持管理に関する事業は独自に計画策定できるものの,建設計画を独自に策定することはできなかった。したがって,道路公社管理の一般有料道路事業は,計画面では道路整備5箇年計画に沿って,かつ事業時に国の許可が必要であった。

7）菊池（1970）を参照。

第6章 地方公共団体への政府間補助Ⅲ

図6-1 道路公社管理の一般有料道路事業の計画・実施までのフロー

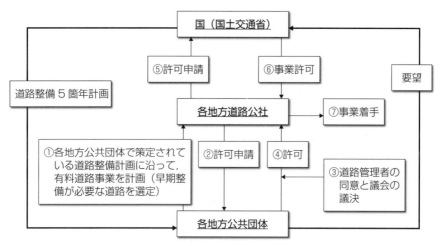

出所：道路公社へのインタビュー調査より筆者作成。

3.3 道路公社管理の一般有料道路事業の建設財源

　本項では，道路公社管理の一般有料道路事業の財源構成について整理する。まず，日本の道路事業費における一般有料道路事業の占める割合をみていくと，道路公社管理の一般有料道路事業の割合は以下の表6-2のとおりである。2003年度当初予算における道路公社管理の一般有料道路事業が占める割合は，有料道路事業費全体の約3％であった。

　一方，道路公社管理の一般有料道路事業の建設にかかわる財源内訳は，下記のように政府貸付金，地方公共団体出資金，公営企業金融公庫借入金および公社債で構成されていた。ここでは上記4種類の財源について整理する。

(1) 政府貸付金

　政府貸付金とは，道路整備特別措置法第8条の3で規定されているものであり，国が道路公社管理の一般有料道路事業に対して無利子で貸付するものである。政府貸付金の財源は，表6-3および表6-4で示しているとおり道

表6-2 2003年度当初予算における有料道路事業財源内訳（単位：百万円）

区分	事業費	出資金		貸付金	
		国	地方公共団体	国	地方公共団体
道路関係4公団	1,848,755	85,633	58,697	27,132	27,132
指定都市高速道路公団	153,690	0	30,498	44,547	0
地方道路公社一般有料等	63,290	0	21,243	30,551	0
地方公共団体	0	0	0	0	0
第三セクター	219,380	0	51,741	1,200	0
計	2,285,115	85,633	162,179	103,430	27,132

出所：全国道路利用者会議（2004）より作成。

表6-3 道路公社管理の一般有料道路事業に対する貸付率（道路整備特別会計出資分）

当該道路の性格	国の無利子貸付率
当該道路が高規格幹線道路の場合	40%
当該道路が国道の場合	35%
当該道路が国道の機能を代替する都道府県道の場合 当該道路が高速国道等に関連する都道府県道の場合 当該道路が一般都道府県道から振り返られたものである場合	30%
当該道路が離島解消に資する道路である場合	40%
その他の道路	15～25%

注1）積寒地域にある道路および長大トンネルを含む道路に対する貸付率は、5％上乗せされる。
注2）地域高規格道路は40％を上限とし、通常貸付率に対し5％上乗せされる。
出所：道路公社へのインタビュー調査から作成。

表6-4 道路公社管理の一般有料道路事業に対する貸付率

（NTT無利子貸付制度、NTT - A型）[8]

区分	国の無利子貸付率
総合有料道路事業	50%
開発インター事業	52.50%

出所：道路公社へのインタビュー調査から作成。

8）道路公社を対象にしたNTT - A型にはこの他にも「総合駐車事業」（貸付率：45％または50％）が存在した。

第6章
地方公共団体への政府間補助Ⅲ

路整備特別会計とNTT株式売却益（産業投資特別会計）[9]の2種類の特別会計から出資されており，道路の性格によって道路公社に対する貸付率が異なっていた。

政府貸付金は，道路公社が一般有料道路事業を行う際に最も大きな割合を占めており，その予算は当該整備財源の中で，最優先で決定される。政府貸付金の予算額が決定後，その他の財源が決定される。なお政府貸付金の償還期間は，20年償還（うち5年据置）であり，後述する公営企業金融公庫借入金と同様に，30年の全償還期間終了前に償還が終了する。

(2) 地方公共団体出資金

地方公共団体出資金とは，地方道路公社法第4条により，地方公共団体が出資するものであり，出資金に対しては「一般単独事業債」（起債充当率90％）の起債が認められている。出資にあたっては総務大臣との協議が原則必要であった。また，出資率は政府貸付金の貸付率と表6-5のように連動しており[10]，地方公共団体が独自に出資金を決定することは原則できなかった。

償還は，政府貸付金や公営企業金融公庫借入金など国からの借入れ資金を償還した後，当該道路の料金徴収満了時に一括償還される。したがって，道路公社管理の一般有料道路事業が償還できない場合，出資をしている地方公共団体が自らの財源で補填しなければならない。

表6-5　貸付率と出資率

貸付率	出資率	貸付率	出資率
15%	10%	30%	20%
20%	12.5%	35%以上	25%
25%	15%		

出所：道路公社へのインタビュー調査から作成。

9) NTT株式は国債整理基金特別会計に属するが，その売却収入の一部を国債整理基金特別会計から一般会計を経由して産業投資特別会計社会資本整備勘定に繰り入れていた。
10) 出資率は旧自治省との覚書（昭和53年1月25日）により，貸付率と出資率との対応をおおむね1：0.7とされていた。

(3) 公営企業金融公庫借入金

　公営企業金融公庫借入金とは，公営企業金融公庫が道路公社に貸付するものであった。公営企業金融公庫は地方公共団体，道路公社および土地開発公社に対して一般の金融機関が行う融資を補完し，長期の資金を円滑に融通する目的で設立されており，道路公社が行う一般有料道路事業に対して一定の役割を担ってきた。「一定の役割」とは，民間資金と比較して低金利で融資を行い，政府貸付金および地方公共団体出資金を補完してきたことを指す。償還期間は，政府貸付金と同様20年償還（うち５年据置）であった。

(4) 公社債

　公社債とは，市中銀行から事業資金を調達するために道路公社等が発行する債券である。債券引き受け金融機関がシンジケート団を組み，債券を消化しており，縁故債となる。公社債をどの程度起債するかについては，(1)〜(3)の資金決定額と事業費の差額によって決定される。

4　道路公社管理の一般有料道路に対する補助の問題点

　日本で有料道路制度が導入された理由は，早期に道路整備を行うことができるようにその道路建設資金を確保することであった。この理由とともに中条（1988）はその他以下の３点をあげて，有料道路制度の導入理由を整理した。

①一般道路より建設維持費用が高い場合
②一般道路よりも高いサービス水準を供給する場合
③自動車関連諸税だけでは有効な道路ネットワークが建設できない場合

　一方，有料道路では料金収入をもとに建設費と運営費を回収するが，特に建設費においては３節で述べたように公社に対して利子に関する補助が行われていた。経済学の議論では，前述のとおり資源配分の効率性と公平性の観点から補助の根拠を求めるが，本節では道路公社管理の一般有料道路への補助について対象を絞って，その問題点について議論を進める。

4.1 道路公社管理の一般有料道路への補助の根拠

　道路公社管理の一般有料道路に対して補助を行う根拠は，武田（1989）が指摘した有料道路に対する補助の根拠を援用すると，以下のように整理することができる．

①通行料金を限界費用価格形成原理で定めた場合の平均費用と限界費用の差額欠損分の補助
②償還終了時における用地を含めた道路の残存価格分や一般国道なみの建設費分の補助
③地域開発効果や地域間でのスピルオーバー効果などの外部効果の内部化に関する補助
④社会的公正の見地から採択された不採算路線への補助

　一般有料道路事業を含む社会資本整備の場合，総費用に占める初期投資が大きく，規模の経済性の存在がしばしば指摘される．このような場合に限界費用価格形成原理に基づいて価格を設定すれば，結果として赤字が生じるため，赤字分を補助金として補填することが効率性の観点から容認される（①）．
　②は，自動車関係諸税との兼ね合いである．一般有料道路を利用すると，道路利用者税としての意味をもつ自動車関係諸税と通行料金を利用者は支払うことになる．つまり，利用者の重複支払いが発生する．そこで，負担の公平性の観点から，第8章でも論じるように有料道路事業への自動車関係諸税投入が容認される．
　③は，外部効果の内部化をする際の1つの手段として，補助が効率性の観点から容認される場合である．地域開発効果を目的とした道路整備の場合，整備後の開発利益の還元が，あるいはスピルオーバー効果がそれぞれ生じた際には，内部化の手段として補助を行うことが容認される場合がある．
　また，機会の均等という公平性の観点から，事業採算性が低くても社会的に要請されれば，事業主体に対して国および地方公共団体が補助金を投入する根拠をもつことになり，赤字部分に対して補助を行うことが容認される場合がある（④）．

4.2　道路公社管理の一般有料道路における補助の問題点

　それでは，道路公社管理の一般有料道路への補助制度は，4.1のような補助の根拠に合致しているのだろうか。本項では，費用負担の観点から，道路公社管理の一般有料道路への補助制度の問題点を整理する。

(1)　道路公社管理の一般有料道路を通じた地域間配分への影響

　ここまでみてきたように，一般有料道路の計画策定および財源の配分は，最終的に国が決定を行う。したがって，一般有料道路事業においても一般道路事業と同様のメカニズムで道路整備財源の地域間配分が行われており，費用負担制度が資源配分上非効率を招く可能性が指摘されている。

　このような地域間配分の根拠となるものが，全国総合開発計画で謳われた「国土の均衡ある発展」という考え方であり，道路事業を通じた地域間所得再分配政策を現実的に推し進めたものである。道路公社管理の一般有料道路についても，間接的な地域間所得再分配の手段の1つとして行われて，地域間の資源配分に歪みを与えていた可能性が考えられる。

　また，道路公社管理の一般有料道路は，高速道路と比較してその便益が整備地域外へスピルオーバーする可能性が低いと考えられる。仮に整備地域外へスピルオーバーをしているとするならば，道路公社の当初の利点としてあげられているように，2以上の地方公共団体が一般有料道路事業へ関与することができる。したがって，地域間の調整でスピルオーバー効果を内部化するようにするべきであり，いいかえれば国の関与を減少させ，道路事業に関して地方公共団体が分権的意思決定を行えるように，制度面，とりわけ費用負担制度を改善すべきである。

(2)　政府資金を通じた利子補給

　道路公社が一般有料道路事業を行う際は，政府貸付金や公営企業金融公庫借入金といった，いわゆる「政府資金」や地方公共団体出資金のような無利子，あるいは民間資金と比較して低利子の資金が大きな割合を占める。

　これは，一般有料道路を通じた利子補給が行われていることに他ならない。利子補給をすることは，道路公社の経営状況を長期的に安定化する役割を担

っているが，一方で低利長期な借入を行えることによって，市場を通じた財政規律が働きにくくなる側面がある[11]。これは結果として，事業採算がとれない路線を建設してしまうインセンティブを地方公共団体に与えてしまう可能性が生じる。

(3) 路線間内部補助の問題

その他の補助制度の問題として，損失補てん引当金[12]の他路線への充当および換算起算日制がある。前者は，一般有料道路事業では原則個別採算制を採用するにもかかわらず，損失補てん引当金を他路線の債務返済に使用することを指す。損失補てん引当金を他路線の債務返済に使用することは，採算路線から不採算路線への路線間内部補助を意味し，資源配分上非効率になる可能性がある。

一方後者は，先発路線に接続する形で後発路線を整備する際や一部区間を拡幅する際に償還計画を見直して，供用開始当初から30年以上の償還期間になる場合を意味する。換算起算日制も先発路線と後発路線間の路線間内部補助となり，資源配分上非効率になる可能性がある[13]。

(4) 道路公社管理の一般有料道路事業に対する事業採算性[14]

(1)～(3)で述べた問題点の共通点は，「受益と負担の乖離」である。特定事業における受益と負担の乖離は，資源配分上非効率を生じさせて，結果として事業採算のあわない事業が採択される可能性が生じる。

道路公社管理の一般有料道路を供給する際に重要な点は，車種間，路線間および地域間でフリーライダー問題を発生させない費用負担制度を構築することであり，極力受益と負担の一致を行うことが求められる。そのため，建設および運営費用を利用者が負担するという有料道路制度の特徴は，上記観

---

[11] このような政府資金を通じた利子補給の問題点は，例えば土居（2002a）などを参照。
[12] 損失補てん引当金とは，個々の道路で自然災害などの将来事情の不可測性などにより償還満了時に残った借入金などを補填する目的で，料金収入の一定割合（約10%）を積み立てるものである。
[13] ただし，料金所を設置することによる料金徴収コストを考慮にいれて，その判断を行わなければならない。
[14] 有料道路の採算性について議論は，例えば杉山（2002）および岡野（2003）の議論を参照。

点から重要である。

この特徴を評価する1つの指標が事業採算の観点であり，事業採算がとれていない路線は有料道路での整備という選択を失敗したことになる。ただし，不採算路線を生み出す原因は，建設予定時に策定される計画値と供用開始後の実績値の乖離にあり，外生的な要因[15]の影響も大きい。この点は別途考慮すべきである。

5 道路公社管理の一般有料道路事業における事業採算性

前節では，道路公社管理の一般有料道路に対する補助の根拠および補助制度の問題点を明らかにした。ここでは，事業採算性の観点から，インタビュー調査で得られた財務データに基づいて道路公社管理の一般有料道路事業の路線別収支を明らかにする。

5.1 道路公社管理の一般有料道路事業の路線別収支

本項では，インタビュー調査で得た道路公社管理の一般有料道路の路線別収支について，旧日本道路公団で作成されていた方法[16]を援用して，表6-6のような指標を用いて明らかにする。

ところで，各道路公社に対して路線別の収支状況についてインタビュー調査を行ったところ，2004年度時点の路線別収入，路線別費用，路線資産，償還準備金および償還期間といったすべての回答を得た路線は62路線となった。ただし，データに一部欠損があったものが38路線あったため，回答を得た路線は計100路線（全147路線中）となった。

調査結果は，表6-7～表6-9にまとめた。表6-7は各データに関する記述統計量を示す。表6-8は供用開始後償還期間と償還率の相関関係を明

---

[15] 建設予定時での計画値と実績値の乖離は，道路整備自体がもつ不確実性（償還期間が30年という長い期間）があるために，下記のように需要サイドで外生的に決まってしまう場合がある。この外生的な要因は一般有料道路事業の主に収入面に影響を及ぼすと考えられる。（①周辺整備の開発が縮小，②代替道路の整備，③アクセス面）

[16] (旧)日本道路公団が発行していた2001年度以降の各年報において，公団管理の一般有料道路の路線別収支状況を算定していた。本章では，旧日本道路公団が算定していた手法を取り入れた。

第6章
地方公共団体への政府間補助Ⅲ

表6-6 評価指標一覧

1. 路線別事業収入（A）：通行料金，利息収入などを含む。
2. 路線別費用（B）：借入利息，運営維持費，損失補てん引当金を含む。ただし，この中には償還金返還分は含まれていない。
3. 収支率（%）：収支率が100%を超えると，路線の単年度赤字を指す。つまり，運営費すら賄えない路線ということになる。
4. 資産総額：道路の資産価値とは，建設原価（事業費）を指し示す。つまり，この金額が各路線の要償還額となる。
5. 償還準備金：営業中の道路建設に投下した借入金の返済に充てた額の累計額。
6. 償還率（%）：各路線がどの程度事業費を返済しているかということを示す指標。償還期間とあわせて考察することによって，各路線の償還可能能力を判断できる。ここで償還期間とは，2002年度を基準として，供用開始からの期間を指す。

表6-7 記述統計量（2002年度決算値，単位：千円）

	平均	標準偏差	変動係数	最大値	最小値
収入（A）	1,053,258.47	1,690,768.05	1.61	8,737,640	25,589
費用（B）	676,038.94	1,060,675.09	1.57	5,898,083	-107,406
収支率(%) (B)/(A)×100	76.7	41.9	0.55	263.12	-18.72
資産総額（C）	16,023,294.20	28,951,814.59	1.81	180,920,639	1,210,000
償還準備金（D）	4,472,927.18	8,970,521.25	2.01	53,453,404	-3,083,783
償還率 (D)/(C)×100	29.2	33.9	1.16	151.62	-42.13
償還期間（E）	17.1	9.6	0.56	41	1

出所：道路公社へのインタビュー調査結果より筆者作成。

表6-8 償還年数と償還率の相関表（2002年度決算値，路線数）

		償還率（%）							合計
		～0	0～20	20～40	40～60	60～80	80～100	100～	
供用開始後償還期間（年）	1～5	1	8	0	0	0	0	0	9
	6～10	0	10	1	0	0	0	0	11
	11～15	2	1	7	0	1	1	0	12
	16～20	3	2	1	2	1	1	0	10
	21～25	2	1	4	4	0	2	1	14
	26～30	2	1	2	1	3	2	0	11
	31～	0	1	2	0	1	0	0	4
合計		10	24	17	7	6	6	1	71

相関係数：0.385

出所：道路公社へのインタビュー調査結果より筆者作成。

表6-9 道路公社管理の一般有料道路事業の収支率（2002年度決算値）

収支率（％）	路線数
〜20	1
20〜40	4
40〜60	30
60〜80	22
80〜100	15
100〜	15
合計	87

出所：道路公社へのインタビュー調査結果より筆者作成。

示した相関表であり，各路線の償還能力について考察するために明示した。最後に，表6-9は2002年度の各路線の収支率を表す。

5.2 調査結果

道路公社管理の一般有料道路事業の路線別収支について，調査結果をまとめると，以下のようになる。

①路線別の単年度赤字を抱えている路線は，表6-9をみると，収支率を得た87路線中15路線（約17％）であった。また，累積赤字を抱えている路線は償還準備金を得た75路線中11路線（約15％：平均償還期間18年）であった。
②路線別の償還可能能力について，償還率を得た71路線の算術平均の結果，償還率29％（平均償還期間17年）となり，事業採算の観点からみて厳しい公社の経営状況が明らかとなった。
③表6-8をみると，路線別の営業開始後償還年数と償還率との相関係数は0.385となり，あまり強い相関関係ではなかった。

運営費すら賄えていない路線は，今回は単年度の調査のため，継続的に不採算となっていたかどうかまでは判断ができない。しかし，累積赤字を抱えている路線の平均償還期間は18年となっており，最終的に不採算路線となる可能性がある。また，累積赤字を抱えていないものの，平均償還率が約3割

という他の路線も今後厳しい運営を強いられるだろう。

6　結論と今後の課題

　本章は，有料道路制度の1つである，道路公社管理の一般有料道路事業での費用負担の妥当性について，先行研究の整理と道路公社へのインタビュー調査の結果に基づいて議論を進めてきた。

　本章の結論として，①インタビュー調査の結果から，道路公社管理の一般有料道路事業では，事業採算の観点に合致しない，過剰な投資が行われたことが明らかになった。

　また，このような投資の要因として，②間接的な地域間所得再分配政策の存在，③②を支える，国からの利子補給や低利の貸付金を含む補助制度の存在，④損失補てん金制度や換算起算日制による路線間内部補助の存在を本章では取り上げた。

　したがって，道路公社管理の一般有料道路事業を行う際には，地域の自助努力が働くように受益と負担の一致を求めていくこと，かつ各管理主体が個別路線での事業採算性を確保できる整備を行うように，車種間，路線間および地域間でフリーライダー問題を発生させない費用負担制度を構築していくことが重要である。このような費用負担制度を構築するためには，財源調達を含めて分権的意思決定のメカニズムを整備制度にできる限り導入していくことが望ましい。この点については，第11章で論じる。

　今後の課題として，一般有料道路事業の地域間配分の要因分析を定量的に行うこと，本章では触れなかった料金制度の弾力的な運用を含む，既存設備の有効利用に関する考察があげられる。料金制度の弾力的運用については，第10章で論じる。なお，本章までは主に道路建設を中心に議論を進めてきたが，道路事業における維持管理の費用負担については，第9章にて検討を加える。

第 7 章

道路空間の最適配分に関する研究[1]
―路上駐車に対する課金を対象として―

1 はじめに

　本章は，道路空間の配分効率を高める道路課金について考察するために，①違法駐車に対する反則金およびパーキングメーター・パーキングチケットに焦点を当てて制度や実態を整理すること，そして②道路混雑を発生させる路上駐車に対する社会的に最適な課金額を推定すること，の2点について検討を加える。

　道路混雑を発生させる路上駐車は，道路の交通容量を低下させることによって，走行している自動車の走行速度を下げるので，間接的に当該道路全利用者に対して外部不経済を与えている。しかし，路上駐車を行った者はそれを認識していないと考えられる。

　一方，路上駐車に課金する日本での例として，違法駐車に対する反則金とパーキングメーターおよびパーキングチケットがある。ただし，これらは外部不経済を内部化するような価格メカニズムとしては不完全に機能している[2]。そこで本章では，道路混雑を発生させる路上駐車に対して社会的に最適な課金を行うことによって，道路空間の配分効率を高めることを検討する。

　道路混雑を発生させる路上駐車に対する社会的に最適な課金額を推定するために，本章では従来の混雑料金理論をもとにして，道路混雑を発生させる路上駐車を取り込んだ拡張モデル[3]を導出する。

1）本章は，中村・後藤（2004）および後藤・中村（2005）をもとに，加筆・修正を加えたものである。
2）違法駐車に対する反則金は，例えば放置駐車違反（駐停車禁止場所等）における普通車の場合では，1件当り1万5千円を課していた（表7-1参照）。また，パーキングメーター・パーキングチケットは，東京都では1時間当たり300円をそれぞれ徴収していた。
3）本章では以下「路上駐車拡張モデル」と表記する。

本章は，推定対象路線として「靖国通り」(市ヶ谷駅前〜浅草橋）と「明治通り」(池袋六つ又〜並木橋）を取り上げる。これは，①東京都・警視庁が2001年度から2003年度までの3年間に交通渋滞解消のための総合的な違法駐車対策として実施した「スムーズ東京21」の対象路線であったこと，および②東京都資料からその基礎データを利用することができた，という2点による。

2　日本の駐車政策

　本節では，道路空間の配分効率を高める道路課金について考察するために，特に道路課金の観点から，違法駐車に対する反則金およびパーキングメーター・パーキングチケットに焦点を当てて整理する。

2.1　日本の反則金制度と東京都区内の違法駐車状況

　本章の分析対象期間における違法駐車[4]に対する反則金を表7-1に示す。反則金は，道路交通法第119条および道路交通法施行令によって定められている。一方，本章が分析対象としている東京都区内の駐車状況は表7-2および図7-1のようであった。

　これらの図表ではあわせて，東京都区内の駐車場整備状況について取り上げているが，2002年時点で約61万台収容可能であり，違法駐車対策として駐車場整備が進んでいたことがわかる[5]。

　駐車場整備が進むにつれて放置違法駐車取締り件数は年々減少していたが，一方で2002年時点で約44万件もあり，このことからも路外駐車場整備という駐車政策には限界があり，また路上駐車に対する価格メカニズムとしては，当時の反則金制度は不完全に機能していたことが推測される。

---

[4] 道路交通法における「駐車」とは，「自動車を継続的に停止すること（貨物の積卸しのための停止で5分を超えないもの，および人の乗降のための停止を除く），または運転者が自動車を離れて直ちに運転できない状態」を指す。
[5] この統計には，いわゆる「コインパーキング」は含まれておらず，東京都区内における実際の駐車場容量はさらに増える。違法駐車問題検討懇談会（2003）を参照。

第7章
道路空間の最適配分に関する研究

表7-1 反則行為の種別および反則金

反則行為の種類（略号）	車両等の種類および反則金額 （単位　千円）					
	大型車	重被牽引車	普通車	二輪車	小型特殊車	原付車
放置駐車違反 （駐停車禁止場所等）	25	25	18	10	10	10
放置駐車違反 （駐車禁止場所等）	21	21	15	9	9	9
駐停車違反 （駐停車禁止場所等）	15	*	12	7	7	7
駐車違反 （駐車禁止場所等）	12	*	10	6	6	6

出所：警視庁ホームページより作成。

表7-2 東京都区内における駐車の現状

	1998	1999	2000	2001	2002
駐車場整備状況（台）	521,900	538,333	556,621	584,062	609,984
放置違法駐車取締り件数	504,580	501,714	461,940	448,273	438,222
瞬間路上駐車台数（台）	127,685	105,860	124,123	130,592	133,439
駐車違反，要望・苦情・相談110番	149,530	171,350	192,834	225,796	226,999

出所：違法駐車問題検討懇談会（2003）より作成。

図7-1 東京都区内における駐車の現状

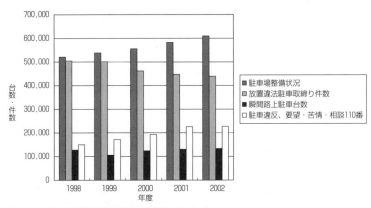

出所：違法駐車問題検討懇談会（2003）より作成。

2.2 東京都区内におけるパーキングメーター等の設置状況

パーキングメーター等とは，パーキングメーターおよびパーキングチケットによる路上駐車制度を指す。パーキングメーター等は，法律上では駐車場とは分類されていない[6]。したがって，パーキングメーター等の根拠法は，道路交通法第49条の規定であり，管理主体は都道府県公安委員会である。パーキングメーターは1971年6月の道路交通法の改正から，「駐車時間の制限の実行の確保手段」として，またパーキングチケットは1986年5月の道路交通法の改正から，「都市部等における違法駐車問題に対処するため」にそれぞれ実施された。

東京都においても，パーキングメーター等は公安委員会が管理主体であるが，1972年2月からその運営を東京交通安全協会に委託し，東京交通安全協会がパーキングメーター等の料金徴収および設備の維持補修を行っている。東京都におけるパーキングメーター等の運用状況は以下のとおりである。

① 料金は，60分300円と40分200円の2種類である[7]。
② 利用時間が規定されている（終日ではない）。
③ 原則日曜・休日では使用できない（ただし，2001年度から順次日曜・休日に使用できるようになってきている）。

1989年から1998年の東京都区内におけるパーキングメーター等の設置状況は図7-2および表7-3のとおりである。2002年4月時点では，パーキングメーターが16,933基，パーキングチケットが401基3,727枠と減少傾向を示していた[8]。

---

6) 駐車場法の範囲外という意味である。
7) 2011年から新たに20分100円のパーキングメーターが東京都内に設置された。
8) 警視庁へのインタビュー調査結果による。
9) 体系的かつ公表されているパーキングメーター等の設置状況に関するデータは，東京交通安全協会（1988-1998）『駐車対策事業の業務概況』からしか入手することができなかった。

第7章
道路空間の最適配分に関する研究

図7-2　東京都区内におけるパーキングメーター等の設置状況

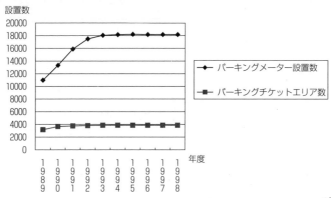

出所：東京交通安全協会（1988-1998）『駐車対策事業の業務概況』から作成[9]。

表7-3　東京都区内における行政区域別パーキングメーター設置数

	1989	1990	1991	1992	1993	1994	1995	1996	1997	1998
千代田区	2,023	2,035	2,065	2,087	2,084	2,064	2,090	2,112	2,116	2,148
中央区	3,263	3,401	3,621	3,716	3,749	3,804	3,853	3,896	3,930	3,937
港区	1,453	1,722	1,844	1,944	1,973	2,045	2,066	2,061	2,086	2,079
品川区	247	411	550	589	621	624	616	616	613	612
大田区	65	81	99	97	97	100	98	95	97	97
世田谷区	95	95	124	179	178	178	178	173	169	163
目黒区	41	140	174	174	174	174	180	183	171	166
渋谷区	632	718	843	920	917	922	917	919	916	918
新宿区	772	771	834	842	879	893	887	894	887	885
中野区	0	122	122	119	119	117	113	113	111	111
杉並区	297	370	418	411	418	408	406	400	396	395
文京区	278	580	607	619	631	646	643	632	636	637
豊島区	431	484	484	504	534	542	542	537	531	539
北区	32	202	399	422	418	414	414	404	402	392
板橋区	0	35	66	174	174	174	174	169	167	166
練馬区	0	21	214	316	315	314	298	293	293	287
台東区	1,300	1,470	1,631	1,692	1,735	1,752	1,742	1,726	1,726	1,722
荒川区	32	77	96	96	95	94	93	97	97	97
足立区	0	0	32	209	278	233	233	231	227	236
江東区	0	146	770	1,140	1,318	1,352	1,357	1,349	1,340	1,339
墨田区	45	272	441	564	564	561	554	545	544	546
葛飾区	0	0	31	49	48	45	46	46	46	46
江戸川区	0	230	468	659	744	742	731	714	702	695
合計	11,006	13,383	15,933	17,522	18,063	18,198	18,231	18,205	18,203	18,213

出所：東京交通安全協会（1988-1998）『駐車対策事業の業務概況』から作成。

それでは，東京都区内におけるパーキングメーター等の料金設定はどのように算定されているのだろうか。パーキングメーター等の料金は，あくまで機器の維持管理に必要な金額を積み上げて「手数料」として徴収しており[10]，路上駐車の外部不経済を内部化するような価格メカニズムの機能を意図していなかったことが推測される。

以上から，価格メカニズムを取り入れた日本の駐車政策は不完全に実行されていたことがわかった。つまり，路上駐車の外部不経済を内部化しきれておらず，道路空間は社会的に最適な状況ではなかった可能性が高い。したがって，次節以降では道路空間の配分効率を高める道路課金について考察する。

3 混雑料金理論の整理

ここでは，道路混雑を発生させる路上駐車に対する社会的に最適な課金額を推定するための基礎となる，従来の混雑料金理論を整理する[11]。

道路利用者が直面する道路利用価格は，高速道路料金などを除けば，道路の通行に伴う燃料費と道路利用に伴う機会費用である。混雑の発生によって個々の道路利用者が負担する燃料費や機会費用は変化するが，通常の道路利用者は自身が直面する私的費用（価格）にのみ基づいて行動する。したがって，追加的な道路利用者は，混雑という外部不経済の費用についても利用者自身が直面している社会的平均費用のみを認識することとなる。

その一方で，混雑した道路の追加的利用によって発生する社会的限界費用は，「混雑費用＋道路利用者の私的限界費用」となる。したがって，道路利用者に対して，混雑費用分の課金をすれば，利用者が直面する価格が社会的限界費用と等しくなり，社会的に最適な交通量が確保される。

この点を定式すると以下のようになる。ある2地点間を結ぶ道路空間において，一定時間に通過する自動車の台数（交通量）を Q，当該道路空間を通過するのに必要な車両1台当り平均交通費用を $AC(Q)$，総交通費用（一般

---

10) 警視庁へのインタビュー調査結果による。「手数料」は，人件費，減価償却費，賃金・旅費，印刷製本費，光熱水費，およびその他経費，の計6区分の項目を積み上げ計算していた。
11) 詳細は，例えば秋山（2001）参照。

化費用）を $AC(Q) \cdot Q$, そして社会的限界費用を $SMC(Q)$ とすると，社会的限界費用は以下のとおりとなる．

$$SMC(Q) = \frac{d\{AC(Q)Q\}}{dQ} = AC(Q) + \frac{dAC(Q)}{dQ}Q \tag{1}$$

右辺第１項は，混雑料金が課金される前に利用者が直面する私的限界費用であり，これは社会的平均費用に等しい．そして，右辺第２項は，前述の混雑費用である．社会的に最適な交通量は，混雑料金として $SMC(Q) - SAC(Q)$ である右辺第二項 $\frac{dAC(Q)}{dQ}Q$ を課すことにより達成される．図7-3では，EF間に相当する混雑料金を課すことで，社会的にみて最適な交通量 Q^* を達成することができる．

ここで注意が必要なのは，外部不経済の発生により供給関数が社会的限界費用曲線ではなく，社会的平均費用曲線となっている点である．これはつまり，混雑料金が交通量 Q の関数となっていることと同値である．

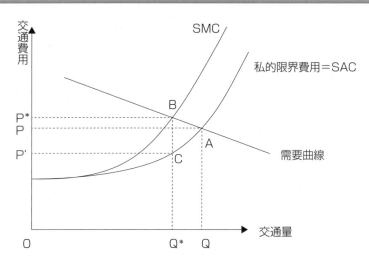

図7-3 最適な混雑料金

図7-3では，需要曲線が既知であるためBCを課すことにより最適な交通量を達成することができるが，当該道路交通による効用が他と分離可能であり，所得効果を無視するとすれば，需要曲線がどの場合においても $\dfrac{dAC(Q)}{dQ}Q$ を混雑料金として課すというルールにより社会的最適を達成することができる。なお，道路利用の場合には，需要関数と費用関数はともに道路利用者に発生するため，不均衡は瞬時に調整されると考えてよい。

4　路上駐車拡張モデルの導出

3節では従来の混雑料金理論を概観した。これをもとに，ここでは路上駐車拡張モデルの導出を試みる。路上駐車拡張モデルとは，社会的に最適な道路課金を通過交通と路上駐車に対して課すことを目的としている。通過交通と路上駐車の双方の社会的に最適な道路課金を推定するためには，双方の費用関数と需要関数を推定し，その均衡点を求めればよい。したがって，以下では従来の混雑料金理論に加えて路上駐車費用関数を導出することにより，路上駐車拡張モデルの導出を試みる。

4.1　路上駐車拡張モデルの前提条件と想定下での最適課金

路上駐車拡張モデルを導出するに当たり，以下のような前提条件を置く。

①1km区間の道路を想定し，この道路区間の資源配分を考える。
②この道路区間の利用方法として，「路上駐車」と「通過」の2つを考える。
③「路上駐車」と「通過」からの効用は他財からの効用と分離可能であるとする。所得制約が無視できるとすれば，3節の仮定により両財（「路上駐車」と「通過」）の市場で，最適量が需要されていればよいことになる。
④2つの消費者グループを想定し，Aグループは「路上駐車」のみを，Bグループは「通過」のみのために当該道路区間を利用し効用を得るとする。この仮定は，代表的消費者の効用関数が分離可能であることを仮定

していることに等しい。ある側面では，「駐車」サービスと「通過」サービスは補完的な関係も想定できる。しかし，「路上駐車」をするためにその道路を「（部分的に）通過」することを無視すれば，ほとんどの「通過」利用者にとって当該道路は目的地（または周辺）ではないため，当該道路に「路上駐車」する必要はない（効用が0）と考えられる。

⑤「路上駐車」の利用は，「通過」に要する時間上昇（または速度低下）という技術的外部不経済を発生させるとする。

⑥「路上駐車」には私的費用は発生しないとする。

⑦一方で，「通過」利用は「路上駐車」に対して技術的外部不経済を発生させないとする。ただし，「通過」利用者間における混雑による外部不経済は発生するものとする。実際には，通過交通があっても，それが高速道路のような高速度でなければ，路上駐車も再発進（通常，誰かが割り込みをさせてくれると考えられるため）も可能であると考えられるために，「通過」利用が「路上駐車」利用に影響を与えることはない。

⑧「通過」利用には私的費用（＝時間費用＋燃料費）が発生するとする。

このような想定下において，路上駐車に対する社会的な最適課金はどのように考えられるのだろうか。ここでは，さらに混雑発生状況を下記3段階に区分して議論を進めていくことにする。

①「路上駐車」による「通過」の速度低下（外部不経済）が発生しないケース

②「路上駐車」がなければ「通過」の速度低下は発生しないが，「路上駐車」があると「通過」の速度低下（外部不経済）が発生するケース

③「路上駐車」がなくても，混雑により「通過」の速度低下が発生しており，「路上駐車」があると，さらなる「通過」の速度低下（外部不経済）が発生するケース

このように混雑発生状況を区分すると，①については路上駐車に対する最適課金は0円となるので本章では無視することにし，残りの②および③につ

いて考えていけばよい。このとき，混雑に対する社会的費用は，「路上駐車」による社会的費用（「通過」利用への外部不経済）に「通過」による社会的費用（＝私的費用＋「通過」利用への混雑による外部不経済）を加えたものであり，双方ともに基本的には時間費用で評価することができる。

一方で，私的費用には，ガソリン代，混雑が発生していない場合の時間費用（ベースの時間費用）などがあるが，これらは自家生産として支払っていると考えられるために，路上駐車に対する最適課金を考察するにあたって，基本的には私的費用の部分は無視してよい。

したがって，「路上駐車」および「通過」ともにそれぞれに対する社会的に最適な課金は外部不経済部分を考察すればよいことになる。上記②のケースでは，「路上駐車」に対しては外部不経済分を課金すればよいのであり，「通過」に対しての最適な課金は0円となる。一方，上記の③のケースでは，「通過」に対しては「路上駐車」がなかった場合の混雑費用を，「路上駐車」に対しては外部不経済全体から「通過」が支払う混雑費用分を差し引いた部分を課金すればよいことになる。ところで，外部不経済は $\frac{dAC(Q)}{dQ}Q$ と同値であるが，このうち $\frac{dAC(Q)}{dQ}Q$ を車速の低下によって捉えることにより，外部不経済部分を推定することが可能となり，社会的に最適な課金を導出することができる。

4.2 路上駐車費用関数の導出

4.1の議論をもとに，ここでは路上駐車費用関数を導出する。そこで，路上駐車費用を通過交通の平均速度低下による時間費用として捉える。通過交通の速度低下を引き起こす要因としては，路上駐車密度および交通密度が考えられる。本章では，通過交通の平均速度を被説明変数とし，路上駐車密度および交通密度を説明変数とした費用関数を推計する。

交通密度と平均速度の関係を推計したモデルは以下のとおりである。

$$LS = \chi + \alpha \times LD + \beta \times LD \times LP + \gamma \times LG + \lambda \times RD + \varepsilon_i \tag{2}$$

第7章
道路空間の最適配分に関する研究

LS：Ln（S）
LT：Ln（T）
LP：Ln（PD）
LD：Ln（T/S）=Ln（T）-Ln（S）
LG：Ln（SIG）
RD：ROAD Dummy

S：平均速度（km/h）
T：交通流量（台/h）
PD：路上駐車密度（台/km）
SIG：信号機の数

ここでは，推計された(2)式を最適混雑課金および最適路上駐車課金を計算する際，扱いやすいように「交通密度と交通流量の変換」を行う。ところで，交通密度D（台/km），交通流量T（台/h），そして平均速度S（km/h）の間には，林山・坂下（1993）によると以下のような関係がある。

$$T = D \times S \tag{3}$$

推計された(2)式における交通密度を交通流量に置き換えるために(3)式を(2)式に代入すると，以下のとおりとなる。

$$LS = \chi + \alpha \times (LT - LS) + \beta \times LT \times LP - \beta \times LS \times LP + \gamma \times LG + \lambda \times RD + \varepsilon_i$$

$$\Leftrightarrow LS = \frac{\chi + \alpha \times LT + \beta \times LT \times LP + \gamma \times LG + \lambda \times RD + \varepsilon_i}{1 + \alpha + \beta \times LP} \tag{4}$$

4.3　路上駐車拡張モデルの導出

4.2では，路上駐車費用関数を導出した。ここでは，導出した路上駐車費用関数をもとに，路上駐車拡張モデルを導出する。ただし，以下では特に断りがなければ，1km当たり費用で計算を行い，路上駐車については1km当たり交通密度で計算し，路上駐車の利用者にはコストは発生していないものとする。前述のとおり，平均速度（S）は(4)式で表現される。

$$Ln(S) = \frac{\chi + \alpha \times Ln(T) + \beta \times Ln(T) \times Ln(PD) + \gamma \times Ln(SIG) + \lambda \times RD}{1 + \alpha + \beta \times Ln(PD)} \tag{5}$$

ここで，社会的（総）費用（TC）を求めるために，1台の通過交通利用者に発生する平均費用を時間費用で表現する。平均速度Sで1km当たり進むために発生する時間費用は，以下のように表現できる。（2002年9月の東京都の平均賃金率は1,447円[12]）

$$AC = 1447/S$$
$$\Leftrightarrow Ln(AC) = Ln(1447) - Ln(S)$$
$$Ln(AC) = Ln(1447) - \frac{\chi + \alpha \times Ln(T) + \beta \times Ln(T) \times Ln(PD) + \gamma \times Ln(SIG) + \lambda \times RD}{1 + \alpha + \beta \times Ln(PD)} \quad (6)$$

交通流量Tは1時間に当該道路に流入する車両台数であることから，社会的総費用は1台の通過交通量に対する平均費用(6)式と交通流量Tの積となる。

$$TC = AC \times T$$
$$\Leftrightarrow Ln(TC) = Ln(AC) + Ln(T)$$
$$= Ln(1447) - Ln(S) + Ln(T)$$
$$= Ln(1447) + Ln(T) - \frac{\chi + \alpha \times Ln(T) + \beta \times Ln(T) \times Ln(PD) + \gamma \times Ln(SIG) + \lambda \times RD}{1 + \alpha + \beta \times Ln(PD)} \quad (7)$$

したがって，通過交通1台が限界的に増加した場合の社会的総費用の増加分（通過交通の社会的限界費用）は，(7)式を交通流量Tで微分することで求められる。

$$\frac{\partial TC}{\partial T} = \frac{\partial TC}{\partial Ln(TC)} \frac{\partial Ln(TC)}{\partial Ln(T)} \frac{\partial Ln(T)}{\partial T}$$
$$= \frac{TC}{T} \times (1 - \frac{\alpha + \beta \times Ln(PD)}{1 + \alpha + \beta \times Ln(PD)})$$
$$= AC \times (1 - \frac{\alpha + \beta \times Ln(P)}{1 + \alpha + \beta \times Ln(P)}) \quad (8)$$

---

12)『毎月勤労統計調査』における「産業大中分類別常用労働者1人平均月間現金給与額」から算出した。具体的には，「調査産業計」における「所定内給与」の2002年9月部分である「261,468円」から1ヵ月当り20日かつ1日当り8時間労働として時給1,447円を算出した。

第7章
道路空間の最適配分に関する研究

　通過交通に対する最適な混雑料金は，通過交通利用者が認識する平均費用（私的限界費用）と社会的限界費用の乖離分である。

$$P_T = -AC \times \frac{\alpha + \beta \times Ln(PD)}{1 + \alpha + \beta \times Ln(PD)} \tag{9}$$

　つまり通過交通利用者は，平均費用 AC は負担しているから，最適課金はMC-AC として計算可能であり，(9)式を満たす P_T が最適混雑料金となる。もちろん，本モデルでは平均費用を時間費用で表現しており，かつ，時間費用を計算するための平均速度は交通量の減少関数となっていることから，平均費用 AC は P_T の関数にもなっている。(9)式を P_T の関数で表現するためには，通過交通需要関数との連立が必要である。いいかえると，(9)式は最適混雑料金の必要条件ということになる。ここで，通過交通需要関数 Ln(T) は，

$$Ln(T) = \phi_T + \varphi_T Ln(AC + P_T) \tag{10}$$

と表すことができる。一方，路上駐車需要関数 Ln（P）は，

$$Ln(PD) = \phi_P + \varphi_P Ln(P_{PD}) \tag{11}$$

と表すことができる。

　ただし，ここで需要関数が垂直であると仮定すると，現状の交通流量 T* と路上駐車密度 PD* を(9)式に代入することにより，社会的に最適実現するための P_T を計算することができる。実際，先行研究での一般道路における交通需要の価格弾力性の推定結果は０と有意に異ならないとした結果も多く，この前提は容認できる。

　次に，路上駐車に対する最適課金を計算する。路上駐車の限界費用（＝最適課金）は，混雑料金計算のケースと同様に以下のように計算できる。

$$\frac{\partial TC}{\partial P} = \frac{\partial TC}{\partial Ln(TC)} \frac{\partial Ln(TC)}{\partial Ln(P)} \frac{\partial Ln(P)}{\partial P}$$

$$= \frac{TC}{P} \times -\frac{\beta Ln(T)\{1+\alpha+\beta \times Ln(PD)\} - \beta\{\chi + \alpha \times Ln(T) + \beta \times Ln(T)Ln(PD) + \gamma \times Ln(SIG) + \lambda \times RD\}}{\{1+\alpha+\beta \times Ln(PD)\}^2} \tag{12}$$

ここでも，路上駐車の価格弾力性が0と想定すれば，混雑料金のケースと同様，(12)式より最適路上駐車料金（P_{PD}）が計算できる。

5 路上駐車に対する最適課金額の推定結果

本節では，4節で求めた(9)式と(12)式をもとに，交通量を一定にしたときの混雑料金と路上駐車に対する最適課金額のシミュレーションを試みる。また，表7-4にあるような実測地における2002年度の路上駐車密度，流入断面別方向別交通量，信号機数データを同式に代入して，実測地別の通過交通に対する混雑課金および路上駐車に対する最適課金額を求めた。

表7-4 データ実測箇所一覧

靖国通り			明治通り		
方向	区間	距離(km)	方向	区間	距離(km)
西行き	浅草橋→岩本町	0.83	内回り	池袋六つ又→南池袋一丁目	0.89
	岩本町→淡路町	0.77		南池袋一丁目→馬場口	1.76
	淡路町→九段下	1.51		馬場口→新宿六丁目	1.85
	九段下→市ヶ谷駅前	1.46		新宿六丁目→新宿四丁目南	0.84
西行き合計	浅草橋→市ヶ谷駅前	4.57		新宿四丁目南→神宮前六丁目	2.84
東行き	市ヶ谷駅前→九段下	1.46		神宮前六丁目→並木橋	1.04
	九段下→淡路町	1.51	内回り合計	池袋六つ又→並木橋	9.22
	淡路町→岩本町	0.77	外回り	並木橋→神宮前六丁目	1.04
	岩本町→浅草橋	0.83		神宮前六丁目→新宿四丁目南	2.84
東行き合計	市ヶ谷駅前→浅草橋	4.57		新宿四丁目南→新宿六丁目	0.84
				新宿六丁目→馬場口	1.85
				馬場口→南池袋一丁目	1.76
				南池袋一丁目→池袋六つ又	0.89
			外回り合計	並木橋→池袋六つ又	9.22

出所：2002年度東京都生活文化局資料より作成。

第7章
道路空間の最適配分に関する研究

5.1 データセット

通過交通に対する最適な混雑料金と路上駐車に対する最適課金額を算出するために必要なデータは表7-5～表7-8のようになる[13]。ただし、基礎データは2002年度東京都生活文化局資料から引用している。

表7-5　データ出所

項目	詳細
交通量	表7-4で示した路線上（靖国通り：7交差点、明治通り：12交差点）において2002年9月11日7:00から19:00の12時間で計測した流入断面別方向別交通量に1999年度東京都交通量調査報告書から算出した9-10時、12-13時、15-16時における時間帯別交通量比率を按分して算出。
路上駐車密度	表7-4で示した路線上において2002年9月11日9-10時、12-13時、および15-16時で計測された路上駐車台数と路線別延長から算出。
信号数	表7-4で示した路線上の交差点をYahoo!地図（1/3000）から調べ、表7-6のように信号数を算出。
道路延長	2002年度東京都生活文化局資料より引用。

表7-6　対象路線別信号数

靖国通り				明治通り			
方向	区間	信号数		方向	区間	信号数	
西行き	浅草橋→岩本町	5		内回り	池袋六つ又→南池袋一丁目	8	
	岩本町→淡路町	5			南池袋一丁目→馬場口	11	
	淡路町→九段下	9			馬場口→新宿六丁目	12	
	九段下→市ヶ谷駅前	9			新宿六丁目→新宿四丁目南	6	
西行き合計	浅草橋→市ヶ谷駅前	28			新宿四丁目南→神宮前六丁目	17	
東行き	市ヶ谷駅前→九段下	9			神宮前六丁目→並木橋	6	
	九段下→淡路町	9		内回り合計	池袋六つ又→並木橋	60	
	淡路町→岩本町	5		外回り	並木橋→神宮前六丁目	6	
	岩本町→浅草橋	5			神宮前六丁目→新宿四丁目南	17	
東行き合計	市ヶ谷駅前→浅草橋	28			新宿四丁目南→新宿六丁目	6	
					新宿六丁目→馬場口	12	
					馬場口→南池袋一丁目	11	
					南池袋一丁目→池袋六つ又	8	
				外回り合計	並木橋→池袋六つ又	60	

出所：Yahoo!地図（1/3000）から作成。

---

[13] 流入断面別方向別交通量の詳細な算出方法は本章末の参考資料に掲載している。

表7-7 路線別路上駐車密度

方向		区間	路上駐車密度 9時台 (台/km)	路上駐車密度 12時台 (台/km)	路上駐車密度 15時台 (台/km)
靖国通り	西行き	浅草橋→岩本町	22.9	33.7	24.1
		岩本町→淡路町	26.0	31.2	37.7
		淡路町→九段下	25.2	55.0	49.7
		九段下→市ヶ谷駅前	28.1	42.5	39.7
	西行き合計	浅草橋→市ヶ谷駅前	25.8	43.1	39.8
	東行き	市ヶ谷駅前→九段下	18.5	24.0	26.0
		九段下→淡路町	25.8	39.1	33.8
		淡路町→岩本町	11.7	18.2	22.1
		岩本町→浅草橋	26.5	34.9	33.7
	東行き合計	市ヶ谷駅前→浅草橋	21.2	30.0	29.3
明治通り	内回り	池袋六つ又→南池袋一丁目	33.7	50.6	34.8
		南池袋一丁目→馬場口	6.3	11.4	5.7
		馬場口→新宿六丁目	13.5	17.8	13.5
		新宿六丁目→新宿四丁目南	3.6	14.3	6.0
		新宿四丁目南→神宮前六丁目	19.4	36.6	29.2
		神宮前六丁目→並木橋	20.2	23.0	29.8
	内回り合計	池袋六つ又→並木橋	15.7	25.8	20.1
	外回り	並木橋→神宮前六丁目	24.0	42.2	35.5
		神宮前六丁目→新宿四丁目南	21.5	34.5	32.0
		新宿四丁目南→新宿六丁目	20.2	25.0	28.6
		新宿六丁目→馬場口	26.5	28.1	33.0
		馬場口→南池袋一丁目	4.5	11.9	8.0
		南池袋一丁目→池袋六つ又	7.9	29.2	16.9
	外回り合計	並木橋→池袋六つ又	25.0	35.5	12.3

出所:2002年度東京都生活文化局資料より作成。

表7-8 路線別方向別断面交通量[14]

方向		区間	交通量 9 時台 （台/h）	交通量12時台 （台/h）	交通量15時台 （台/h）
靖国通り	西行き	浅草橋→岩本町	1340.7	1195.0	1323.7
		岩本町→淡路町	1315.4	1265.2	1401.5
		淡路町→九段下	1332.1	1187.3	1315.2
		九段下→市ヶ谷駅前	860.0	1282.2	1420.4
	東行き	市ヶ谷駅前→九段下	1332.3	1187.5	1419.5
		九段下→淡路町	1326.0	1181.8	1309.1
		淡路町→岩本町	1286.4	1146.6	1270.1
		岩本町→浅草橋	382.9	341.2	673.9
明治通り	内回り	池袋六つ又→南池袋一丁目	1195.0	600.6	665.3
		南池袋一丁目→馬場口	1125.2	1002.9	1110.9
		馬場口→新宿六丁目	1147.3	1035.7	1162.0
		新宿六丁目→新宿四丁目南	NA	NA	NA
		新宿四丁目南→神宮前六丁目	NA	NA	NA
		神宮前六丁目→並木橋	NA	NA	NA
	外回り	並木橋→神宮前六丁目	NA	NA	NA
		神宮前六丁目→新宿四丁目南	NA	NA	NA
		新宿四丁目南→新宿六丁目	NA	NA	NA
		新宿六丁目→馬場口	964.9	1438.6	952.7
		馬場口→南池袋一丁目	923.9	823.5	912.2
		南池袋一丁目→池袋六つ又	720.5	642.2	711.4

出所：2002年度東京都生活文化局資料および1999年度東京都交通量調査報告書より作成。

5.2 シミュレーション結果

　ここではまず，路上駐車拡張モデルを用いて，①路上駐車密度を一定として交通流量を増加させた際の通過交通に対する混雑料金と②交通量を一定（1,000台/h）として路上駐車密度を増加させた際の路上駐車に対する最適課

---

14) NA と表記した箇所は，基礎データが完備ではなかったため算出できなかった箇所である。

図7-4 混雑料金のシミュレーション結果

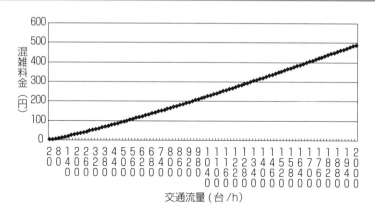

金額,という2つのシミュレーションを行い,以下のように算出した。

(1) 通過交通に対する混雑料金のシミュレーション結果

　路上駐車密度を一定として交通流量を増加させた際の,通過交通に対する混雑料金のシミュレーション結果は図7-4のようになった。シミュレーション結果から,路上駐車拡張モデルにおいて交通流量が増加すると混雑料金も増加することがわかった。これは従来の混雑料金理論とも合致している。

(2) 路上駐車に対する最適課金のシミュレーション結果

　一方,交通量を一定（1,000台/h）として路上駐車密度を増加させた際の路上駐車に対する最適課金額のシミュレーション結果は図7-5のようになった。ただし本シミュレーションでは,次善として平均費用価格形成原理を用いた。

　シミュレーション結果から,1km当たりの路上駐車密度が上昇（路上駐車台数が増加）すると,路上駐車に対する最適課金額が低下していく傾向が判明した。この理由として,以下のような原因が推測される。

①駐車密度と平均速度の推定結果では,路上駐車密度の上昇とともに平均

第7章 道路空間の最適配分に関する研究

図7-5 路上駐車に対する最適課金額のシミュレーション結果

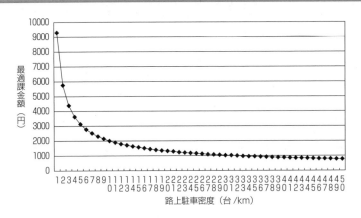

速度は低下していくが，限界的な速度低下幅が縮小していた。
②路上駐車拡張モデルの社会的総費用は，(AC)×(T)であり，ACは1km通過当たりに要する時間費用（平均速度）から算出した。
③したがって，「路上駐車密度の上昇→限界的な速度低下幅縮小→限界的な時間費用変化縮小→本シミュレーションが交通量一定のシミュレーションであるために限界費用低下」となっている可能性がある。

上記理由から，路上駐車に関しては限界費用逓減部分（固定費は0と考えられるので，平均費用も逓減）に需要水準があると考えられる。この場合，通過利用者に路上駐車費用を時間費用の形で転嫁していると考えられ，限界費用価格形成原理では路上駐車が通過交通に与える社会的費用を回収できない可能性がある。したがって，ここでは次善として平均費用価格形成原理をもとに路上駐車に対する最適課金額をシミュレーションした。
またその際の社会的平均総費用は，

$$SAC = \frac{TSC_t - TSC_{PA_0}}{PA} \tag{13}$$

(ただし，SAC：社会的平均総費用，TSC_t：現在の社会的総費用，TSC_{PA_0}：路上駐車0台時の社会的総費用，PA：路上駐車台数をそれぞれ表す)として算出した。

(3) 実測値での推定結果

5.2(1)と(2)のシミュレーション結果から得たインプリケーションをもとに，表7-4にある対象路線での通過交通に対する混雑料金と路上駐車に対する

表7-9 路線別方向別時間帯別路上駐車に対する最適課金額

	方向	区間	路上駐車に対する最適課金額 9時台 (円/h)	路上駐車に対する最適課金額 12時台 (円/h)	路上駐車に対する最適課金額 15時台 (円/h)
靖国通り	西行き	浅草橋→岩本町	2,657	1,582	2,498
		岩本町→淡路町	2,357	1,924	2,293
		淡路町→九段下	2,479	1,197	1,674
		九段下→市ヶ谷駅前	714	1,693	2,315
	東行き	市ヶ谷駅前→九段下	2,942	1,877	2,883
		九段下→淡路町	2,418	1,416	2,021
		淡路町→岩本町	3,495	2,005	2,350
		岩本町→浅草橋	68	38	320
明治通り	内回り	池袋六つ又→南池袋一丁目	55	177	302
		南池袋一丁目→馬場口	3,632	1,871	3,748
		馬場口→新宿六丁目	2,394	1,553	2,474
		新宿六丁目→新宿四丁目南	NA	NA	NA
		新宿四丁目南→神宮前六丁目	NA	NA	NA
		神宮前六丁目→並木橋	NA	NA	NA
	外回り	並木橋→神宮前六丁目	NA	NA	NA
		神宮前六丁目→新宿四丁目南	NA	NA	NA
		新宿四丁目南→新宿六丁目	NA	NA	NA
		新宿六丁目→馬場口	1,014	2,866	861
		馬場口→南池袋一丁目	2,757	1,084	1,832
		南池袋一丁目→池袋六つ又	996	305	581

最適課金額を推定した．

表7-9は，路線別方向別時間帯別路上駐車に対する最適課金額の推定結果である．推定方法は，5.2(2)のシミュレーション結果から得たインプリケーションをもとに，平均費用価格形成原理を用いた．次に，表7-10は，路線別方向別時間帯別路上駐車に対する最適課金が行われた際の路線別方向別時間帯別最適混雑料金を推定した．

表7-10　路線別方向別時間帯別最適混雑料金

	方向	区間	9時台最適混雑料金(円/台)	12時台最適混雑料金(円/台)	15時台最適混雑料金(円/台)
靖国通り	西行き	浅草橋→岩本町	309	312	311
		岩本町→淡路町	317	325	399
		淡路町→九段下	318	377	413
		九段下→市ヶ谷駅前	196	374	414
	東行き	市ヶ谷駅前→九段下	283	273	348
		九段下→淡路町	320	326	350
		淡路町→岩本町	230	237	286
		岩本町→浅草橋	72	67	154
明治通り	内回り	池袋六つ又→南池袋一丁目	75	150	153
		南池袋一丁目→馬場口	163	174	156
		馬場口→新宿六丁目	213	209	217
		新宿六丁目→新宿四丁目南	NA	NA	NA
		新宿四丁目南→神宮前六丁目	NA	NA	NA
		神宮前六丁目→並木橋	NA	NA	NA
	外回り	並木橋→神宮前六丁目	NA	NA	NA
		神宮前六丁目→新宿四丁目南	NA	NA	NA
		新宿四丁目南→新宿六丁目	NA	NA	NA
		新宿六丁目→馬場口	220	365	234
		馬場口→南池袋一丁目	122	142	141
		南池袋一丁目→池袋六つ又	110	139	134

6　結論と今後の課題

　本章では，道路空間の配分効率を高めていく道路課金について考察するために，第1に，路上駐車に対する反則金およびパーキングメーター・パーキングチケットの実態を整理した。第2に，「靖国通り」（市ヶ谷駅前〜浅草橋）と「明治通り」（池袋六つ又〜並木橋）を取り上げて，道路混雑を発生させる路上駐車に対する社会的に最適な課金額を推定した。

　分析の結果，以下の2点が明らかとなった。第1に，道路空間の配分効率を高めるためには，路上駐車がどの程度外部不経済を引き起こすのかという視点が重要となることが明らかとなった。この視点からみると，反則金制度およびパーキングメーター・パーキングチケットの課金制度は，不完全な制度である可能性が高いことがあわせてわかった。

　そこで，第2に，従来の混雑料金理論をもとにして，道路混雑を発生させる路上駐車を取り込んだ拡張モデルを導出した。そして，道路混雑を発生させる路上駐車に対する社会的に最適な課金額の推定を路線別方向別時間帯別で行ったところ，最小で1台1時間当たり55円，最大で同3,748円となった。一方，路線別方向別時間帯別の混雑料金は，最小で1台1時間当たり67円，最大で同414円となった。このように，時間と場所によって，通過交通や路上駐車に対する最適課金額が異なることが改めて明らかとなった。

　したがって，全国一律に，そして時間帯の区別なく反則金や料金を課すのではなく，例えば混雑の度合いに応じて，路上駐車に対する課金額あるいは反則金の水準を弾力的に変更することが資源配分の効率性の観点からみると望ましく，今後日本の駐車政策においても上記知見を反映することが求められよう。最後に，本章における今後の課題として，以下の3点があげられる。

① **通過交通需要関数と路上駐車需要関数の推定**

　本章における推定では，データの制約から上記需要関数の価格弾力性を0と仮定していたが，より精緻な推定を行う上で上記需要関数を推定していくことが望ましい。

② 車種別の推定

　本章における推定では，データの制約から車種別に区分した推定を行うことができなかった．より精緻な推定を行う上で，今後の課題としたい．

③ **路上駐車に対する課金制度に対する比較評価**

　日本の路上駐車に対する課金制度は，違法駐車に対する罰則金とパーキングメーターおよびパーキングチケットの2種類である．本章での推定方法を精緻化していくことにより，上記2種類の課金制度に対するより正確な比較評価が行えると考えられる[15]．

---

15) ただし，違法駐車の罰則金の効果に対する評価を行う際には違法駐車時の取締り確率を推定する必要がある．

参考資料

ここでは，推定に使用した流入断面別方向別交通量の詳細な算出方法を下記に示す。

流入断面別方向別交通量の算出方法

路線名		方向	交通量算出方法
靖国通り	西行き	浅草橋→岩本町	岩本町流入（両国から流入合計）
		岩本町→淡路町	岩本町流出（両国から直進＋日本橋から左折＋上野から右折）と淡路町流入（浅草橋から流入合計）の平均
		淡路町→九段下	淡路町流出（浅草橋から直進＋大手町から左折＋不忍通りから右折）と小川町流入（浅草橋から流入合計）と小川町流出（浅草橋から直進＋大手町から左折＋御茶ノ水から右折）と神保町流入（浅草橋から流入合計）と神保町流出（浅草橋から直進＋平河門から左折＋水道橋から右折）と専大前流入（浅草橋から流入合計）と専大前流出（浅草橋から直進＋竹橋から左折＋水道橋から右折）と九段下流入（浅草橋から流入合計）との平均
		九段下→市ヶ谷駅前	九段下流出合計（浅草橋から直進流入＋飯田橋から右折流入＋平河門から左折流入）
	西行き合計	浅草橋→市ヶ谷駅前	NA
	東行き	市ヶ谷駅前→九段下	九段下流入合計（新宿から流入合計）
		九段下→淡路町	淡路町流入（新宿から流入合計）と小川町流入（新宿から流入合計）と小川町流出（新宿から直進＋大手町から右折＋御茶ノ水から左折）と神保町流入（新宿から流入合計）と神保町流出（新宿から直進＋平河門から右折＋水道橋から左折）と専大前流入（新宿から流入合計）と専大前流出（新宿から直進＋竹橋から右折＋水道橋から左折）と九段下流出（新宿から直進＋飯田橋から左折＋平河門から右折）との平均
		淡路町→岩本町	淡路町流出（新宿から直進＋不忍通りから左折＋大手町から右折）と岩本町流入（市ヶ谷から流入合計）
		岩本町→浅草橋	岩本町流出（市ヶ谷から直進＋日本橋から右折＋上野から左折）
	東行き合計	市ヶ谷駅前→浅草橋	NA

第7章
道路空間の最適配分に関する研究

明治通り	内回り	池袋六つ又→南池袋1	池袋六つ又流出（西巣鴨駅から直進＋東池袋駅から左折＋池袋郵便局前から右折＋白山通りから左折）と南池袋流入（西巣鴨から合計）の平均
		南池袋1→馬場口	南池袋1流出（西巣鴨から直進＋東口五差路から直進＋池袋警察署から右折）と高戸橋流入（池袋から流入合計）と高戸橋流出（池袋から直進＋飯田橋から左折＋谷原から右折）と馬場口（池袋から流入合計）の平均
		馬場口→新宿6	馬場口流出（池袋から直進＋飯田橋から左折＋中野から右折）と諏訪町流入（池袋からの流入合計）と諏訪町流出（池袋から直進＋早稲田から左折＋百人町から右折）との平均
		新宿6→新宿4南	NA
		新宿4南→神宮前6	NA
		神宮前6→並木橋	NA
	内回り合計	池袋六つ又→並木橋	NA
	外回り	並木橋→神宮前6	NA
		神宮前6→新宿4南	NA
		新宿4南→新宿6	NA
		新宿6→馬場口	馬場口流入（新宿から流入合計）と諏訪町流入（新宿から流入合計）と諏訪町流出（新宿から直進＋早稲田から右折＋百人町から左折）との平均
		馬場口→南池袋1	南池袋1流入（新宿から流入合計）と高戸橋流入（新宿から流入合計）と高戸橋流出（新宿から直進＋飯田橋から右折＋谷原から左折）と馬場口流出（新宿から直進＋飯田橋から右折＋中野から左折）の平均
		南池袋1→池袋六つ又	池袋六つ又流入（新宿から流入合計）と南池袋流出（新宿から直進＋池袋警察署から左折）の平均
	外回り合計	並木橋→池袋六つ又	NA

注1：通過交差点では流入と流出の平均をとる。それ以外では出発点では流出，到達点では流入，それぞれの合計である。
注2：靖国通りでは浅草橋と市ヶ谷駅前のデータがないため，流入・流出の平均がとれない地点がある。
注3：駿河台下交差点データはデータが不備なために省略した。

第 8 章

有料道路政策における費用負担の枠組みの検討[1]

1 はじめに

　本章は，道路特定財源の一般財源化（以降，一般財源化と表記）までの道路政策を踏まえた上で，有料道路政策の今後の方向性について検討することを目的とする。とりわけ公団民営化が実施された2005年度以降は，一般道路政策と有料道路政策は財源面においても制度的には相互に独立して立案および執行がなされてきた。しかしながら，今後は財源面においても両道路政策とも整合性をとりつつ一体的に道路政策を構築すること[2]が重要と思われる。そこで本章は，第1部での議論に基づいて，主に費用負担の観点から今後の有料道路政策について論じる。

　本章の構成は以下のとおりである。2節では本章の議論のスタートとなる一般財源化と現在までの道路財源における使途拡大の概要について整理する。また，自動車関係諸税と有料道路政策との現在までの関係についてもあわせて明らかにする。3節では今後の道路政策を取り巻く2つの大きな課題である①人口減少と②道路の本格的な維持更新について明らかにする。以上を踏まえて，4節では，経済学的な視点で有料道路の特徴を示した上で，今後の道路財源制度に求められる目標と有料道路の費用負担のあり方について検討する。

---

1) 本章は，後藤（2012c）をもとに，加筆・修正を加えたものである。
2) 例えば，太田（2010），p.141を参照。

2 一般財源化と有料道路政策

2.1 一般財源化の概要[3]

　道路特定財源制度は，1953年に「道路整備費の財源等に関する臨時措置法」をもとに創設された制度である。道路特定財源制度は，利用者負担および損傷者負担を原則として，その税収を道路事業という特定の使途のみに使用することを定めた制度であり，収入と支出をリンクさせた目的税としての側面をもつ。50年以上にわたり日本の道路事業を支えた道路特定財源制度ではあったが，厳しい財政状況下での道路の必要性および道路特定財源制度の運用面に関する制度疲労が指摘されるようになり，さまざまな議論がなされた[4]。

　以上のような背景から，2009年に「道路整備事業に係る国の財政上の特別措置に関する法律等の一部を改正する法律（以降，改正財特法と表記）」および「地方税法等の一部を改正する法律（以降，改正地方税法と表記）」が成立し，2009年度当初予算より国と地方において一般財源化が実施された。

　改正財特法では，2008年度以降10年間の道路事業について規定しているが，それまでの法律と比較してみると，国の道路事業に関する以下の2つの規定について削除を行ったことがわかる。

①揮発油税等[5]の税収の毎年度の道路整備への全額充当について
②地方道路整備臨時交付金について

　改正地方税法では，自動車取得税と軽油引取税が目的税から普通税に変更されるとともに道路の費用に充当するという使途制限に関する規定が削除された。あわせて，地方道路譲与税が地方揮発油譲与税と名称変更した上で，石油ガス譲与税および自動車重量譲与税とともに，条件を付けたり，または使途制限をしてはならないと変更された。

3）本節の内容は，東山（2009）および田村・毛利・屋井（2010）を参考としている。
4）例えば，古川（2008）などを参照。
5）揮発油税等とは，揮発油税と石油ガス税の1/2相当分を指す。

第8章
有料道路政策における費用負担の枠組みの検討

　このように，国と地方における一般財源化は2009年度にその多くが実施されたが，実は限定的な一般財源化や使途の拡大については2002年度より実施されていた[6]。一般財源化については，2002年度における道路整備予算と道路特定財源税収の差額として，自動車重量税の一部である2,247億円が一般財源として使用された[7]。また，同様に2006年度にも472億円，2007年度には1,806億円の自動車重量税が一般財源として使用された。

　一方，納税者の理解に配慮しつつ，2003年度から表8-1のように道路整備と密接に関連する範囲内で道路特定財源の使途拡大が図られた[8]。

表8-1　道路特定財源の関連施策への使途拡大の推移

年度	総額（億円）	主な使途（億円）
2003年度	50	DPF（ディーゼル微粒子除去装置）導入支援40億円，ETC車載器導入支援10億円
2004年度	529	まちづくり交付金300億円，DPF導入40億円，有料道路の弾力的料金設定115億円
2005年度	943	まちづくり交付金550億円，有料道路の弾力的料金設定89億円，情報システムを活用した道路交通円滑化70億円，ETC普及促進56億円
2006年度	1,568	まちづくり交付金635億円，都市再生・地域再生（市街地再開発事業等）300億円，環境・景観（低公害車普及促進等）79億円，防災・減災（建築物耐震改修等）100億円
2007年度	2,878	地域活性化（まちづくり交付金1,708億円，道整備交付金175億円，有料道路料金社会実験360億円等）計2,580億円，防災・減災（住宅・建築物耐震改修等）160億円，環境・景観（低公害車普及等）138億円
2008年度	1,525（注）	まちづくり交付金1,165億円，道整備交付金179億円，地域自立・活性化交付金108億円，低公害車普及促進22億円，道路交通の円滑化施策等への国民参加促進6億円，デマンドバスによる利便性向上3億円，多様な無電柱化手法促進8億円，その他35億円

（注）「道路関連施策」の額を表す。2008年度は，特例法改正によって一般財源化されたため，「使途拡大」とはされていない。
出所：古川（2008），p.4より抜粋。

---

6) 古川（2008），pp.3-4を参照。
7) 2001年の「今後の経済財政運営及び経済社会の構造改革に関する基本方針（骨太の方針）」に基づき，公共事業関係費を前年当初予算比10％削減するとの決定に起因する。

2.2 道路財源と有料道路政策

日本の有料道路事業における建設費用の財源は，公団民営化以降もそのほとんどを財投資金，財投機関債，民間借入金および縁故債などの借入金に頼っている。このように日本の道路財源は，一般道路事業の財源は自動車関係諸税を中心に構成される一方で，有料道路事業の財源は主に借入金と料金収入により構成されており，それぞれほぼ独立して財源調達がなされてきた。

ただし，有料道路事業においても自動車関係諸税を含む国費が投入されることもある。有料道路事業に国費が投入される場合は，大きく①政府出資金と②政府補助金の2つに分類される。政府出資金とは旧日本道路公団（以降，旧公団と表記）および独立行政法人日本有料道路保有・債務返済機構（以降，保有機構と表記）の資本金に組み込まれる資金で，料金収入による償還の対象となる資金である。1959年以降道路整備特別会計から出資を受け，公団民営化前の2004年度末で出資累計が22,849億円に達し[9]，公団民営化以降も2010年度末で37,799億円となった[10]。

政府補助金とは，国から旧公団に対して支出されていた補助金であり，料金収入等による償還対象とはならないものであった[11]。現在まで国から支出された政府補助金には大きく3種類ある。第1に，1956年度から1959年度まで国の一般会計および道路整備特別会計から支出されたものである。これは，旧公団の発足とともに地方公共団体から引き継いだ有料道路の建設費の一部を補助したものである。第2に，1974年度から実施されたもので，政府補給金あるいは利子補給金と呼ばれたものである。そして，最後に1994年度から1996年度，2000年度および2001年度において災害復旧事業費として一般会計から補助されたものである[12]。

8）「道路整備費等の財源等の特例に関する法律（以降，特例法と表記）」第2条には，「道路の整備に関する事業」について，道路の新設，改築，維持および修繕に加えて，「これに密接に関連する環境対策事業その他の政令で定める事業を含む」と規定されている。古川（2008），pp.3-4を参照。
9）全国道路利用者会議（2006），p.204より引用。
10）財務総合研究所（2010）より抜粋。
11）政府補助金については，全国道路利用者会議（2006），pp.204-205および同（2010），pp.125-126にその内容を負うところが大きい。
12）阪神・淡路大震災や有珠山噴火および新潟県中越地震により罹災した料金所施設等の復旧財源として充当された。

一方,公団民営化後における国から有料道路事業への補助として,有料道路利便増進事業(以降,利便増進事業と表記)がある。利便増進事業とは,保有機構が保有している有料道路債務のうち2.5兆円の範囲内で国の一般会計(国債整理基金)が承継することにより,有料道路の有効活用・機能強化を図ることを目的とした[13]。当初は有料道路料金引下げとスマートインターチェンジの整備を主な事業としていたが,2011年に発生した東日本大震災の影響により事業規模が縮小されて,2014年3月に廃止された。

その他として,有料道路方式という整備方式を変更することにより,従来は有料道路事業として検討されてきた事業に自動車関係諸税を含む国費が投入されることもある。整備方式の変更に伴い,有料道路事業に国費が投入される場合には大きく①新直轄方式と②合併施行方式の2つの方式がある。

新直轄方式とは,公団民営化を契機として2003年度から実施された整備方式であり,公団民営化後の新会社による整備の補完措置として,国費と地方費(国:地方=3:1)による新たな直轄事業として実施されているものである。

合併施行方式とは,計画道路の全体を有料道路事業として行うのが採算を確保する上で困難な場合に,一般道路事業と有料道路事業を組み合わせて早期に施行する方式のことである。合併施行方式は従来一般有料道路事業で実施されてきたが,必ずしも早期の道路整備につながらないなど指摘を受け,2010年に見直しが行われている。

このように,特に2003年度以降では,有料道路事業の建設費用における自動車関係諸税を含む国費の占める割合が徐々に増加していることが明らかとなった。

3 有料道路政策を取り巻く課題

2節では一般財源化の経緯と自動車関係諸税および有料道路政策の関連について,主に制度の変遷に着目して整理した。本節では,今後の道路政策を

---

13) 村田(2010),p.58より引用。

考える上で避けては通れない，有料道路政策を取り巻く2つの課題について明らかにする[14]。

3.1 人口減少と自動車交通需要

図8-1は，日本の年齢区分別将来人口推計の推移を表したものである。これをみると，日本の総人口は今後長期にわたって人口減少過程に入ることがわかる。

長期にわたる人口減少に伴う人口構造の変化に伴い，国土交通省に設置された道路の将来交通需要推計に関する検討会では，新たな将来交通需要推計を行った[15]。表8-2は，2005年と比較した自動車走行台キロの推定結果を

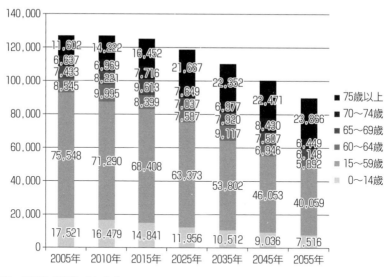

図8-1　年齢区分別将来人口推計

出所：内閣府（2011）より作成。

---

14) 自動車関連諸税まで対象を広げると，自動車におけるエネルギー転換の問題も検討する必要がある。
15) 道路の将来交通需要推計に関する検討会（2008）を参照。

第8章
有料道路政策における費用負担の枠組みの検討

表8-2　2005年を基準とした自動車走行台キロの推定結果（単位　10億台キロ）

		2005年(実績)	2020年		2030年	
			推計値	伸び率(対2005年)	推計値	伸び率(対2005年)
基本ケース(低位ケース)	乗用車	527	519	0.99	512	0.97
	貨物車	242	237	0.98	237	0.98
	合計	769	756	0.98	749	0.97
比較ケース(高位ケース)	乗用車	527	539	1.02	515	0.98
	貨物車	242	244	1.01	243	1.00
	合計	769	783	1.02	758	0.99

出所：道路の将来交通需要推計に関する検討会（2008）より抜粋。

示したものである。これをみると，今後10年〜20年にかけて，道路の交通需要は横ばいから微減となる可能性があることがわかる。

3.2　維持更新

次に，有料道路の維持更新について考える。アメリカでは，1930年代のニューディール政策により大量に建設された道路構造物は1980年代になると，老朽化による崩落，損傷，および通行止めが相次ぎ，いわゆる「荒廃するアメリカ」と呼ばれる状況に陥った。日本においても，橋梁の大量建設が1950年から1960年代に始まり，次章で述べるように，維持更新問題が大きくなっている[16]。

日本の有料道路はどの年代で多く建設されたのだろうか。図8-2は，日本の有料道路の年代別供用延長増加分を表している。これをみると，1975年以降から有料道路の供用延長の増加率が高まることがわかる。道路構造物のみの数値ではないにしても，有料道路政策においても今後維持更新問題が大きくなることは図8-2の傾向をみても明らかだろう。

---

16) 例えば，根本（2011）を参照。

図8-2 有料道路の年代別供用延長増加分（単位：km）

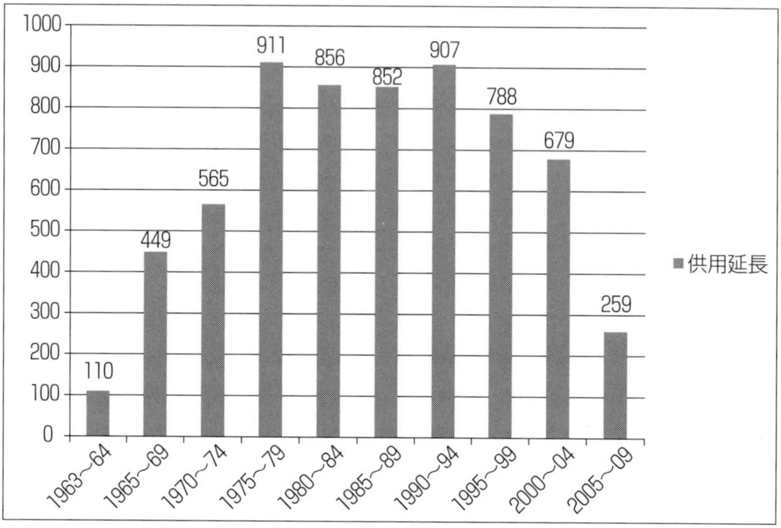

[グラフ: 供用延長
1963~64: 110
1965~69: 449
1970~74: 565
1975~79: 911
1980~84: 856
1985~89: 852
1990~94: 907
1995~99: 788
2000~04: 679
2005~09: 259]

出所：国土交通省（2011）『道路統計年報2011』より作成。

4 有料道路事業の費用負担のあり方

4.1 一般道路と有料道路

　本項では，一般道路と比較をすることで有料道路の特徴と費用負担について検討する。そもそも有料道路を含む道路という財は，序章でも述べたように，経済学的には公共財の一種と考えられる。公共財の費用負担問題は先行研究でもさまざまな議論がなされている[17]。

　しかし，公共財を供給する際の1つの大きな問題として，各個人の選好に基づく負担方式はパレート効率性の観点から望ましい結果が得られるとしながらも，各個人の選好に基づく負担方式を導入すれば，フリーライダー問題が発生してしまう。

---

17) 詳細は，例えば第2章を参照。

第8章
有料道路政策における費用負担の枠組みの検討

表8-3 道路と便益

		便益	
		場所移動	高速移動
道路	一般道路	○	—
	有料道路	○	○

出所：宮川（2011），p.35より抜粋。

　そのため，本間（1973）が指摘しているように，フリーライダー問題を解決するためには，公共財に対する費用負担と供給水準は何らかの形でリンクさせることが資源配分の効率性の観点からみれば望ましい。フリーライダー問題の視点から有料道路をみてみると，有料道路は料金所を設置して出入口を限定しているため，フリーライダーを排除できる特徴をもっており，いいかえれば利用者負担を実施できる。

　くわえて有料道路は，表8-3のように高速移動への便益がある点で一般道路と性質が異なる。高速移動という品質の高いサービス（有料道路）を提供するためには，場所移動のみ（一般道路）を達成するときと比較して多額の追加的費用がかかる。この追加的な費用については，高速移動を選好する人々の自由な支払意思に基づく支払いがなされるべきである。

　したがって，宮川（2011）でも指摘されているように，有料道路の費用負担を考えるときには，有料道路における場所移動の機能に関しては一般道路と同様の課税に基づく負担を，そして高速移動の機能については利用者による料金負担とすることが合理的と思われる。

4.2 有料道路事業における費用負担のあり方

　4.1では，有料道路の特徴からみた費用負担のあり方について検討を加えた。ただし，有料道路の費用負担を検討する際には，図8-3のように混雑や温暖化といった外部効果の内部化の視点も必要となる。

　外部効果の内部化の視点も含め，金本（2007）は，道路財源制度を考える際に目標とすべきものとして以下の4点を指摘している。

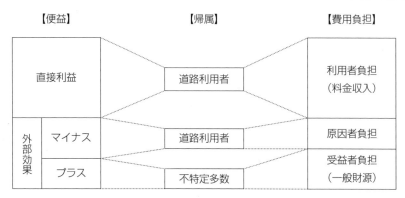

出所:牛嶋(2000),p.64をもとに加筆して作成。

①効率的なプライシング
②サービス品質の確保と維持
③受益者・負担者間の公正
④経営効率性

　第1に,効率的なプライシングとは,道路サービスの利用を適正な水準に制御すること,そして利用者による車種選択を適切なものにするという役割をもち,利用者負担を社会的限界費用に近づけることを意味する。
　第2に,サービス品質の確保と維持という点からみれば,日本では2つの課題がいまだ残されていると指摘している。それは,①道路ネットワークで未完成な部分がかなり残されていること(特に,交通量の大きい都市部でのボトルネック渋滞の発生を解消すること)および②道路の老朽化による維持更新費用の増加への対応の2点である。
　第3に,受益者・負担者間の公正である。これには道路利用者とそれ以外との間の公正さに加えて,各種道路利用者間の公正さも含まれる。また,道路利用者以外の負担で道路サービスを供給することは公正の点でも問題があると指摘した上で,道路利用者の負担で鉄道や航空といった他のサービスを供給することも公正を欠くとしている。

第8章
有料道路政策における費用負担の枠組みの検討

そして,最後に経営効率性についてである。一般会計からの支出で道路サービスの供給を行う場合には,予算決定が政治の場で行われるため,経営効率性を目指すインセンティブは失われる傾向があることを意味している。

これまでの議論を踏まえると,今後の有料道路政策の基本的な考え方は次の4点に集約されるだろう。

①有料道路の料金徴収の根拠となる高速移動を確保する意味でも,混雑料金を含めた効率的なプライシングとボトルネック渋滞の解消が必要
②有料道路の老朽化による維持更新費用の増加への対応
③道路財源の道路以外への使途拡大を実施するのではなく,場所移動の機能を根拠とした一般道路事業と有料道路事業の費用負担の共有化
④政府の失敗を少なくするような制度設計

5 結論と今後の課題

本章は,一般財源化までの経緯を踏まえた上で,今後の有料道路政策の方向性について検討してきた。2節では一般財源化と現在までの道路財源における使途拡大の概要について整理した。そして,自動車関係諸税と有料道路政策との制度的な関係についてもあわせて明らかにした。3節では今後の有料道路政策を取り巻く2つの大きな課題である①人口減少と道路交通需要の今後の見通しについて,および②有料道路の本格的な維持更新について検討する必要性を明らかにした。

これらを踏まえて,今後の有料道路政策の基本的な考え方として,第1に有料道路の料金徴収の大きな根拠となる高速移動を確保する意味でも,混雑料金を含めた効率的なプライシングとボトルネック渋滞の解消という視点が重要であることを指摘した。第2に,有料道路の老朽化による維持更新費用の増加への対応も必要であることも明らかにした。そして第3に,道路財源の道路以外への使途拡大を実施するのではなく,場所移動の機能を根拠とした一般道路事業と有料道路事業の費用負担の共有化を行うべきであることを示した。

前述したように，これまでは一般道路政策と有料道路政策は財源面においても制度的には相互に独立して立案および執行がなされてきた。しかし，今後は一般道路政策と有料道路政策を一体的・統合的に政策立案すべきと考えられる。そして，社会的に優先順位の低い投資を行うというような政府の失敗が生じないように，有料道路政策においても事業評価など第三者による監視の仕組みを導入すると同時に，金本（2007）でも指摘されているように，収入とサービス供給責任が明確になるような組織づくりが重要である。

　なお，本章は温暖化などの外部不経済や災害への対応については詳細な検討を行っていないが，今後の重要な検討課題として別の機会に論じることにしたい。

第 9 章

道路の維持管理の費用負担[1]
―維持管理有料道路制度の有効性の検討―

1 はじめに

　日本では，全国的に必要な道路が概成したと考えられはじめていること，ならびに国と地方公共団体の財政問題がクローズアップされており，現在までに建設された道路や橋梁などをどのように維持更新するのかという点が重要な課題となってきている。

　上記背景を踏まえて，本章は，維持管理の視点から有料道路制度の有効性について検討を加えることを目的としている。その理由として，第1に，第8章でも論じたように，高度成長期前後に建設された道路，特に橋梁が今後老朽化していき，その数は急増していくことが懸念されているにもかかわらず，その対応策がようやく本格的に実施されはじめたからである。第2に，有料道路制度の有するメリットを考えれば，橋梁およびトンネルには有料道路制度を適用し，少なくとも維持管理費に充当することは合理的ではないかという考え方があるからである。ただし，維持管理の視点に基づいて有料道路制度を分析した先行研究が数少ないため[2]，基礎的なところから考察を加えることが必要である。

　そこで，本章は，排除性が高く，原則として個別採算制を採用している地方道路公社管理（以降，公社管理と表記）の一般有料道路に着目する。そして，主に地方道の維持管理費を比較対象としながら，公社管理の橋梁等への維持管理有料道路制度の適用可能性と道路構造物の維持管理における費用負担のあり方について論じる。

---

[1] 本章は，後藤・早川（2007）をもとに，加筆・修正を加えたものである。
[2] 社会資本の維持管理に対するアプローチの1つとして，アセット・マネジメントの考え方がある。詳細は，例えば，山内（2006）を参照。

2　日本の道路構造物の老朽化の現状と事例研究

　ここでは，日本の道路構造物の老朽化の現状を踏まえて，公社管理の一般有料道路を含む有料道路制度の歴史的経緯および維持管理有料道路制度を整理する。そして，維持管理有料道路の事例研究として，長崎県道路公社が管理していた平戸大橋を取り上げて，維持管理有料道路の導入条件および運営条件を探る。

2.1　日本の道路構造物の老朽化の現状

　日本の道路構造物の老朽化の実態および今後の老朽化の推移を表すものとして，図9-1を示す。図9-1は，橋梁の老朽化の今後の推移を表している。これをみると，2012年度では，2m以上の全橋梁数（約70万橋）に占める建設後50年以上経過した橋梁数の割合は約16%であるが，2022年度では全体の40%に達する。

　また，図9-2では，日本とアメリカの建設年ごとの橋梁数の比較を行っている。図9-2によれば，アメリカでは，日本より30年早く，1980年代に多くの道路構造物で老朽化がはじまった。Choate and Walter（1981）によれば，1981年時点で，アメリカ国内の全橋梁のうち，約20%は大掛かりな修復か架け替えが必要であった。また，修復や架け替え費用は330億ドル程度と推計されたが，実際の連邦道路予算は13億ドルであり，適切な維持・管理を怠った結果，道路ストックの荒廃を招き[3]，経済的・社会的に大きな損失をもたらした。

　日本の道路構造物の老朽化の実態およびアメリカでの経験を踏まえれば，道路構造物の適切な維持管理が今後日本でもいっそう重要な問題となることは明らかであろう。

3）2007年8月にアメリカミネソタ州ミネアポリスで発生した高速道路の橋梁崩落事故は記憶に新しい。

第9章
道路の維持管理の費用負担

図9-1　橋梁の老朽化の推移（単位：橋）

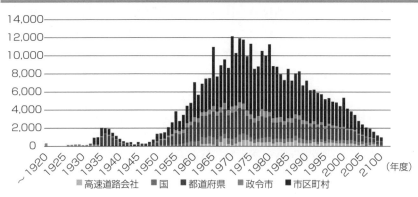

出所：国土交通省資料より抜粋。

図9-2　橋梁の建設年ごとの日米比較

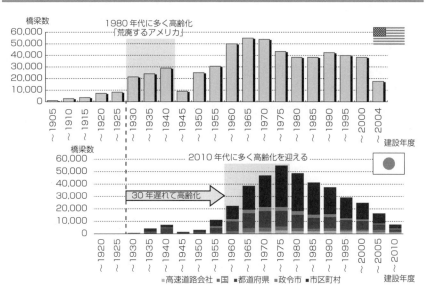

注）このほかに、市町村が管理する2mから15mの橋梁を主として、建設年度不明橋梁が約30万橋ある。
出所：国土交通省資料より抜粋。

2.2 有料道路制度の歴史的経緯と公社の経営状況

　戦後の道路事業が揮発油税等を目的税化した道路特定財源制度と有料道路制度によって急速に進められたことは，前述のとおりである。有料道路制度自体は明治期より存在し，太政官布告第648号に基づく有料道路，大正期の旧道路法による有料道路（橋および渡船），あるいは昭和初期に自動車交通事業法に基づく有料道路（自動車専用道）が存在した。自動車交通事業法に基づく有料の自動車専用道は，道路運送法（1951年6月1日施行）に引き継がれた。それに基づいて整備された道路は，主として民営事業者による有料の自動車道（一般自動車道）であり，公的部門が開設する一般の（「道路法」による）道路とは性格を異にしている[4]。

　一般の道路は，道路法25条でも定められているように，橋や渡船など，特別に費用がかかる事情がなければ，「無料公開の原則」が採用されている。しかし，自動車関係諸税だけでは，「必要とされる道路事業のための費用はとてもまかなえないという実情にかんがみて」[5]，1952年に道路整備特別措置法が制定され，通行料金を徴収して，建設費の返済を行う有料道路制度が導入された。

　ところで，一般有料道路の建設が行われる条件は，第6章でも述べたとおり以下の2つであり，原則として無料の代替道路が存在し，利用者が著しく便益を受ける場合に限定されている[6]。

①当該道路の通行者はその通行により著しく利益を受けるものであること
②通常他に道路の通行の方法があって当該道路の通行が余儀なくされるものでないこと

　このような歴史的経緯で導入された有料道路制度であるが，採算性という基準からみれば，基準を満たしていない路線が存在することは否定できない。
　公社管理の一般有料道路では，建設費用および運営費用を各路線の利用者

---

[4] 戦前の有料道路に関しては，本田・森地（1987）を参照。
[5] 全国道路利用者会議編（1981），p.367を参照。
[6] 観光地など，特別なケースは例外とされ，代替道路の存在が問われない。

が負担するという個別採算制が原則として採用されている。この特徴を評価する1つの指標が事業採算の観点である。ここでは，1つの評価基準となる事業採算性の観点から，谷（2001）および本書第6章の調査研究結果をもとに，公社管理の一般有料道路事業の路線別収支について改めて整理する。

谷（2001）は，2001年8月上旬時点において公社が管理する一般有料道路と都市高速道路の157路線を調査対象としている。2000年度の計画交通量に対する利用台数の達成率は，「開通して間もない路線などを除いた154路線のうち，8割に近い120路線が目標台数に実績が届かなかった」[7]。

また，償還期間内に目標達成が可能であるかという質問に対する回答は，図9-3のように，157路線中，目標達成可能という路線が86路線にとどまる結果となった。一方，償還できる見込みが厳しいという回答も48路線存在した。

図9-3 償還達成の見込みに関する調査結果

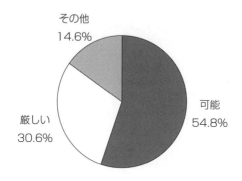

出所：谷（2001）より作成。

7）谷（2001），p.21を参照。

第6章では，2002年度において，公社が運営する一般有料道路（全147路線）のうち，100路線のデータを用いて分析を行った[8]。分析の結果，以下の結論を得た。

①路線別の単年度赤字を抱えている路線は，収支率の回答を得た87路線中15路線（約17%）であった。また，累積赤字を抱えている路線は償還準備金の回答を得た75路線中11路線（約15%：平均償還期間18年）存在した。
②路線別の償還可能能力について，償還率の回答を得た71路線の算術平均の結果，償還率28%（平均償還期間17年）となり，事業採算の観点からみると，厳しい経営状況が明らかとなった。

　谷（2001）および第6章で指摘されたように，運営費用すら賄えていない路線は，単年度の調査のため，継続的に不採算となっているかどうかは判断がつきかねる。しかし，累積赤字が存在する路線の平均償還期間が18年となっており，残りの償還期間を考慮すると最終的に不採算路線となる可能性が高い。
　また，累積赤字を抱えていないものの，公社が管理する一般有料道路の平均償還率が約3割という状況を考慮すれば，今後，公社はいっそう厳しい経営を強いられると考えられる。
　このように公社の経営が厳しければ，2.1で述べたアメリカでの経験のように，道路構造物の適切な維持管理ができなくなる可能性がある。そのため，維持管理の費用負担の枠組みを再検討することが必要である。
　その際，自動車関係諸税との二重負担分の還元や理論上可能な開発利益の還元を考慮せずに，フルコスト原則を適用して，道路利用者のみに負担させることは，当該道路利用者に過大な負担を課すことになると考えられる[9]。

---

8) 100路線の内訳は，2002年度の路線別収入，路線別費用，路線資産，償還準備金および償還期間すべての回答を得られた路線が62路線であり，一部欠損データがあった路線は38路線であった。
9) 一般道路事業との合併施行は，自動車関係諸税との二重負担分の還元とみることもできる。

図9-4　公社管理の一般有料道路の収支率

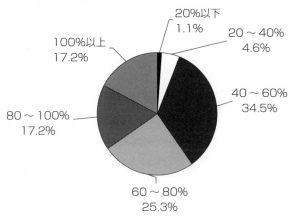

出所：本書第6章より作成。

2.3　維持管理有料道路の状況と事例研究

　日本の有料道路は，一定期間の償還期間が設けられており，償還期間終了後には原則として一般道路へ移管される。ただし，料金徴収期間満了後においても，道路の維持補修に要する費用が多大であると見込まれる場合，維持管理に必要な費用をまかなうため，料金徴収を継続することが可能である。これを維持管理有料道路制度と呼ぶ[10]。

　日本の維持管理有料道路は，2008年時点では図9-5のように存在したが，ここでは，本章の目的にしたがって，2010年まで長崎県道路公社が管理していた平戸大橋の事例を取り上げる[11]。

---

10) 橋梁の維持管理費を料金として徴収しているアメリカでの事例として，BATA（San Francisco Bay Area Toll Authority）などがあげられる。詳しくは，長野他（2005）pp.60-61を参照。
11) 富士山有料道路を含む山岳観光道路の事例研究として，早川（2007）がある。

図9-5　日本の維持管理有料道路（2008年時点）

　平戸大橋は，平戸島と九州本土を結ぶ渡海橋・長大吊橋であり，全長1.1kmの有料橋で，1996年から維持管理有料道路へ移行した。図9-6では，1977年から2003年までの平戸大橋の年間交通量の実績値と計画値の推移を表している。2003年の平戸大橋の年間交通量は，約414万台であり，同年での料金収入は約4億円強であった。また，1996年の維持管理有料道路への移行後，順調に年間交通量が増加していることも図9-6よりわかる。

　一方，1996年から2005年までの平戸大橋の維持修繕費および管理費の各合計値を図9-7で示す。同期間の維持修繕費と管理費の合計した費用の年間平均は，約3億円強であり，年間の料金収入額が維持修繕費と管理費の合計した費用を上回っていることがわかる。このように，総費用を賄う以上に料金収入が発生していること，つまり採算性基準を満たしていることは，維持管理有料道路として継続的に運営する上で，重要な条件である。

　また，平戸大橋の場合では，代替手段としてのフェリーがすでに廃止されていたため，事実上の代替道路は存在しておらず[12]，平戸大橋利用に関する需要の価格弾力性は非常に小さいと考えられる。このように，平戸大橋の事例は代替道路が存在しないという点で特異ではあるものの，採算性基準を満たす条件として，前述した供給面の条件とともに，代替道路の存在に影響される需要の価格弾力性などの需要面の条件も考慮しなければならないこと

---

12) 長崎県道路公社へのインタビュー調査による。

第9章
道路の維持管理の費用負担

図9-6　平戸大橋の1日当たり平均交通量（単位：台）

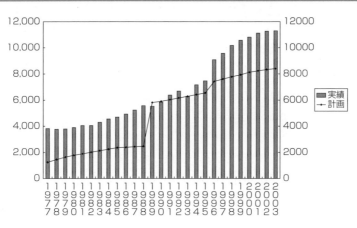

出所：長崎県道路公社資料より作成。

図9-7　平戸大橋の維持修繕費および管理費

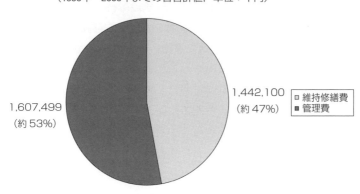

出所：長崎県道路公社資料より作成。

を示唆している。

最後に，平戸大橋が維持管理有料道路へ移行する際に，その周辺住民の理解が得られたこと，特に，平戸大橋がある平戸市との協議で，維持管理有料道路への移行が合意できたことが，維持管理有料道路へ移行できた大きな要因とされた[13]。

平戸大橋の事例からみた維持管理有料道路制度の導入および運営条件として，以下の3点が指摘できる。

①総費用を賄う以上に料金収入が発生していること
②道路利用者の需要の価格弾力性が小さいこと
③周辺住民あるいは道路利用者の理解が得られていること

2.4 維持管理の費用負担の考え方

ここでは受益と負担の観点からみた道路構造物の維持管理の費用負担の考え方を簡潔に整理する。第8章でも述べたように，公社管理の一般有料道路の経済学的な意義は，高速走行に伴う時間短縮などの便益に対して，利用者の支払意思に基づいた利用者負担にあると考えられる。

一方，中条（1988）は，①一般道路より建設維持コストが高い場合，②一般道路よりも高いサービス水準を供給する場合，③自動車関連諸税の形態をとった「利用料」収入だけでは有効な道路ネットワークが建設できない場合，の3点が有料道路制度導入の根拠となることを指摘した。

また，現行制度下での一般有料道路は，償還期間終了後には，都道府県等に移管され，原則「無料開放」となる。ただし，この「無料開放」とは，その後の維持管理費が，当該道路利用者の負担から自動車関係諸税を含む一般財源を通じた負担へ変更されることに他ならない。この場合，受益と負担の乖離が生じ，適切な維持管理ができない可能性がある。

以上の議論から，少なくとも一般道路よりも維持費用が高い場合に，公社管理の一般有料道路の維持管理の費用負担を考える際は，排除原則に基づい

13）長崎県道路公社へのインタビュー調査による。

た利用者負担を徹底することが，資源配分の効率性の観点から望ましいことがわかる。

そこで，次節以降は，一般道路よりも維持費用が高い場合として，公社管理の橋梁・トンネルを取り上げて，分析を行う。

3 橋梁・トンネルと道路の維持費用の分析

本節では，橋梁・トンネルと道路の維持費用を比較検討して，橋梁・トンネルの維持をする際の有料道路制度の有効性について明らかにする。ただし，本章で取り扱うデータは，体系的に公表されていないため，第6章で述べた各公社に対するインタビュー調査から得られたデータをもとにした。

3.1 インタビュー調査と回収結果

取り扱うデータは，公社管理の一般有料道路の供用開始から2002年度までの積算維持費（実績値）と都道府県管理の橋梁の1988年度から2001年度までの各年の維持費（当初予算）である。表9-1は，公社に対するインタビュー調査結果を路線種別（道路，トンネル，および橋梁）[14]に表している。回収率は，公社管理の一般有料道路の全路線数147路線に対して，36.7％であった。また，都道府県管理の橋梁の1988年度から2001年度までの各年の維持管理費は30都道府県（回収率63.8％）から回答を得た。

表9-1　公社に対するインタビュー調査の路線種別データの回収結果

	道路	トンネル	橋りょう	合計
路線数	108	13	26	147
回答数	37	8	9	54
回収率（％）	34.3%	61.5%	34.6%	36.7%

---

[14] 路線種別の区分方法は，本章では各地方道路公社での路線名称に準じた。このため，例えば道路延長の半分程度が橋梁・トンネルである路線でも「道路」に区分されるケースがあるため，「道路」の維持費が過大となっている可能性がある。

3.2 橋梁・トンネルと一般道路の維持管理費用の比較検討

本項では，公社管理の橋梁・トンネルの維持費用と都道府県管理の橋梁の維持費用を比較することによって，公社管理の橋梁・トンネルには多大な維持費用が生じていたことを示す。

表9-2は，都道府県管理の橋梁，公社管理の道路，同橋梁，そして同トンネルの各1km当たり維持費用の年平均について，記述統計量を示している。また，以下のようにケース別に平均値の差の検定を行い，その分析結果を表9-3に示す。

①ケースⅠ
都道府県管理の1km当たり年平均橋梁維持費と公社管理の1km当たり年平均橋梁維持費

②ケースⅡ
公社管理の1km当たり年平均道路維持費と公社管理の1km当たり年平均橋梁維持費

③ケースⅢ
公社管理の1km当たり年平均道路維持費と公社管理の1km当たり年平均トンネル維持費

検定の結果，ケースⅠおよびⅡにおいて，5％有意水準で統計的に有意であった。したがって，一般有料道路の橋梁の維持費用は，一般道路の橋梁の維持費用よりも平均で約2.3倍になることが明らかとなった。あわせて，一般有料道路の道路の維持を行うよりも，平均で約1.7倍の維持費用が必要となることが明らかとなった。

第9章
道路の維持管理の費用負担

表9-2　記述統計量（単位：千円）

	一般道路 （橋梁維持費）	一般有料道路 （道路）	一般有料道路 （橋梁）	一般有料道路 （トンネル）
平均	12,075.66	16,454.90	27,922.09	26,909.66
標準誤差	1,592.26	2,648.68	4,344.97	4,428.44
中央値	10,958.49	9,673.81	28,929.39	25,555.15
標準偏差	8,721.18	16,111.27	13,034.90	12,525.53
分散	76,059,051.99	259,572,869.47	169,908,629.76	156,888,888.44
最小	1,566.24	3,102.49	8,310.29	11,079.89
最大	35,938.68	71,849.36	48,345.33	51,703.38
標本数	30	37	9	8

表9-3　平均値の差の検定結果（単位：千円）

	ケースⅠ		ケースⅡ		ケースⅢ	
	一般道路 （橋梁）	一般有料道路 （橋梁）	一般有料道路 （道路）	一般有料道路 （橋梁）	一般有料道路 （道路）	一般有料道路 （トンネル）
平均	12,075.662	27,922.091	16,454.900	27,922.091	16,454.900	26,909.656
分散	76,059,051.991	169,908,629.763	259,572,869.468	169,908,629.763	259,572,869.468	156,888,888.444
観測数	30	9	37	9	37	8
t 値	−3.424***		−2.253**		−2.026	

注）*** は1%有意水準，** は5%有意水準で統計的に有意であることを表す。

図9-8　公社管理の橋梁・トンネルの維持費用（1km 当たり，年平均）

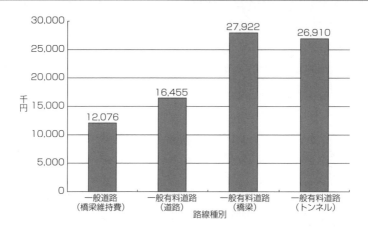

4　結論と今後の課題

　本章は，原則として個別採算制を採用している公社管理の一般有料道路に着目して，都道府県管理の橋梁等の維持費用を比較対象として，橋梁等の維持管理における有料道路制度の有効性について論じてきた。

　本章の分析結果として，一般有料道路の橋梁の維持を行うためには，一般道路事業で整備された橋梁を維持するよりも平均で約2.3倍，また一般有料道路の道路を維持するよりも，平均で約1.7倍の維持費用が必要になることが明らかとなった。このデータを踏まえて，利用者負担の経済学的な意義という観点から，一般有料道路の橋梁等の維持管理には有料道路制度が有効であることを指摘した。

　そして，平戸大橋の事例研究も踏まえて，排除性が高く，かつ料金徴収費用が多大ではない場合，効率的な資源配分の観点からみれば，有料道路制度の1つである維持管理有料道路制度の活用も有効であるとの結論を得た。

　ただし，維持管理有料道路制度を活用する際には注意すべき点も存在する。第1に，平戸大橋の事例でもみたように，維持管理有料道路制度の導入基準の設定についてである。有料道路の橋梁・トンネルを維持管理有料道路に移行することは，料金の低下という点で利用者の理解が得られやすい。しかし，過去に有料道路として建設され，償還期間を終えた橋梁・トンネルあるいは当初は一般道路として建設された橋梁・トンネルに対して維持管理有料道路制度をどのように適用するかについては検討する必要がある。

　また，どのくらいの長さの橋梁・トンネルを維持管理有料道路にするかという基準も必要になるであろう。くわえて，橋梁・トンネル以外，例えば高架といった構造物にも維持管理有料道路制度を適用すべきかどうかについても検討を加えていかなければならないであろう。これらは「公正」の観点からも考慮しなければならないが，「公正」の基準は判断する主体によって異なる可能性が高いため，当該地域のコンセンサスを形成することが困難であるかもしれない。

　第2に，維持管理有料道路制度を導入すれば，料金徴収費用は継続的に発生する。今後，ETCの普及がより進めば，長期的にみて料金徴収費用の減

第9章
道路の維持管理の費用負担

少が期待されるが，導入を検討する際に料金徴収費用を考慮することは重要である。場合によっては，収入以上に料金徴収費用がかかり，赤字がさらに拡大するケースも生じるかもしれない。そのような場合には，料金を値上げするか，一般道路に移管せざるを得ないであろう。

第3に，特に都市部の橋梁・トンネルでは，料金所が原因の渋滞が発生するケースも考慮しなければならないであろう。その場合，維持管理有料道路制度導入が社会的費用（時間損失）を発生させるため，維持管理費と社会的費用との比較によって料金を徴収すべきかについて判断しなければならないであろう。

一方，残された課題も存在する。本章の分析を行う際に，地方道路公社に対してインタビュー調査を行い，必要なデータを収集したが，回収率は全体の36.7%に留まった。今後より詳細な研究を行う際には，基礎的なデータが不可欠であり，回収率の向上が課題となる。

また，本章では主に有料道路の供給面に対して考察を加えたが，需要の価格弾力性など需要面について十分な検討がなされていないため，この点については第10章で改めて論じたい。

最後に，本章では公社管理の一般有料道路に着目して議論を進めてきたが，他の有料道路の維持や今後増加するであろう一般道路の橋梁の維持更新にも有料道路制度の活用が期待される。これらの検討も今後の課題である。

.

第10章

都市高速道路における需要の価格弾力性の計測[1]

1 はじめに

　有料道路事業における変更の1つとして料金水準の変更があるが，その評価を行う際に有用なものとして料金の変化が交通量に与える影響，つまり需要の価格弾力性（以降，料金弾性値と表記）の測定がある。

　そこで本章は，北九州高速道路において2010年に実施された社会実験[2]の結果をもとに，料金弾性値を計測し，計測結果に基づき料金変化の評価を行うことを主な目的とする。本章では，北九州高速社会実験前後（2008年4月から2010年12月まで）に入手できたETC-OD月次データ（全日交通量，平日交通量および休日交通量の3種類）をもとに，日平均交通量を使用して料金弾性値を計測する。

　本章の構成は以下のとおりである。2節では，北九州高速道路と北九州高速社会実験の概要について整理する。3節では，北九州高速社会実験前後の交通量変化および北九州高速道路の周辺の交通量変化を明らかにする。4節では，1区間ごとの料金弾性値の計測を行い，計測結果をもとに料金変化の評価を行う。

---

[1] 本章は，松永達生氏（福岡北九州高速道路公社企画課（当時））・野田幹雄氏（福岡北九州高速道路公社企画課（当時））との共同執筆であり，『北九州高速社会実験1（ワン）区間割引結果報告書』および後藤・福岡北九州高速道路公社（2012）の一部に加筆と修正を行ったものである。資料をご提供頂いた福岡北九州高速道路公社企画課にはこの場を借りて厚く御礼申し上げる。

[2] 北九州高速道路の社会実験では，1区間の通行料金の大幅な割引を行い，かつ期間ごとに料金を段階的に変化させた。北九州高速道路の社会実験について，以降「北九州高速社会実験」と呼ぶ。

2 北九州高速道路と社会実験の概要

2.1 北九州高速道路の概要

　本項では，北九州高速道路の概要を述べ，社会実験実施に至る背景について明らかにする。北九州高速道路は，延長49.5km の自動車専用道路であり，その総事業費は3,600億円である。通行料金は，料金認可（2008年10月24日許可）により，普通車500円および大型車1,000円の均一料金である[3]。

　それでは，北九州高速道路の交通量をみてみよう。図10-1 は，2000年度から社会実験実施直前である2009年度までの北九州高速道路の年間通行車両総台数（図中第１軸）と日平均の通行台数（図中第２軸）の推移を表したものである[4]。これをみると，北九州高速道路の年間通行車両台数および日平均通行台数が2000年度から一貫して減少していることがわかる。そして，その減少割合は，2000年度を基準とすれば，2009年度では約20％となっている[5]。このような北九州高速道路の交通量の一貫した減少が，北九州高速道路社会実験の実施が検討された一因となった。

図10-1　北九州高速道路の年間通行車両総台数と日平均通行台数の推移
　　　　（2000年度～2009年度）

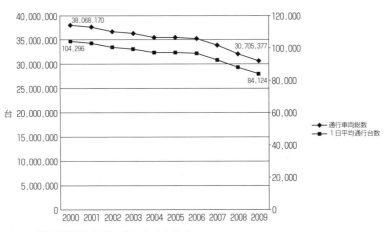

出所：北九州市総務企画局（2011）より作成。

2.2 北九州高速道路社会実験の概要

本項では，北九州高速道路社会実験の概要を述べる。北九州高速社会実験とは，ETC車限定で表10-1のような期間ごとの料金割引を，表10-2のような1区間において実施した社会実験である[6]。北九州高速社会実験実施の目的は大きく2つある[7]。第1に，北九州高速道路の利便性を利用者に体験してもらうことで今後の利用促進を図ることである。第2に，福岡北九州高速道路公社（以降，福北公社と表記）の採算性を悪化させない弾力的な料金体系・水準を検討するための基礎データの収集である。

表10-1 期間別料金割引の概要[8]

期間	普通車	大型車
2010年4月15日まで（通常料金）	500円	1,000円
2010年4月16日から4月30日まで	100円	200円
2010年5月1日から6月30日まで	200円	400円
2010年7月1日から8月30日まで	300円	600円
2010年9月1日以降（通常料金）	500円	1,000円

3) 北九州高速道路4号線は，1991年に旧日本道路公団より管理を引き継ぐまでは対距離制料金（150円から800円まで）を採用していた。
4) 北九州高速道路の現在までの最大日平均交通量は，1992年度に記録した11.4万台である。
5) 北九州高速道路の2000年度の年間通行車両総数が約380万台に対し，2009年度は約307万台まで減少した。
6) 1区間による社会実験実施の理由として，①実験実施により福北公社が減収とならないことおよび②以前採用されていた対距離料金制度の際に，1区間の最低料金が150円であり，1区間の利用交通量も多かったことなどがあげられる。
7) 北九州高速社会実験におけるその他の目的として，例えば北九州高速道路におけるETC利用率の向上という点もある。
8) 社会実験期間中でも，夜間早朝割引や日祝日割引などの既存のETC割引メニューは併用されていた。

表10-2　北九州高速社会実験で料金割引を行った1区間

	入口	最初の出口			
1号線	小倉東IC	篠崎南			
	長野	篠崎南			
	横代	篠崎南			
	若園	篠崎南			
	北方	篠崎南			
	篠崎南	北方			
	篠崎北	大手町			
	大手町	篠崎北			
	勝山	下到津	小倉駅北	日明	
	下到津	勝山	小倉駅北	日明	
2号線	小倉駅北	勝山	下到津	日明	
	日明	勝山	下到津	小倉駅北	
	戸畑	西港			
	若戸大橋	西港			
4号線	門司IC	大里			
	春日	大里			
	大里	門司IC	春日	富野	
	富野	大里			
	足立	大里	紫川		
	紫川	山路	足立		
	山路	大谷	紫川		
	黒崎	大谷	小嶺		
	小嶺	黒崎	馬場山	金剛	八幡IC
	馬場山	小嶺			
	金剛	小嶺			
	八幡IC	小嶺			
5号線	大谷	山路	黒崎		
	枝光	山路	黒崎		

出所：福岡北九州高速道路公社ホームページより抜粋。

3 北九州高速社会実験における交通量変化

3.1 北九州高速社会実験における北九州高速道路の交通量変化

　本項では，北九州高速社会実験期間中の交通量の変化に関する分析結果について，北九州高速道路の周辺動向とあわせて整理を行う。なお，本節の分析に使用する月次データは，ETC-OD データ（全日交通量，平日交通量および休日交通量の3種類）に基づく日平均交通量である。

　それでは，社会実験期間中における北九州高速道路の日平均交通量の変化をみてみよう。より具体的には，区間ごと[9]における①日平均交通量（全日）の対前年比伸び率，②日平均交通量（平日）の対前年比伸び率，および③日平均交通量（休日）の対前年比伸び率の推移を明らかにする。なお，北九州高速社会実験の効果を分析するに当たり，普通車と大型車という車種区分に従い，日平均交通量の変化に関するパイロット的な分析を試みた。しかしながら，社会実験期間中では大型車の日平均交通量に目立った変化が計測されなかったため，本章では以降大型車を分析対象から除いた。

　図10-2は，区間ごとの日平均交通量（全日）の対前年伸び率の推移を表している。計測結果をみると，他区間の交通量の伸び率と比較して，社会実験期間中では1区間の対前年比伸び率が高い。また，1区間の対前年比伸び率が，実験終了後（2010年9月以降）においても他区間の伸び率よりも高いことから，利便性の実感による1区間の継続的な利用があった可能性がある。

　図10-3は，区間ごとの日平均交通量（平日）の対前年伸び率の推移を表している。計測結果をみると，日平均交通量（全日）と同様に，他区間の交通量の伸び率と比較して，社会実験期間中では1区間の対前年比伸び率が高い。

　図10-4は，区間ごとの日平均交通量（休日）の対前年伸び率の推移を表している。計測結果をみると，日平均交通量（全日）と同様に，他区間の交通量の伸び率と比較して，社会実験期間中では1区間の対前年比伸び率が高い。

---

[9] 本章では，北九州高速道路を①1区間，②2区間，および③3区間以上に分けて，その変化の推移をみる。

図10-2　北九州高速道路の各区間別対前年比日平均交通量（全日）
　　　　（2010年4月から11月まで）

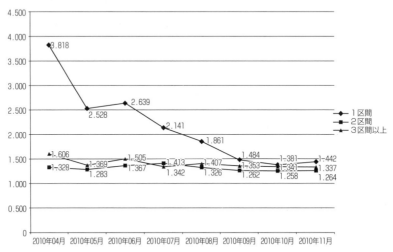

出所：福岡北九州高速道路公社資料より作成。

図10-3　北九州高速道路の各区間別対前年比日平均交通量（平日）
　　　　（2010年4月から11月まで）

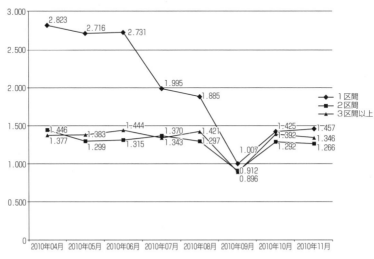

出所：福岡北九州高速道路公社資料より作成。

図10-4　北九州高速道路の各区間別対前年比日平均交通量（休日）
　　　　（2010年4月から11月まで）

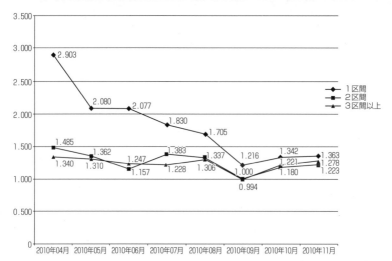

出所：福岡北九州高速道路公社資料より作成。

3.2　北九州高速社会実験における周辺交通量などの変化

　本項では，北九州市より公表されている月次データ（『とうけい北九州（月報）』）を使用して，北九州高速道路利用の代替関係にあると思われる周辺公共交通機関の動向および北九州高速道路利用に影響を及ぼすと思われる景気動向の社会実験期間中の変化について整理を行う。具体的には，第1に社会実験期間中の北九州市内の公共交通機関（JR，バス[10]およびモノレール[11]）の日平均乗客数および北九州高速道路と一部並行している九州自動車道の日平均交通量の対前年比伸び率を明らかにする。

　図10-5は，北九州市内交通（JR・モノレール・バス）の1日当たり乗降客数と九州自動車道の日平均交通量の対前年比伸び率をみている。これをみ

10）バスのデータは，北九州市交通局，西鉄バス北九州（株），西鉄観光バス（株）北九州支社および北都観光バス（株）のデータを利用した。
11）モノレールのデータは，北九州高速鉄道（株）のデータを利用した。

図10-5　北九州市内交通の1日当たり乗降客数と九州自動車道の日平均交通量の対前年比伸び率(2010年4月から11月まで)

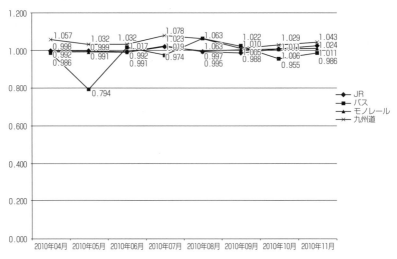

出所：北九州市総務企画局（2011）より作成。

ると，北九州高速道路利用と代替的と思われる他の交通機関の社会実験期間での動向は，対前年比伸び率でほぼ横ばいであったことがわかる。

　第2に，北九州高速道路利用に影響を及ぼすと思われる景気動向をみるために，図10-6では北九州市内の全産業における5人以上の事業所を対象とした平均賃金および有効求人倍率の対前年比伸び率をみる。北九州高速道路の利用（特に普通車での利用者）に影響を与えると思われる平均賃金の推移をみると，対前年比伸び率でみるとほぼ横ばいであることが明らかとなり，所得が前年度と同様の影響を利用者行動に与えている可能性が高いことがわかった。

　一方，北九州高速道路を取り巻く景気動向を代理的に表すと思われる有効求人倍率の推移をみると，対前年比で約30％の回復となっており，本社会実験期間中における北九州市の景気回復傾向を示しているとともに，前年度と比較して物流が活発となっていた可能性がある。

図10-6　平均賃金と有効求人倍率の対前年比伸び率(2010年4月から11月まで)

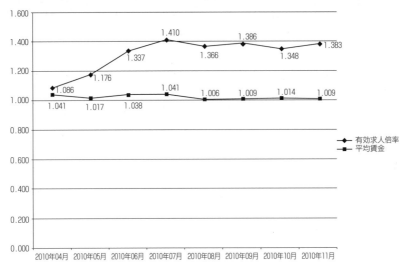

出所：北九州市総務企画局（2011）より作成。

3.3　小括

本節での分析結果より，以下の4点が明らかとなった。

①他区間と比較して，全体交通量，平日交通量および休日交通量でみても1区間の対前年度比伸び率が高かったこと

②料金が1区間100円のときは交通量の対前年度比伸び率が最も高く，料金が高くなるにしたがって交通量の対前年比伸び率が鈍化したこと

③北九州高速道路利用と代替的と思われる公共交通機関の乗降客数や高速道路の交通量は，本社会実験期間中では対前年比でほぼ横ばいであったこと

④景気動向を表す指標の対前年比伸び率の動きから，本社会実験期間中では，少なくとも利用頻度の増加というよりも，北九州高速道路利用に対する潜在需要が高まりつつあったと考えられること

以上の分析結果から，北九州高速道路の交通量を増加させるという視点において，本社会実験で実施された料金割引は有効な手法であった可能性が高いと結論づけられる[12]。しかし，交通量の変化のみを捉えて本社会実験の評価を行うことは，経営効率性も求められている公社の事業採算という視点からみれば不十分といえる。なぜなら，たとえ交通量が増加したとしても，公社が減収となってしまえば，公社の経営状況を悪化させることにつながるためである。

　したがって，料金の変化率に対してどの程度交通量が変化したのかということを把握し分析すれば，交通量変化の視点に加えて事業採算の視点を加味して本社会実験をより総合的に評価することができるだろう。そこで次節では，事業採算の視点から本社会実験を評価するために区間ごとの料金弾性値の計測を試みる。

4　経営採算性からみた社会実験の効果
　　―区間ごとの料金弾性値の計測―

　事業採算性の視点から料金割引の効果を分析する際に，料金弾性値を分析することは国内外で一般的に行われている手法である。例えば，本社会実験のデータに基づいて区間ごとの料金弾性値を計測した結果，1より大きい区間については，料金を値下げした方が事業採算性からみて望ましい（公社にとって増収）との判断ができる。反対に，計測結果が1より小さい区間は，料金を値下げした割合と比較して，交通量がそれほど増加しなかった（公社にとって減収）との判断ができるため，事業採算性の観点から料金の値下げは望ましくないことになる。

　本章では，データの入手状況と先行研究[13]の計測方法を参考にして，次のように料金弾性値の計測を実施した。第1に，北九州高速道路の各1区間

[12) ただし，本節では詳しく触れられていないが，北九州高速社会実験期間中にETC利用率が対前年度比で約1.3倍伸びた。このようなETC利用率の伸びを考慮すれば，ETC利用で把握できるようになった交通量（今までは現金などで北九州高速道路を利用していた利用者）の伸び率自体が少なくとも約1.3倍は予想される。

13) 例えば，近藤（1993），松田・塚田（2004a）および松田・塚田（2004b）などを参照。

ETC収受データ（普通車のみ・全47区間分）を用いて分析を行った。第2に，本社会実験中の北九州高速道路1区間利用者の平均的な料金弾性値を計測するために，4.2では対数線形モデルの推定を行った。

4.1 記述統計量と推定モデル

ETC-OD交通量データを中心に，表10-3に示しているデータを用いて，以下の対数線形モデルを推定する。なお，分析期間は周辺データの制約から，2010年3月から10月まで（計8ヵ月間）であり，各変数[14]の内容は表10-3のとおりである。また，各変数の記述統計量は表10-4から表10-6のとおりであり，推定には各変数を対数変換している。

$$\ln(traffic) = C + a\ln(price) + b\ln(gas) + c\ln(income) + d\ln(ETC) + \varepsilon$$

表10-3 変数の内容および出所一覧

変数名	内容	出所
traffic	1区間（計47か所）ごとの月別日平均交通量	福岡北九州道路公社資料
price	普通車の実質料金（2005年基準）/当該区間の路線長（＝1km当たりの実質料金）	福岡北九州道路公社資料
gas	北九州市内の月別1ℓ当たり実質ガソリン価格（2005年基準）	総務省統計局『小売物価統計調査』
consumer	消費者物価指数（2005年基準）	総務省統計局『小売物価統計調査』
length	当該区間の路線長	福岡北九州道路公社資料
income	北九州市内全産業の月別実質平均賃金（2005年基準）	福岡県調査統計課
ETC	月別ETC利用率	福岡北九州道路公社資料

---

14) この他，北九州市の人口，社会実験中の各割引料金に関する定数項ダミーおよび8月・9月を1とする回数券終了に関する定数項ダミーも考慮したが，いずれも統計的に有意ではなかった。

表10-4 記述統計量（全日）(n=360)

変数名	単位	平均	標準誤差	最小	最大
traffic	台（日平均交通量）	43.10	60.20	1	462
length	km	3.18	1.73	0.7	7
gas（名目値）	円	133.75	3.24	129	140
income（名目値）	円	294,211	55,681.45	254,454	403,063
ETC		0.639	0.036	0.581	0.686

表10-5 記述統計量（平日）(n=360)

変数名	単位	平均	標準誤差	最小	最大
traffic	台（日平均交通量）	46.69	65.42	2	509
length	km	3.18	1.73	0.7	7
gas（名目値）	円	133.75	3.24	129	140
income（名目値）	円	294,211	55,681.45	254,454	403,063
ETC		0.639	0.036	0.581	0.686

表10-6 記述統計量（休日）(n=360)

変数名	単位	平均	標準誤差	最小	最大
traffic	台（日平均交通量）	30.858	48.056	1	348
length	km	3.18	1.73	0.7	7
gas（名目値）	円	133.75	3.24	129	140
income（名目値）	円	294,211	55,681.45	254,454	403,063
ETC		0.639	0.036	0.581	0.686

4.2 推定結果

　表10-7から表10-9は推定結果について示している．なおモデル間の検定結果は，①モデル1とモデル2についてはF検定を，②モデル2とモデル3についてはHausman検定を，そして③モデル1とモデル3についてはBreusch and Pagan検定をそれぞれ行った．表10-7は，全体交通量を用い

第10章
都市高速道路における需要の価格弾力性の計測

た推定結果を示しており，採用されたモデル2の推定結果から以下の知見が得られた。

①北九州高速道路の1区間における全日の料金弾性値は，約0.59である。
②都市高速の料金弾性値は先行研究によれば0.1～0.4が一般的であるため，今回の分析では比較的高い結果が得られた。
③回数券の終了は1区間の全日交通量に影響を与えなかった。
④ETC利用率が1％増加すると，1区間交通量が平均で約0.87％増加することがわかった。

表10-7 推定結果（全日）

変数名	モデル1 修正済OLS	モデル2 固定効果	モデル3 変量効果
price	-1.093	-0.587	-0.601
	(-15.03) ***	(-16.70) ***	(-17.12) ***
gas	-8.825	-1.676	-1.884
	(-3.61) ***	(-2.24) **	(-2.50) **
income	0.153	0.048	0.051
	0.47	0.61	0.64
ETC	2.149	0.869	0.906
	2.28**	3.48***	3.60***
C	50.329	13.698	14.760
	4.42***	3.78***	4.05***
R^2	0.38		
F	128.28		
Hausman	152.49		
Breusch and Pagan	1021.7		

注1：*** は1％，** は5％の統計的有意をそれぞれ表している。
注2：各変数の下段の統計量は，モデル1とモデル2はt値を，モデル3はz値を表している。

次に表10-8は，平日交通量を用いた推定結果を示しており，採用されたモデル2の推定結果から以下の知見が得られた。

①北九州高速道路の1区間における平日の料金弾性値は，約0.57である。
②回数券の終了は1区間の平日交通量に影響を与えなかった。
③ガソリン価格と平均所得は統計的に有意ではなかった。
④ETC利用率が1％増加すると，1区間平日交通量が平均で約0.9％増加することがわかった。

表10-8 推定結果（平日）

変数名	モデル1 修正済OLS	モデル2 固定効果	モデル3 変量効果
price	-1.074	-0.5737	-0.591
	(-14.68) ***	(-15.24) ***	(-15.73) ***
gas	-7.696	-0.625	-0.865
	(-3.16) ***	(-0.78)	(-1.07)
income	0.136	0.032	0.051
	0.42	0.38	0.64
ETC	2.150	0.884	0.927
	2.29**	3.30***	3.43***
C	45.02	8.787	10.016
	3.97***	3.78***	2.57***
R^2	0.38		
F	109.25		
Hausman	41.88		
Breusch and Pagan	1000.36		

注1：*** は1％，** は5％の統計的有意をそれぞれ表している。
注2：各変数の下段の統計量は，モデル1とモデル2はt値を，モデル3はz値を表している。

第10章
都市高速道路における需要の価格弾力性の計測

　最後に表10-9は，休日交通量を用いた推定結果を示しており，採用されたモデル3の推定結果から以下の知見が得られた。

①北九州高速道路の1区間における休日の料金弾性値は，約0.66である。
②回数券の終了は1区間の休日交通量に影響がなかった。
③ガソリン価格およびETC利用率は統計的に有意ではなかった。また，平均所得は統計的に有意ではあったが，予想される符号ではなかった。

表10-9　推定結果（休日）

変数名	モデル1 修正済OLS	モデル2 固定効果	モデル3 変量効果
price	−1.081	−0.641	−0.663
	(−14.37) ***	(−12.73) ***	(−13.34) ***
gas	−7.823	−1.616	−1.923
	(−2.93) ***	(−1.51)	(−1.80)
income	−0.170	−0.261	−0.256
	(−0.48)	(−2.29) **	(−2.24) **
ETC	1.578	0.466	0.522
	1.48	1.30	1.45
C	48.723	16.919	18.511
	3.89***	3.26***	3.57***
R^2	0.34		
F	71.85		
Hausman	7.64		
Breusch and Pagan	959.29		

注1：*** は1％，** は5％の統計的有意をそれぞれ表している。
注2：各変数の下段の統計量は，モデル1とモデル2はt値を，モデル3はz値を表している。

5 結論と今後の課題

　本章は，北九州高速道路において2010年に実施された社会実験の結果をもとに，料金弾性値を計測し評価を行った。本章での分析の結果から，以下の2点が明らかとなった。

　第1に，対数線形モデルの推定結果から，北九州高速道路の1区間の料金弾力性は非弾力的であることがわかった。これは，1区間すべてにおいて現行（500円）よりも料金の割引を実施すれば，少なからず減収となる傾向がある。ただし，対数線形モデルの推定結果はあくまでも平均的な料金弾性値を計測したものであるので，1区間の個別の料金弾性値の結果をより詳細にみる必要がある。

　第2に，3節でも指摘したように，料金割引を行った1区間の交通量の対前年比伸び率を実験終了後もみていくと，実験終了後も他区間以上の対前年比伸び率を維持していることが明らかとなった。これは，本社会実験を実施したことにより北九州高速道路を利用し，その利便性を認識した利用者が，実験終了後も継続的に利用している可能性がある。

　今後の課題として，データを収集する上で適切な社会実験期間については本章では詳細に検討できていない。季節変動や景気動向など周辺環境の変化による影響を考慮するためには今回の社会実験期間では十分な期間とはいえない。したがって，今後も同様の社会実験を少なくとも1年程度にわたる期間で実施し，今回使用したデータと接続可能で，かつ継続的なデータを収集することが必要である。

第11章

道路事業における民間資金活用の検討[1]

1 はじめに

　国と地方公共団体の財政状況が依然厳しい状況であることを踏まえて,「地方公共団体の財政の健全化に関する法律（以降,財政健全化法と表記）」が2009年4月に全面施行された。財政健全化法施行後は,地方公共団体と関係のある多くの公社や第三セクターの財務状況も連結対象となり,地方公共団体は財政状況の改善がよりいっそう求められている。そして,国民のニーズに即した効率的な社会資本整備の手法についても,先行研究において数多くの指摘がなされてきた。

　一方,前述のように,戦後から現在に至るまで,日本では交通分野を含む社会資本が急速に整備されてきた。その結果として,特に高度成長期に整備された多くの交通社会資本を中心に,その更新時期を日本はいよいよ迎えつつある。

　このような背景を踏まえて,日本では2011年5月にPFI法[2]の改正案（以降,改正PFI法と表記）が可決された。改正PFI法の特徴の1つに,公共施設等運営権の導入があり,公共施設等運営権を担保としたファイナンスが行われる前提での制度整備も実施されている[3]。改正PFI法が施行される中で,交通社会資本整備に要する資金調達の枠組みに関する検討も今後よりいっそう重要になると思われる。

　そこで本章は,第1に,日本の道路事業へコンセッション方式を導入する際の課題について,特に支払メカニズムに着目して検討する。支払メカニズ

1）本章は,後藤（2012a）,後藤（2012b）,および後藤（2014b）の内容に若干の加筆と修正を行ったものである。また,本章はJSPS科研費23614030の研究成果の一部である。
2）正式名称は,「民間資金等の活用による公共施設等の整備等の促進に関する法律」である。
3）ただし,2014年時点では道路事業は対象外となっている。

ムを検討するために，異なる支払メカニズムを有しているイギリスとポルトガルのPPPによる道路事業（以降，PPP道路事業と表記）についてそれぞれ整理して比較を行う。

第2に，諸外国で導入されている資金調達手法の1つである事業目的別歳入債券（以降，レベニュー債と表記）に着目し，日本の交通社会資本整備への導入可能性について検討する。特に本章では，先行研究の整理と事例研究を行い，道路事業へのレベニュー債の導入可能性について論じる。

2　イギリスの道路事業におけるPPP手法の導入[4]

2.1　PFI事業の諸類型と評価基準

日本の道路事業へコンセッション方式を導入する際の課題を検討するために，本項ではまずPPP手法の1つであり，コンセッション方式を含むPFI事業の種類について整理する。一般的に，PFI事業は，投下した資金の回収方法によって，以下の3種類に分類される。

①独立採算型
②サービス購入型
③混合型（ジョイントベンチャー型[5]）

第1に，独立採算型とは，民間事業者がサービス利用者から対価を直接回収する方法である。第2に，サービス購入型とは，公的部門が民間事業者の提供するサービスの対価を購入する方法である。そして第3に，混合型とは上記2つの方式をあわせもつものである。

このようなPFI事業を道路事業に導入する際の評価基準として，Value for Moneyにくわえて，手塚（2014）によれば以下の5点がある。

4）本節の内容は，手塚（2014）の内容に負うところが多い。
5）手塚・安田（2005）では，ジョイントベンチャー型と表記している。

第11章 道路事業における民間資金活用の検討

①設定される価格が社会的限界費用と等しく設定されているかどうか
②事業に対する民間の参入可能性
③事業者による効率的な運営のインセンティブを付与しているかどうか
④完備契約を志向した適切な契約作成がなされているかどうか
⑤利用者による受容可能性

次項以降では，本項で述べたPFI事業の種類と上記5点の評価基準を踏まえて，イギリスのPPP道路事業およびポルトガルのPPP道路事業の事例から，日本の道路事業へコンセッション方式を導入する際の論点について述べる。

2.2 イギリスでのPPPによる道路事業[6]

イギリスのPPP道路事業は，DBFO（Design, Build, Finance and Operate）[7]によって行われることが多い。イギリスの道路は高速道路も含めて基本的には無料であるが，一部有料橋が存在している。ここで，有料道路事業について着目すると，Department for Transport（以降，DFTと表記）（2012）によれば，イギリスの有料道路事業は表11-1のように4種類ある。

表11-1　イギリスの有料道路の種類

種別	根拠法令	事業主体	箇所数	名称
有料道路事業 (Tolled Undertaking)	個別法または「1991年新道路および街路事業法」	政府（道路庁）	2	Severn River Crossings, M6 Toll Road
		地方公共団体	5	Humber Bridge, Itchen Bridge, Mersey Tunnels, Tamar Bridge, Tyne Tunnel
		民間	8	個別法に基づく公道上の民間有料道路
	非法定	民間	多数	私有地の民間有料道路
混雑課金の有料道路	「2000年交通法」	政府（道路庁）	1	Dartford River Crossing

出所：DFT（2012）および高速道路機構（2012）より作成。

---

6) 本項は，独立行政法人日本高速道路保有・債務返済機構（以降，高速道路機構と表記）（2012）の内容に負うところが多い。
7) イギリスの独立採算型BOT（Build, Operate and Transfer）方式をサービス購入型に変更した事業方式である。尾中・森地他（2011），p.I_310を参照。

このうち，有料道路事業の中で政府が事業主体となっている M6 Toll Road は，イギリスの高速道路で唯一の有料道路であり，独立採算型として Midland Expressway 社が運営を行っている。事業の特徴として，プライスキャップ規制を含む価格規制が課せられていないことがあげられる[8]。その理由は，M6 Toll Road がそもそも M6 という既存道路のバイパスとして建設されており，たとえ M6 Toll Road を利用しなくても M6 を利用して目的地に到達可能であるからである。

　価格規制がないため，民間事業者（Midland Expressway 社）は，利潤最大化を図るための弾力的な料金設定をすることに対するインセンティブをもつ。しかし，Office of Fair Trading（以降，OFT と表記）(2010) の調査によると，M6 Toll Road における需要の価格弾力性は非弾力的であり，M6 という代替道路を保証するだけでは価格規制を課さない理由にならないと指摘した。さらに，民間事業者が価格を設定する際に，社会的限界費用と等しく設定する保証はない。

　一方，価格規制の導入にもデメリットがある。価格規制の導入が民間事業者の弾力的な料金設定の障害となり，かつ事後的に規制を加えると，将来の市場参加者は PFI 道路事業に対する規制リスクを認識して，かえって資源配分上非効率になる可能性が生じる。そのため，OFT (2010) では，現行の道路事業に対する規制導入には慎重であるべきとも主張している。

　このような独立採算型の道路事業は，道路需要リスク[9]を完全に民間事業者へ移転している。そのため，独立採算型の道路事業の問題点として，片山 (2013) は，民間事業者の努力が必ずしも需要拡大という報酬決定要素に反映されない点を指摘した。

　上記の議論を踏まえて，日本の有料道路制度をみてみると，M6 Toll Road の事例のような，無料の代替道路の存在が建設時に必要な有料道路として一般有料道路がある。

---

8) 例えば，有料道路の1つである Severn Bridge crossing の料金は，イギリス国内の小売物価指数と連動した価格規制が採用されている。
9) 将来的な潜在需要の減退など，長期的にみた場合の需要面での一定のリスクをさす。片山 (2013)，p.13を参照。

第11章
道路事業における民間資金活用の検討

　上記事業主体のうち，後述するように，青森県道路公社では，管理している一般有料道路に対して条件付事業権賃貸契約導入の検討を過去に行った。また愛知県道路公社では，管理している一般有料道路に対するコンセッション方式導入の検討を行っている。

　このように，日本の道路事業へのコンセッション方式導入の現在までの検討事例としては，M6 Toll Road の事例のような，代替道路が存在する独立採算型の有料道路事業の事例のみである。つまり，他の日本の有料道路と比べて，一般有料道路に対するコンセッション方式導入の適用可能性が高いことを意味している。

　一方，イギリスのPFI道路事業では，独立採算型のほかに，サービス購入型の道路事業も数多く存在する。表11-2は，イングランドの幹線道路におけるサービス購入型の道路事業の事業者名，契約締結年月および各道路延長を表している。

表11-2　イングランドの幹線道路におけるサービス購入型道路事業

道路名	DBFO事業者名	契約締結	道路延長
A69	Road Link（A69）Ltd	1996年1月	84km
A19	Autolink Concessionaries（A19）Ltd	1996年10月	118km
M1-A1	Connect M1-A1 Ltd	1996年3月	約30km
A50	Connect A50 Ltd	1996年5月	57km
A1（M）	Road Management Services（Peterborough）Ltd	1996年2月	21km
M40	UK Highways M40 Ltd	1996年10月	122km
A419	Road Management Services（Gloucester）Ltd	1996年2月	52km
A30/A35	Connect A30/A35 Ltd	1996年7月	102km
A1DD	Road Management Services（Darrington）Ltd	2003年2月	53km
A249	Sheppey Route Limited c／o Carillion Highway Maintenance	2004年2月	17km
M25	Connect Plus	2009年5月	約400km

出所：高速道路機構（2012），p.56より作成。

このようなサービス購入型の道路事業において，政府による民間事業者への対価の支払い方法としては，一定額を民間事業者に支払う方法とサービス提供の成果に応じて支払額を変化させる方法の2つに分類できる。前者の方法は日本のPFI事業の多くで採用されており，後者の方法はイギリスのPFI事業で数多く採用されている。

イギリスのPFI道路事業で採用されているサービス購入型の支払い方法は，成果に基づくものであり，手塚（2014）によると以下の3種類に分類できる。

①シャドートール・ペイメント（Shadow Toll Payment）
②アベイラビリティ・ペイメント（Availability Payment）
③アクティブ・マネジメント・ペイメント（Active Management Payment）

第1に，シャドートール・ペイメントには，以下のような狭義と広義の2つの意味がある。イギリスのPFI道路事業では，当初導入されていた，交通量のみに基づく狭義のシャドートールが徐々に廃止されていった。

・道路の利用量のみに着目して，当該道路の交通量に応じて政府が民間事業者に対価を支払う仕組み（狭義のシャドートール・ペイメント）
・利用者が支払う通常の通行料金に対して，間接的に政府が民間事業者に対価を支払う仕組み（広義のシャドートール・ペイメント）

第2に，アベイラビリティ・ペイメントとは，特に道路の利用可能性にかかわる指標に応じて，政府が民間事業者に対価を支払う方法である。この支払い方法は，既存道路のレーンの拡張事業や維持補修のプロジェクトに適用されている[10]。

そして第3に，アクティブ・マネジメント・ペイメントとは，混雑や安全性などの質的基準に対する成果に応じて，政府が民間事業者に対価を支払う方法である。

---

10) 手塚（2014），p.60を参照。

政府が成果に基づく支払いを行うサービス購入型は，需要リスクを政府と民間事業者間で分担している点で，独立採算型と比較して民間事業者の参入を促す可能性がある。

このように，政府が成果目標に応じて対価を支払うサービス購入型のPFI道路事業では，成果指標と支払方法が適切に設計されるならば，民間事業者のインセンティブと混雑等の外部不経済を内部化するような価格づけを同時に行うことができる。くわえて，サービス購入型のPFI道路事業では，直接利用者から料金を徴収しないため，利用者による受容可能性が高いことも諸外国で導入されている一因と考えられる。

ただし，当該道路事業を取り巻く市場環境の変化が激しい場合には，成果指標と支払方法を適切に設計することが難しく，再交渉といった追加的な費用が発生して，かえって資源配分上非効率になる可能性がある。

そこで次節では，道路事業に広義のシャドートール・ペイメントを当初導入していたが，順次リアルトール型のサブコンセッション方式へ仕組みを変更したポルトガルの有料道路の事例を概観して，日本の道路事業への広義のシャドートール・ペイメントの導入可能性について検討する。

3　ポルトガルの道路事業における PFI 手法の導入[11]

本項では，ポルトガルの道路事業における PPP 手法の導入事例を整理する。とりわけ，道路事業へのコンセッション方式導入に関する事例を整理する。ポルトガルの道路事業での最初のコンセッション方式は，1972年に導入された。その運営会社は Brisa 社で，当時はポルトガル銀行が60％出資した100％民間資本の企業であった[12]。その後，1994年に Lusopnte 社がポルトガル国内で2番目のコンセッション契約[13]を結んだ。これら2つのコンセ

---

[11] 本節の内容は，高速道路機構（2008）の内容に負うところが多い。
[12] 1974年のカーネーション革命後に，ポルトガル政府による Brisa 社の株保有率は90％までになった。高速道路機構（2008），p.41参照。
[13] Vasco Da Gama 橋については建設と管理運営を，25 April 橋については管理運営を行うコンセッション契約を結んだ。

表11-3　ポルトガルのPPP道路事業

PPP事業	開始年	コンセッション期間（年間）	道路延長(km)	支払方式
Lusoponte	1995	30	17	Tolls
Norte	1999	36	175	Tolls
Oeste	1999	30	85	Tolls
Brisa	2000	35	1099	Tolls
Litoral Centro	2004	30	92	Tolls
SCUT da Beira Interior	1999	30	174	Availability
SCUT da Costa de Prata	2000	30	110	Availability
SCUT do Algarve	2000	30	127	Availiability
SCUT Interior Norte	2000	30	155	Availability
SCUT das Beiras Litoral-Alta	2001	30	173	Availability
SCUT Norte Litoral	2001	30	120	Availability
SCUT Grande Porto	2002	30	56	Availability
Grande Lisboa	2007	30	23	Availability
Douro Litoral	2007	27	129	Availiability
AE Transmontana	2008	30	29	Availability
Douro Interior	2008	30	186	Availability
Tunel do Marmão	2008	30	242	Availability
Baixo Alentejo	2009	30	345	Availability
Baixo Tejo	2009	30	70	Availability
Litoral Oeste	2009	30	273	Availability
Algarve Litoral	2009	30	109	Availability
Pinhal interior	2010	30	520	Availability
Total road sector	-	-	4309	-

注）表中の「Tolls」は利用者から料金を徴収する独立採算型の有料道路事業を，「Availability」はサービス購入型のアベイラビリティ・ペイメント方式を採用していることを意味している。
出所：Sarmento and Renneboog（2014），p.20より作成。

ッション方式は，独立採算型の有料道路事業である[14]。

　上記の導入事例以降，ポルトガルの道路事業へのコンセッション方式の主

---

14) 利用者に課すことのできる料金の上限が，入札時においてkm当たりの値として明確にされていた。また，料金改定の調整は消費者物価指数の変動をもとに行われた。

第11章
道路事業における民間資金活用の検討

な導入時期は，表11-3をみると①1999年から2001年と②2007年から2009年の２つの時期がある。

①の時期は，イギリスのDBFO事業を参考にしたSCUT（semcustos para o utilizador）と呼ばれるシャドートール方式が７つの高速道路事業に導入された時期である。このシャドートール方式は，道路利用者には料金を課さず，政府が当該道路交通量に応じて料金に相当する金額をコンセッショネアに支払う仕組みである。SCUT方式の道路総延長は930kmである。

そもそも，ポルトガル政府がコンセッション方式導入を検討した背景には，ポルトガルのユーロへの参加があった。1990年代後半になると，ポルトガル政府はユーロに参加できる財政基準を満たすために，税収入だけで新たな高速道路を大規模に整備することが困難となった。そこで，ポルトガル政府としては，事業化するための資金不足が原因で，再度道路事業へコンセッション方式を導入する必要性が生じて，結果としてSCUT方式を導入した。

しかし，シャドートール方式の問題点の１つとして，コンセッショネアへの支払額を毎年国の予算に計上する必要があるため，継続して多額の予算を計上しなければならないことがある。高速道路機構（2008）によると，SCUT方式導入後，ポルトガル政府が財政的に負担した費用が，SCUT方式導入以前の想定よりはるかに高くなり，反対にポルトガル政府の財政に悪影響を与えてしまった。

そこで，上記の経験を踏まえて，シャドートール方式であるSCUT方式から順次リアルトール（通行料金徴収）のコンセッション方式に仕組みを変更するとの発表を2006年にポルトガル政府が行った。

②の時期には，ポルトガル政府はリアルトールに基づくサブコンセッション方式を新たに導入した。これは，道路庁および財務省とコンセッショネア間で契約を行っていた従来のコンセッション方式とは異なり，政府所有の会社であり，コンセッション方式の道路事業を独占的に取り扱うEstradas de Portugal（以降，EP）社を新たに設立して，コンセッショネアを監督させる方式である。EP社を設立した理由は，政府予算の対象から外れて，商業的な収入を得やすくするためである。

サブコンセッション方式では，コンセッショネアは道路利用者より料金を

直接徴収するが，徴収した料金は政府へと納入される。そして，コンセッショネアには，納入された料金等を財源として，アベイラビリティ・ペイメント方式により対価が支払われる。

このように，料金を徴収する（リアルトール）ことで，シャドートール方式導入の際に経験した財政への悪影響を取り除いた。そのため，PPPの枠組みの中で官民間の適切なリスク負担を道路事業で実施するという点で，リアルトールに基づくサブコンセッション方式はSCUT方式から改善がなされたと考えられる。

2節でもみたように，日本では一般有料道路を管理している地方道路公社が積極的にコンセッション方式導入の検討を行っている。イギリスおよびポルトガルの事例を踏まえれば，料金を直接利用者から徴収している地方道路公社がコンセッション方式を監督して，かつアベイラビリティ・ペイメント方式により対価をコンセッショネアに支払うサブコンセッション方式の導入を検討することは有用である。

4 日本の地方債とレベニュー債の比較

4.1 日本の地方債制度の現状

第1章および第4章では，過去の地方債制度について整理を行ったため，本項では地方債の現行制度を整理する。日本の場合は，地方債の対象経費として地方財政法第5条但書に以下の5種類が記載されている[15]。さらに，以下の5種類以外にも他の法律による特例措置として地方債の対象とすることができる場合がある[16]。

---

15) 地方債制度研究会編（2010），p.2を参照。
16) 特例措置によって発行が認められている地方債を特例債と呼ぶ。特例債の具体的な種類については，例えば長沼（2011），pp.116-117を参照。

第11章
道路事業における民間資金活用の検討

①公営企業に要する経費
②出資金および貸付金
③地方債の借換えに要する経費
④災害応急事業費，災害復旧事業費および災害救助事業費
⑤公共施設，公用施設の建設事業費等[17]

起債許可制度[18]が存在した2005年度までは，日本の地方公共団体は裁量的に地方債を発行できなかった。ただし，起債許可制度のもとでは，いったん国から起債の許可を受ければ，地方公共団体はさまざまな計画策定の中でその使途を特定し，かつ国から融資のあっせんを受けることができた[19]。

地方分権一括法の施行に伴い，2006年度からは起債許可制度が廃止され，図11-1のような地方債協議制度へ移行した。地方財政法第5条に規定されている地方債協議制度のもとでは，地方公共団体は総務大臣または都道府県知事に起債の協議を行わなければならない。そして，協議の結果，同意[20]を得た場合は当該起債額が地方財政計画に算入され，公的部門が関与してい

図11-1 地方債協議制度の概要

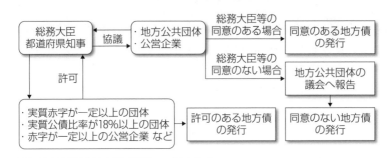

出所：地方債制度研究会編（2010），p.6より作成。

---

17) 普通税のいずれかが標準税率未満である地方公共団体は許可を要する。
18) 起債許可要件は，地方債許可方針として毎年度取りまとめられていた。
19) 土居（2007），p.5を参照。
20) なお，起債に対する同意の基準については，起債許可要件と同様に，毎年度「地方債同意等基準」として作成し，公表される。

る資金を借りられる。なお同意のある地方債の発行については，基本的な意思決定過程や仕組みは起債許可制度のときとほぼ同様と考えられる。

一方，地方債制度をみてみると，地方債の元利償還財源は，地方税法に基づく地方公共団体の課税権により担保がなされるだけではなく，不同意債でないかぎり，総務大臣が毎年度地方財政計画の歳出総額の見込額に公債費として算入することで，国による補てん対象としても担保がなされることがわかる。

図11-2は，日本の地方債の資金の流れについて表している。地方債を引受けている資金の種類として，大きく国内資金（国内市場で調達）と国外資金（海外市場で調達）[21]に分類できる。このうち，地方債を引き受ける割合の大きい国内資金についてみると，さらに①財政融資資金[22]，②地方公共団体金融機構資金[23]および③民間等資金の3種類に分類される。民間等資金は，さらに大きく市場公募資金と銀行等引受資金の2種類に分類される。市場公募資金は，全国的に幅広い投資家による購入を募る債券である全国型市場公募地方債[24]と地域住民の方を中心に購入を募る債券である住民参加型市場公募地方債の発行により調達される資金である。一方，銀行等引受資金とは，地方公共団体が金融機関や各種共済組合等から借り入れる資金である。

表11-4は，2012年度当初計画における資金別地方債発行計画額を表している。これをみると，公的部門が関与する資金が依然として地方債引き受け額の約43％を占めることがわかる。このように，日本の地方債制度では，地方債の発行やその引き受け先においても，依然として国の管理や関与が強く，市場機能を十分に活用していないと思われる。

---

21) 国外資金は，さらに①外貨建て資金と②円建て資金の2種類に分類される。
22) 財政融資資金とは，国が特定の政策目的の実現を図るために行う財政投融資計画において，財投債を原資として市場から調達をした資金をもとに，財政融資欄に地方公共団体に対する貸付けとして計上される資金である。
23) 地方公共団体金融機構資金とは，原則として政府保証のない公募債を発行し市場から調達する資金と地方公務員共済組合連合会の引き受けによる債券の発行により調達された資金をもとに，地方公共団体金融機構が地方公共団体に対して行う貸付けの資金である。
24) 2010年度では，49の地方公共団体が発行を予定していた。

図11-2 地方債の資金の流れ

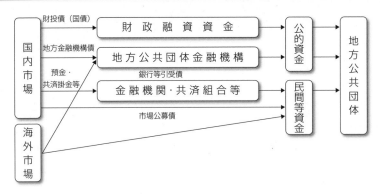

出所：地方債制度研究会編（2010），p.20より抜粋。

表11-4 資金別地方債発行計画額（単位：億円）

	財政融資資金	地方公共団体金融機構[25]資金	民間等資金	合計
2012年度	38,870	21,740	79,691	140,301

出所：財務省ホームページより筆者作成。

4.2 レベニュー債の概要と特徴

　本項では，日本の地方債制度の現状と諸外国の地方債制度の現状を踏まえて，本章で注目するレベニュー債の概要と特徴を整理する。

　レベニュー債とは，元利償還の財源が発行体の収入の一部に限定される地方債のことで，主にアメリカにおいて普及している債券である[26]。そしてレベニュー債は，投資した目的の事業の採算性に応じて，金利と価格が変動する債券である。アメリカでは，日本の地方債と同様に地方政府の歳入全体を償還財源とする一般財源保証債も発行されているが，その割合は約3割（2008年度）である。

　表11-5は，一般財源保証債とレベニュー債の主な違いについて，3項目の比較を行っている。一般財源保証債と比較した際のレベニュー債の利点に

---

25) 2008年10月1日に廃止された公営企業金融公庫の機能を継承した機構である。
26) 例えば，三宅（2009b）を参照。

表11-5 一般財源保証債とレベニュー債の主な違い

一般財源保証債	項目	レベニュー債
・発行体の歳入一般 ・税収・補助金収入手数料収入など	償還財源	・発行体の収入の一部に限定される ・調達資金が充当される事業からの収入とされる場合が多い ・特定の税収が充てられる場合もある
一般納税者	元利償還の負担者	おもに、事業から便益を受ける住民
発行体の一般会計上の負担となる	州政府等の一般会計との関係	一般会計から切り離される特別会計での管理
・州憲法・州法などで比較的厳しい手続きが求められる ・住民投票の実施、発行額や発行残高など財政指標に基づく発行制限の規定など	発行手続き	通常、さほど厳しい手続きを経る必要がない

出所：三宅（2009b），p.73より抜粋。

ついて、三宅（2009a）は、①財政運営の透明性や効率性を高めるインセンティブの存在[27]と②歳入一般からの償還原資の切り出しによる資金調達方法の多様化の2点をあげた。

第1の利点であるが、レベニュー債の元利償還の財源は、調達資金が充当される事業からの収入であり、たとえ事業収入だけでは債務返済が不履行になった場合でも、他の一般財源から不足の補てんを原則行わない。また、公的資金との組み合わせによるレベニュー債の発行の場合でも、吉野（2011）が指摘しているように、当初取り決めた公的資金の出資割合をプロジェクト開始後に安易に変更しない。なぜなら、開始後の変更はレベニュー債を購入した民間投資家にモラルハザードを発生させてしまうためである。

さらに、レベニュー債の発行に際しては、運営費用と事業収入との関係を明瞭にするために特別会計を設置することが多く、地方議会や住民だけでなく、民間投資家からも事業評価される。したがって、資金調達費用を抑えるべく、地方政府等には事業を効率的に行うインセンティブが生じる。このよ

---

27) 吉野・Robaschik（2004）でも同様の指摘がなされている。

うに，レベニュー債の発行を通じて，市場による規律づけが地方政府等に対して行われる。

レベニュー債の第1の利点と日本の現行の地方債制度を比較すると，日本の地方債制度は，地方債の発行やその引き受け先においても依然として国の管理や関与が強い。また，地方債の元利償還財源は主に一般会計で管理されており，事業の運営費用と事業収入との関係が明瞭ではない。さらに，起債を行った地方公共団体のみならず，第4章の交付税措置に代表されるいくつかの地方財政制度を通じて，国も地方債の元利保証の役割を担っている。

例えば地方債の種類の中には，住民参加型市場公募地方債や公営企業債[28]など，使途が特定された債券も存在するが，債務不履行となった場合には地方交付税を通じた明示的あるいは暗黙的な政府保証[29]がなされている。このような制度のもとでは，地方政府の起債行動にソフトな予算制約問題が発生し，地方債発行は資源配分上非効率になる[30]。

一方，第2の利点であるが，レベニュー債を発行する際には，地方公共団体の歳入から償還原資が切り出されることにより，過去の財政運営によって抱えている債務から切り離されて，事業の信用力と優先度に応じて市場からの資金調達を行うことができる。

日本の地方債制度では，地方公共団体の歳入を担保として地方債を起債しているが，過大な債務を抱えている地方公共団体も多く，今後も現在のように起債できるとは考えにくい。

また，日本では，前述したような地方交付税を通じた国の暗黙の保証により，地方公共団体間で本来は財政力に格差がありながら，その財政力格差が地方債の発行条件にこれまで反映されてこなかった。

これは，地方公共団体からみれば，発行する地方債の名義は自らでありながら，実際の地方債の元利償還に要する負担は当該地域住民に負わせなくて

---

[28] 公営企業債とは，地方公営企業の経営に必要な設備投資等の資本的支出を賄うために発行される債券である。長野幸司・日下部隆昭他（2005），p.24を参照。
[29] 土居（2007）によれば，国による暗黙の保証とは，国が直接的に地方債の債務保証をしているわけではないが，地方債の債務不履行が生じない状況に導いていることを指す。
[30] 土居（2006），pp.168-169を参照。

もよいとの認識で行動することが合理的となってしまう原因となるだろう[31]。ただし，国による暗黙の政府保証を維持するには，多額の地方交付税が必要となるが，国も厳しい財政状況にあり，やはり今後も暗黙の政府保証に裏づけされた起債ができるとは考えにくい[32]。

したがって，レベニュー債の仕組みを導入することで，地方公共団体の財政状況に左右されず，事業の信用力と優先度に応じて市場から資金調達を行うことが可能となるため，今後の地方公共団体における有力な資金調達手段となりえるだろう。

三宅（2009a）が指摘しているレベニュー債導入の2つの利点以外にも，従来の地方債が抱えるその他の問題点を克服する利点が存在する。

土居（2006）によれば，徴税権の及ぶ範囲が自らの行政区域とかかわりがある範囲にとどまる地方公共団体において，住民の移住が地方債の発行と償還に不可避的な影響を及ぼす可能性がある。

この不可避的な影響の1つが，地方債の食い逃げ効果である。これは，地方債を財源として行った地方公共財供給の便益を受けたはずの住民が，償還を予定している将来において地域を超えて移住すれば，場合によっては租税負担を負わずにすむ可能性を指す[33]。このような現在世代と将来世代の住民が一致していない場合には，将来世代の住民への負担の転嫁が行われる。

地方債の食い逃げ効果が生じているかについて分析するためには，地方債の中立命題[34]が成立するかどうかを分析することが有用である。日本の地方債の中立命題に関する実証分析を行った赤井（1996）によれば，1986年から1992年までのデータに基づくと，全地域の地方債残高を考慮するという完

---

31) 土居（2007），p.96を参照。
32) 市場公募債（満期10年）流通利回りが長期国債（満期10年）の利回りを上回る分（対国債スプレッド）が近年上昇していることから，制度としての暗黙の政府保証の持続可能性について市場が疑い始めているとの指摘がある。佐藤（2009），p.312を参照。
33) 土居（2006），p.163を参照。
34) 地方債の中立命題とは，現在の政府支出の財源を地方債で調達して将来の償還時に住んでいる住民に増税しても，現在の住民に課税して調達しても，現在の住民は消費行動を変えないことから，地方政府の財源の調達手段は現在の住民の消費行動に影響を与えないという命題である。土居（2006），p.163を参照。

全中立命題仮説が棄却された[35]。したがって，赤井（1996）の分析結果によれば，日本の地方債制度のもとでは，地方債の食い逃げ効果が過去生じていた可能性がある。

このような地方債の食い逃げ効果を防ぐ１つの手法として，レベニュー債の導入がある。なぜなら，表11-5で示したように，レベニュー債の元利償還は受益者負担原則に基づき，主に事業から便益を受ける住民がその負担者となる。したがって，住民の移住に伴う将来世代への負担の転嫁については，現行の地方債制度と比較すれば問題にならないと考えられる。

ここまでは，主に一般財源保証債と比較した際のレベニュー債の利点をもとに，レベニュー債導入がどのような点で望ましいかについて論じてきた。ただし，土居（2007）でも指摘があるように，日本の現行の地方財政制度のもとで，地方自治体の徴税権と切り離した形で，償還財源を事業収入だけに限定したレベニュー債を導入するには十分注意が必要である。

特に，事業収入だけで債務を十分返済できる事業は，レベニュー債導入には適した事業ではあるが，そもそも政府の関与を弱めて，民間事業者に運営を実施させるべき事業ともいえる。反対に，事業収入だけで債務を返済できない事業にレベニュー債を導入すれば，債券のデフォルトが発生するか，現行制度ではデフォルトを防ぐために国や地方公共団体が一般財源を投入する必要が生じる。

このように，日本でレベニュー債導入を検討する際には，アメリカでの発行手続きルールの厳格さのように，少なくとも過大な起債とならないように起債ルールの厳格化と国や地方公共団体の関与のあり方を検討する必要があるだろう。

---

35) 地方債の中立命題が成立しない場合は，地方債発行が効率的になる保証がなく，かつ地方債の食い逃げ効果が生じていた可能性がある。

5 日本の道路事業におけるレベニュー債の導入可能性

5.1 BATA におけるレベニュー債導入事例[36]

　本項では，日本の道路事業におけるレベニュー債の導入可能性について検討するために，アメリカのサンフランシスコにある BATA（湾岸地域有料交通管理局）が管理する7橋梁[37]の改良計画に対するレベニュー債の導入事例について概観する。

　2001年に BATA が管理する7橋梁の改良計画の1つである RM1の財源として，BATA は通行料金を償還財源とした起債総額10億ドルのレベニュー債を発行した。2001年5月に4億ドル分，2003年2月に3億ドル分，そして2004年10月に3億ドル分というように，3回に分けて起債は実施された。また，レベニュー債の発行計画を含む7橋梁の改良計画については，最終的に住民投票により承認された。

　長野・日下部他（2005）によれば，BATA のレベニュー債発行事例の特徴について，各主体に働く規律づけと各主体からみた魅力という2つの観点から，表11-6および図11-3のように整理できる。

　BATA のレベニュー債起債については，発行体，投資家，州政府，利用者およびモノライン保証会社が主要な主体であるが，各主体に対してレベニュー債を発行することに対する魅力が付与されている一方，各主体が事業に関して規律を働かせる仕組みとなっている。

　いいかえれば，BATA の事例の場合には，各主体に対して，BATA の事業によるリターンとそれに応じたリスクが適切に分担されており，各主体ともに自発的にプロジェクトを成功させようとするインセンティブが生じやすい構造となっている。

　このように，日本の道路事業にレベニュー債導入を検討する際には，規律ある資金調達[38]に実効性をもたせるために，利用者のみならず民間投資家

---

36) 本項の内容は，長野・日下部他（2005）および BATA ホームページに基づく。
37) アンテオケ橋，マルチネス橋，カーキネス橋，ダンバートン橋，リッチモンド橋，サンマテオ橋およびオークランド・ベイブリッジの7橋梁のことで，カリフォルニア州が所有している。

第11章 道路事業における民間資金活用の検討

による自発的なモニタリングが実施されるような仕組みが必要であることがBATAの事例より示唆される。

表11-6　BATAのレベニュー債の特徴

	規律付け	魅力付け
発行体（事業主体）	住民投票による合意形成を通じた説明責任の存在（事業の効率化および資金調達コストの引き下げへの圧力の存在	住民の合意形成による事業目的の正当性の信認
投資家	債券購入者としてのモニタリング	免税による投資メリット
州政府	事業の公益性のチェックを行い、免税を認定	税金をほとんど使わずに事業を実施できる
利用者	事業の受益者、事業費の負担者および事業の合意者が一致されているため、事業モニタリングに対するインセンティブがある	適切な利用料負担で必要な公共サービスを受けることができる
モノライン	債券デフォルト時の元利代行支払いリスクを負うため、事業モニタリングへのインセンティブがある	保証料

出所：長野・日下部他（2005），p.68より抜粋。

図11-3　BATAのレベニュー債導入事例における各主体の関係

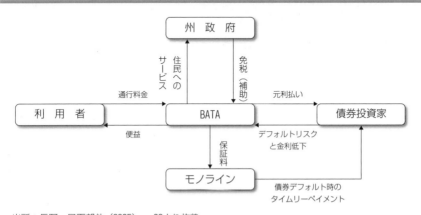

出所：長野・日下部他（2005），p.98より抜粋。

38）根本（2011），pp.222-230を参照。

239

5.2 みちのくゆう料道路におけるレベニュー債導入検討事例[39]

5.1では，BATAのレベニュー債導入事例を整理したが，日本では2014年現在で道路事業にレベニュー債を導入した事例は存在しない。ただし，青森県では，青森県道路公社が管理しているみちのく有料道路に対するレベニュー債導入の検討が2010年度から先駆的に行われた。そこで，本項ではみちのく有料道路に対するレベニュー債導入の検討内容を整理することで，今後の道路事業に対するレベニュー債導入への示唆を得たい。

青森県道路公社は，①みちのく有料道路[40]，②青森空港有料道路[41]，および③第二みちのく有料道路[42]を管理している公社である。

表11-7は，青森県道路公社管理の3有料道路の2010年末における債務状況を表している。これをみると，2010年末時点で青森県道路公社が抱えていた3有料道路の合計債務が約239億円であったことがわかる。そして，2010年度末時点で3有料道路の期末残債務は，収入が予想を下回ってしまったため，計画と実績に乖離が生じていた。

一方，青森県の道路関係予算は，地方交付税の削減などの影響で年々減少し，2009年度当初予算は，対2004年度比10％（対1999年度比約50％）減の379億円となっていた。くわえて，道路関係予算の内訳をみてみると，維持補修関係の割合が急増し，2009年度当初予算では全体の約36％（約136億円）

表11-7 青森県道路公社管理の有料道路の2010年末債務状況（単位：億円）

路線名	市中銀行借入	青森県貸付金	政府・機構借入	青森県出資金	計
みちのく有料道路	79.7	16.4	0	47.8	143.9
青森空港有料道路	26.4	0	0	15.3	41.7
第二みちのく有料道路	28.4	1.9	3.3	19.3	52.9

出所：青森県有料道路経営改革会議（2010），pp.4-8より作成。

---

39) 本項の内容は，青森県有料道路経営改革会議（2010）に基づく。
40) 供用開始は1980年11月13日であり，料金徴収期間は事業当初2010年11月30日までであった。しかし，2010年時点で19年間の期間延長が認められて，2029年11月12日まで料金徴収が可能となった。
41) 供用開始は，1987年9月21日であり，料金徴収期間は2017年7月18日までである。
42) 供用開始は，1994年12月18日であり，料金徴収期間は2024年3月29日までである。

第11章
道路事業における民間資金活用の検討

に達していたが，建設関係予算は全体の約34％（約129億円）まで減少していた。

みちのく有料道路は，2010年時点で供用後30年を経過しようとしていた路線であり，施設の老朽化が進んでいた。ただし，前述したように，青森県道路公社と青森県ともに財政状況が厳しく，更新費用に頭を悩ませていた。

そこで，債務を圧縮するなど青森県道路公社の経営改革の検討を行う際に，徴収期間の延長とあわせて，レベニュー債の発行による借換えという枠組みを青森県有料道路経営改革推進会議（以降，改革会議と表記）が提言した。なお，改革会議の基本方針は以下の3点であった。

方針1：有料道路の債務の解消や圧縮による県財政の健全化と道路をはじめとした行政サービスの維持向上
方針2：民間活力の導入など，管理の効率化による経営の健全性の向上
方針3：利便性・安全性の向上や料金の弾力化など利用者サービスの向上

図11-4は，上記基本方針を踏まえて，改革会議が検討を行った経営改革のためのオプション（以降，Opと表記）の一覧である。改革会議が検討を行った経営改革のためのOpは計7つにおよび，国内事例のあるOp（Op1～Op4）と民間事業者からの提案（Op5～Op7）に分類できる[43]。このうち，国内事例のあるOp（Op1～Op4）と民間事業者からの提案（Op5～Op7）を検討した結果，みちのく有料道路の経営改革方針としてOp6の採用を改革会議では提言した。

Op6は，10年以上の料金徴収期間の延長を行った上で，レベニュー債の発行による資金調達を行い，残債務の返済などにあてるというOpである。ただし，道路法第4条では，道路の公共利用に必要な範囲で私権の行使を制限しており，所有権移転や抵当権設定・移転は認められているが，その権利者に対しても同様にその行使を制限している。Op6を採用するにあたり，上記した道路法第4条の私権制限との適法性の整理が必要となる。

---

[43] Opごとの検討結果については，例えば青森県有料道路経営改革会議（2010）を参照。

図11-4 改革会議が検討を行った改革のためのオプション（Op）

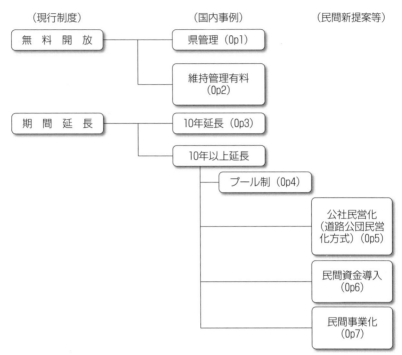

出所：青森県有料道路経営改革推進会議（2010），p.15より抜粋。

　道路法第4条の私権制限との適法性の整理を踏まえた，現行制度内で実施可能であると判断をされた民間資金導入の枠組みと手順について図11-5に示す。

　第1に，道路公社は，倒産隔離[44]をするために一般社団法人の形式でSPC[45]を設立する。SPCの節税効果（投資割合に応じた損益を取り込める）を確保するため，道路公社は匿名組合[46]出資を実施する。

---

44) 倒産隔離とは，証券化による資金調達の際に，資産の原保有者の倒産（例えば，証券発行会社の倒産など）などから，譲渡された資産や証券化スキームが影響を受けないようにすることを指す。
45) SPCとは，特定目的会社（Special Purpose Company）のことを指し，特定の資産を裏づけとした有価証券を発行するためだけに設立された法人である。
46) 匿名組合とは，当事者の一方が相手方の営業のために出資を行い，その営業により生じる利益を配分すべきことを約する契約である。

第11章
道路事業における民間資金活用の検討

　次に，道路公社は，貸借契約によりリースバックすることを条件として，SPCとの間で道路用地を対象とした地上権設定契約を締結する。また，同日付で道路公社とSPCとの間で，道路用地を対象とした賃借契約を締結し，引き続き有料道路事業を経営し，収入変動リスクは投資家がとる形で，利用料金に連動した賃借料をSPCに支払う。

　最後に，SPCは地上権を担保に賃借料から元本返済と利払いを行う社債を発行し，社債発行代金を受け取り，権利金として道路公社に一括で支払う。そして，道路公社は権利金を受け取り，既存の市中銀行借り入れを返済するという枠組みである。

　図11-5で示した枠組みと手順は，青森県による債務保証がなく，県財政にも影響を与えないように市場から資金調達を行う手法である。そして，これまでは県と公社が追っていた将来交通量の高い変動リスクについて，資本市場に多くを負わせることができる枠組みとして大変興味深い。

　しかし，BATAの事例でも指摘したように，BATAの事例では各主体に対してレベニュー債を発行することに対する魅力が付与されている一方，各主体から事業に関して規律が働く仕組みになっていた。青森県の事例では，利用者のみならず民間投資家による自発的なモニタリングが実施されるような仕組みが取り入れられている一方，BATAの事例のようなレベニュー債を発行することに対する魅力が十分付与されていないと思われる。青森県の事例においても，事業によるリターンとそれに応じたリスクが適切に分担さ

図11-5　Op6における民間資金導入の枠組み

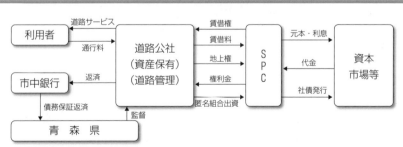

出所：青森県有料道路経営改革推進会議（2010），p.34より抜粋。

243

れる仕組みが待たれる。そして，上記のようなレベニュー債やコンセッション方式など民間資金を導入する仕組みを構築するには，現行の道路法の改正も急務であると考えられる。

6 結論と今後の課題

　本章は，日本の道路事業へコンセッション方式を導入する際の課題について，特に支払メカニズムに着目して検討した。そして，支払メカニズムを検討する際に，異なる支払メカニズムを有しているイギリスとポルトガルのPPP道路事業の事例についてそれぞれ整理した。また，諸外国で導入されている資金調達手法の1つであるレベニュー債に着目し，日本の道路事業への導入可能性について検討してきた。

　本章での分析結果は，以下のとおりである。第1に，イギリスのM6 Toll Roadの事例から，日本においては，無料の代替道路の存在が建設時に必要な一般有料道路へのコンセッション方式の適用可能性が高いことが明らかとなった。あわせて，独立採算型の道路事業の問題点の1つとして，民間事業者の努力が必ずしも需要拡大という報酬決定要素に反映されない点があり，かつ需要リスクをすべて民間に負担させることがかえって資源配分上非効率になる可能性を指摘した。そのため，アベイラビリティ・ペイメントなどを含む広義のシャドートール方式の導入は，官民間の適切な需要リスクの分担の視点からみれば有用である可能性を本章で指摘した。

　ただし，第2に，ポルトガルの事例から，シャドートール方式は，コンセッショネアへの支払額を毎年国の予算に計上する必要があるため，継続して多額の予算を計上しなければならず，くわえて導入以前の想定よりはるかに財政負担が高くなる可能性があることも明らかとなった。

　このため，諸外国の事例を踏まえれば，コンセッション方式を導入する際には，少なくとも通行料金収入を財源とするコンセッション方式が財政的に望ましく，日本においても民間資金を活用した社会資本整備の促進には有料道路制度の存続が重要であることを明らかにした。

　第3に，日本の地方債と同様に地方公共団体の歳入一般を担保にする一般

第11章
道路事業における民間資金活用の検討

財源保証債と比較した際のレベニュー債の利点について整理を行った。その結果，レベニュー債導入の利点として，①財政運営の透明性や効率性を高めるインセンティブの存在，②歳入一般からの償還原資の切り出しによる資金調達方法の多様化，および③地方債の食い逃げ効果を防ぐといった3点の利点が明らかとなった。このように，現行の地方債制度が抱えている課題を克服する上で，レベニュー債導入が有効である可能性があることが明らかとなった。

そこで，第4に，BATAにおけるレベニュー債の導入事例について分析した。その結果，BATAの事例の場合には，各主体に対して，BATAの事業によるリターンとそれに応じたリスクが適切に分担されており，各主体ともに自発的にプロジェクトを成功させようとするインセンティブが生じやすい構造となっていることが明らかとなった。あわせて，日本の道路事業にレベニュー債導入を検討する際には，規律ある資金調達に実効性をもたせるために，利用者のみならず民間投資家による自発的なモニタリングが実施されるような仕組みが必要であることがBATAの事例より示唆された。

そして最後に，青森県道路公社が管理しているみちのく有料道路に対するレベニュー債導入の先駆的な検討内容を整理した。その結果，今後日本の道路事業においてレベニュー債やコンセッション方式など民間資金を導入する仕組みを構築するには，現行の道路法の改正など，レベニュー債導入に伴う環境整備が急務であることが明らかとなった。

現在の地方財政状況を考えれば，更新時代をむかえる日本の道路事業においても民間資金の取り込みは不可欠である。本章で検討したコンセッション方式とレベニュー債も，道路事業への民間資金導入を検討する際の有効な仕組みとして，今後も継続的に分析されるべきであろう。ただし，コンセッション方式とレベニュー債の本来の利点を実現するためには，日本の場合では特に周辺の環境整備が急務である。

コンセッション方式とレベニュー債の本来の利点が発揮されるために必要な周辺の環境整備はどのように今後実施していくべきなのかなど，本章では十分な検討ができなかった点については今後の課題としたい。より具体的には，①情報開示制度の充実，②アメリカのような破産法（連邦破産法第9章）

を日本でも確立すべきかどうか，③免税制度の導入，および④モノラインなど専門性をもった人材の育成方法などがあげられる。あわせて，コンセッション方式導入の際の価格規制の妥当性を検討すること，また仮に価格規制が必要な場合はその価格水準に関する分析を行うことがあげられる。そして，成果指標と支払方法の適切な設計に関する分析についても今後継続した分析が必要である。

結章

本書で得られた知見と今後の課題

1 本書の要約

　本書は，「道路政策の経済分析」と題して，日本の道路政策における費用負担のあり方と市場メカニズムの活用を中心に，さまざまな問題点について論じた。

　本書の目的は，道路政策における政府の介入の範囲や介入手法の妥当性を検討することで，道路政策における望ましい費用負担のあり方について，基礎的かつ体系的枠組みを提供することにあった。

　上記目的に沿って，本書では，以下の点を第1部と第2部において明らかにした。第1部では，道路という財の供給のあり方，すなわち道路事業における補助制度と費用負担に関する分析を中心に検討を行い，以下の点を明らかにした。

　第1に，第2章でも指摘したように，道路事業が地域間内部補助システムによって支えられていたという点である。このような地域間内部補助システムは，高度成長期のような経済成長が見込まれること，かつ全国的な基幹ネットワークの整備水準が不十分な時代には有効な費用負担の仕組みであったと考えられる。しかし，骨格的な道路ネットワークが概成したといわれる現在，地域間内部補助システムに頼った道路事業を今後も行えば，需要に即応した投資を行うことができず，浪費的な投資の可能性が高くなるだろう。

　第2に，自動車関係諸税の配分が，政治的要因に多大な影響を受けていたという点である。第3章でも述べたように，現在でも自動車関係諸税の地域間配分に対して政治的要因が多大な影響を与えている可能性が高い。政府が全知全能の存在であれば問題はないが，序章でも指摘したように，道路政策においても政府の失敗が発生する可能性は多分にある。このような政府の失

敗を道路政策の際にできるかぎり小さくするためには，自動車関係諸税が本来持っている機能である受益と負担の一致を図っていく必要があり，政治的要因が関与する割合を減じさせ，需要に応じた投資が行われる費用負担の仕組みが必要である。

　第3に，国と地方の明確な役割分担が道路政策の際にも必要であるという点である。いいかえれば，道路政策における政府間補助のあり方を論じる必要性があるということになる。序章でも述べたように，道路政策における中央政府（国）の役割は，公平性の担保と便益のスピルオーバーに対処するなど資源配分の効率性を達成することであり，地方政府（地方公共団体）の役割は，あくまで資源配分の効率性を中心に考えるべきである。

　しかしながら，現実の補助制度は，効率を阻害する多くの問題点を内包している。この点について，第3章では，政府間補助金の1つである国庫支出金が地方公共団体の道路事業支出に影響を与えていたことを明らかにした。また第4章では，道路事業での地方債の元利償還に対して，後年度地方交付税交付金で手当てをする補助制度の問題点を整理した。さらに，第5章では，道路政策における公平性の担保という本来国が行うべき施策を地方公共団体への補助という手法で行った場合，地方公共団体の行動に歪みを及ぼす可能性に十分注意して制度設計を行わなければ，事前に予想していた成果を得られないことを指摘した。一方，一般有料道路を取り上げた第6章でも，補助制度が要因となり，事業採算性の観点に合致しない道路が建設されてきたことを明らかにした。

　このように，現在までの道路政策における国と地方の役割分担は必ずしも明確ではなく，むしろ歪みが生じていたと思われる。したがって，効率的な資源配分の達成および公平性の担保という観点からみれば，前述した国と地方間の役割分担を是正する必要がある。

　そして第4に，既存の道路に対する基本的な考え方として，道路空間の最適配分が目標とされるべきであるという点である。このような視点にたてば，道路空間を占有している路上駐車車両に対して，その価値に見合った費用を負担させるべきである。その意味で，第7章で論じた路上駐車の議論は，通過交通のみに焦点を当ててきた従来の混雑料金の議論の補完をなすものとし

結章
本書で得られた知見と今後の課題

て有用であると考える。路上駐車に対しては，道徳的な視点のみに立脚した議論ではなく，あくまで社会的費用の費用負担問題の枠組みで議論すべきである。

以上の議論から，第1部の結論として，以下の点を得た。まず，道路事業を行う際に，国は一括補助金を用いて公平性を担保し，便益のスピルオーバーに対処するという意味での資源配分の効率性を達成するためには，特定補助金で地方公共団体に対して補助を行うべきである。

次に，それぞれの財源は，自動車関係諸税がもつ本来の機能を生かすべきである。便益のスピルオーバーに対処するためには，例えばアメリカのように，国が一定分地方から徴収する自動車関係諸税の配分で調整を行うべきであり，また，公平性を担保するためには，一般財源を使用すべきである。

他方，地方公共団体は，上記国の施策以外の部分について，資源配分の効率性を達成することのみを目標に施策を行うべきである。また，その財源は，受益と負担の一致を図るために，地域間内部補助システムによらず，自動車関係諸税がもつ本来の機能を生かして，かつ社会的費用を考慮した上で，原則自地域で徴収した自動車関係諸税を使用すべきである。

続いて，第2部では，現行の道路政策ではいまだ十分に実施されていない視点・取り組みからみた道路政策の今後の方向性について検討し，以下の点を明らかにした。

第1に，道路を継続的に有効活用するためには，適切な維持管理が必要であり，日本の場合も維持管理に対する費用負担の仕組みが求められている点である。本書では，第8章において一般道路事業と有料道路事業を一体的に政策立案すべきであること，そして第9章において維持管理有料道路制度を取り上げ，その有効性について論じた。道路の適切な維持管理を行うためには，有料道路制度のような受益と負担を意識した費用負担の枠組みの活用が不可欠である。

ただし，第3章でもふれたように，従来の道路政策では，補助率1つを取り上げても，地方公共団体に道路建設のインセンティブを与える可能性の高い制度となっていた。したがって，道路の維持管理を検討する場合でも，道路の価値に応じて弾力的に道路利用者に維持管理の費用負担を求めることが

重要である。

　そこで，第2に，道路事業の費用負担を検討する際には，弾力的な費用負担の仕組みが求められる点である。第10章では，社会実験の結果をもとに有料道路料金の弾力的な運用の可能性について論じた。

　そして，最後に，道路事業における財政規律や効率性を高める方法として，民間資金の導入，いいかえれば市場メカニズムの積極的な導入が今後より検討されるべきという点である。第11章ではコンセッション方式とレベニュー債に着目し，日本の道路事業への民間資金導入の可能性について検討した。

　以上の議論から，第2部の結論として，道路政策を考察する際にも，受益と負担の一致が図られる費用負担の仕組みが望ましいこと，そして市場メカニズムの活用について今後の道路政策においても十分検討すべきであることを述べた。

　このように，これまでの日本の道路政策の仕組みは，効率的な資源配分の観点からみても公平性の担保という観点からみても，受益と負担の適正なバランスを欠いており，非効率かつ不公平なものとなっていた可能性がある。したがって，今後の日本の道路政策においては，資源配分の効率性と公平性の担保を達成するために，市場メカニズムの積極的な活用を検討すると同時に，市場メカニズムで対応できない問題についてのみ政府が適切な政策を実施することが望ましい。

2　今後の課題

　道路政策の仕組みはとても複雑であり，かつ議論すべき課題も多く，そのすべてを本書で取り上げて論じきることができなかった。そこで，以降では，本書を通じて明らかとなった今後の課題について提示しておきたい。

　第1に，データが完備でなかった部分があり，より精緻な分析を行うことができなかった点がある。本書では，公表されているデータに加えて，インタビュー調査を行ってデータ収集に努めたが，不十分な点があることは否めない。今後継続的にデータを収集することにより，この課題を克服していきたい。

結章
本書で得られた知見と今後の課題

　第2に，経済理論をもとにしたモデルの精緻化があげられる。本書で取り上げたテーマは定量的な既存研究が少なく，本書においてもアドホックなモデル設定を行った部分がある。今後の研究では，本書での知見を活用しながら，より体系的なモデルの構築を心がけたい。

　第3に，本書では道路の供給サイドの分析に終始してしまい，道路の需要サイドの分析については不十分な点があげられる。今後の研究では，本書での知見をもとにしながら，道路の需要サイドの分析についても試み，研究のいっそうの深度を図りたい。

参考文献一覧

赤井伸郎（1996）「地方債の中立命題：住民の合理性の検証」『フィナンシャル・レビュー』第40号，pp. 65-94.

赤井伸郎・佐藤主光・山下耕治（2003）『地方交付税の経済学』有斐閣.

秋山孝正（2001）「交通混雑と道路ネットワーク」山田浩之編『交通混雑の経済分析　ロードプライシング研究』勁草書房，pp. 141-164.

秋山義則・前田高志・渋谷博史編（2007）『アメリカの州・地方債』日本経済評論社.

Anesi, V. (2006) "Earmarked Taxation and Political Competition," *Journal of Political Economics*, 90, pp. 679-701.

青森県有料道路経営改革推進会議（2010）『有料道路経営改革に関する提言』.

朝日新聞出版『民力』（各年版）.

BATAホームページ　http://bata.mtc.ca.gov/ （2014年12月16日最終アクセス）.

Baumol, J. W. and W. E. Oates (1975) "Efficiency Without Optimality: The Charges and Standards Approach," *The theory of environment policy*, Cambridge University Press, pp. 159-176.

Bös, D. (2000) "Earmarked Taxation: Welfare Versus Political Support," *Journal of Public Economics*, 75 (3), pp. 439-462.

Brett, C. and M. Keen (2000) "Political Uncertainty and The Earmarking of Environmental Taxes," *Journal of Political Economics*, 75 (3), pp. 315-340.

Buchanan, J. M. (1963) "The Economics of Earmarked Taxes," *Journal of Political Economy*, 71 (5), pp. 457-469.

Buchanan, J. M. (1967) *Public Finance in Democratic Process*, The University of North Carolina Press.（山之内光躬・日向寺純雄（1971）『財政理論』勁草書房.）

Buchanan, J. M. and W. C. Stubblebine (1962) "Externality," *Economica*, 29, pp. 371-384.

Burennan, G and J. M. Buchanan, (1978) "Tax Instruments as Constraints on The Disposition of Public Revenues," *Journal of Political Economics*, 9 (3), pp. 301-318.

地方分権推進委員会（1996）『中間報告：分権型社会の創造』.

地方交付税制度研究会編（2010）『平成22年度 地方交付税のあらまし』財団法人地方財務協会.

地方債制度研究会編（2010）『平成22年度 地方債のあらまし』財団法人地方財務協会.

Choate, P. and S. Walter (1981) *America in Ruins*, The Council of State Planning Agencies.（岡野行秀監修・社会資本研究会訳（1982）『荒廃するアメリカ』開発問題研究所.）

Clarke, E. H. (1971) "Multipart Pricing of Public Goods," *Public Choice*, 11, pp. 17-33.

Coronado, L. (1999) "Tax Exemption and State Capital Spending," *National Tax Journal*, 52 (3), pp. 473-481.

中条潮（1980）「対自治体定率特定補助の代替効果が自治体支出に与える影響：地方交通サービスのケースに則して」『三田商学研究』第23巻第4号，pp. 47-63.

中条潮（1983）「国民生活と交通補助：通学補助の目的と効果」『交通学研究』第25号，

pp. 13-40.
中条潮（1988）「有料道路制の意義と問題点」『高速道路と自動車』第31巻第9号，pp. 7-10.
中条潮（1996a）「公共性と市場介入」藤井彌太郎・中条潮編『現代交通政策』東京大学出版会，pp. 45-65.
中条潮（1996b）『規制破壊』東洋経済新報社．
Department for Transport (2012) Statutory Tolled Undertakings in the UK, http://assets.dft.gov.uk/publications/statutory-tolled-undertakings-in-the-uk/report20100322.pdf.（2014年12月16日最終アクセス）．
Derean, E. (1965) "Earmarking and Expenditures," *National Tax Journal*, 18 (4), pp. 354-361.
土居丈朗（1996）「日本の都市財政におけるフライペーパー効果」『フィナンシャル・レビュー』第40号，pp. 95-119.
土居丈朗（2001）「地方債の起債許可制度に関する実証分析」『社会科学研究』第52巻第4号，pp. 27-51.
土居丈朗（2002a）「地方債の起債許可制度を通じた暗黙の利子補給」『三田学会雑誌』第95巻第1号，pp. 139-159.
土居丈朗（2002b）『入門　公共経済学』日本評論社．
土居丈朗（2006）「地方債制度の経済分析：理論・実証分析が示唆する分権時代の地方債制度のあり方」『フィナンシャル・レビュー』第82号，pp. 161-196.
土居丈朗（2007）『地方債改革の経済学』日本経済新聞出版社．
土居丈朗・別所俊一郎（2004a）「日本の地方債をめぐる諸制度とその変遷」『PRI Discussion Paper Series (No.04A-15)』財務省財務総合政策研究所．
土居丈朗・別所俊一郎（2004b）「地方債の元利補給に関する実証分析」『PRI Discussion Paper Series』No.04A-16, pp. 1-30.
土居丈朗・別所俊一郎（2005）「地方債元利償還金の交付税措置の実証分析」『日本経済研究』第51号，pp. 33-58.
土居丈朗・林伴子・鈴木伸幸（2005）「地方債と地方財政規律：諸外国の教訓」『ESRI Discussion Paper Series』No.155.
独立行政法人日本高速道路保有・債務返済機構（2008）『欧州の有料道路制度等に関する調査報告書』http://www.jehdra.go.jp/houkokusyo2.html（2014年12月16日最終アクセス）．
独立行政法人日本高速道路保有・債務返済機構（2012）『英国の道路と道路行政』〔高速道路機構海外調査シリーズ No.16〕http://www.jehdra.go.jp/pdf/research/r089.pdf（2014年12月16日最終アクセス）．
道路の将来交通需要推計に関する検討会（2008）『道路の将来交通需要推計に関する検討会報告書』．
道路審議会基本政策部会幹線道路網検討小委員会（1998）『直轄管理区間の指定基準について　中間報告』．
道路投資の評価に関する指針検討委員会編（1998）『道路投資の評価に関する指針（案）』（財）日本総合研究所．
藤井彌太郎（1966）「輸送サービスの公共財的性格」『交通学研究』第31号，pp. 155-178.

藤井彌太郎（1985）「市場機構と公共選択」稲毛満春・牛嶋正・藤井弥太郎編『現代社会の経済政策　政策原理の新展開』有斐閣，pp. 129-169.
藤井彌太郎（1997）「交通政策：補助の問題」岡野行秀編『交通の経済学』有斐閣，pp. 128-144.
藤井彌太郎（2003）「潮流　もうひとつの投資評価－スタンダードアプローチ」『運輸と経済』第63巻第4号，pp. 2-3．
藤澤益夫（1997）『社会保障の発展構造』慶應義塾大学出版会．
福岡北九州高速道路公社ホームページ http://www.fk-tosikou.or.jp/（2014年12月16日最終アクセス）．
古川浩太郎（2008）「道路特定財源の一般財源化」『調査と情報』第619号，pp. 1-11.
後藤孝夫（2002）『一般道路投資における地方間費用負担格差の問題点―道路特定財源制度の配分過程の考察―』慶應義塾大学大学院商学研究科修士論文．
後藤孝夫（2003a）「道路特定財源制度の配分過程における地域間内部補助の現状とその問題点―揮発油税・石油ガス税・自動車重量税を中心に―」『交通学研究』第46号，pp.71-80.
後藤孝夫（2003b）「地方債の交付税措置が一般道路整備にもたらす非効率性：各都道府県に対するヒアリング調査結果を中心に」『公益事業研究』第55巻第1号，pp. 61-67.
後藤孝夫（2004）「地方道路公社管理の一般有料道路整備に関する一考察－一般有料道路整備を通じた地域間所得再分配政策の問題点－」『公益事業研究』第56巻第3号，pp.105-114.
後藤孝夫（2005）「中山間地域における一般道路整備に関する研究―1.5車線的道路整備導入の意思決定過程の分析を中心に―」『公益事業研究』第57巻第2号，pp.95-103.
後藤孝夫（2012a）「一般道路整備における地方債の元利償還金に対する交付税措置の問題点」『インフラ・ファイナンスの研究』日交研シリーズ A-535，pp. 26-41.
後藤孝夫（2012b）「わが国の道路事業におけるレベニュー債の導入可能性」日交研シリーズ A-556，pp. 2-18.
後藤孝夫（2012c）「高速道路政策における費用負担の枠組みの検討：道路特定財源制度の一般財源化を契機として」『運輸と経済』第72巻第4号，pp. 43-50.
後藤孝夫（2013）「自動車関係諸税収の地域間配分とその問題点」『経済学雑誌』第114巻第3号，pp.210-221.
後藤孝夫（2014a）「自動車利用者の受益と税負担の地域間バランス」『IATSS review』第38巻第3号，pp.191-198.
後藤孝夫（2014b）「日本の道路事業におけるレベニュー債導入の検討」『交通インフラ・ファイナンス』成山堂書店，pp. 223-245.
後藤孝夫・福岡北九州高速道路公社（2012）「都市高速道路における需要の価格弾力性の計測」日交研シリーズ A-541，pp.1-15.
後藤孝夫・早川伸二（2007）「維持更新時代を見据えた維持管理有料道路制度の有効性の検討：橋りょう・トンネルと道路の維持費用の分析」『公益事業研究』第59巻第2号，pp. 21-31.

後藤孝夫・中村彰宏（2005）「路上駐車に対する社会的最適課金の推定—靖国通りと明治通りを対象として—」『交通学研究』第48号，pp.121-130.
後藤孝夫・田邉勝巳・中条潮（2006）『一般道路整備における財源及び分配の構造とその要因分析』（財）高速道路調査会図書資料.
Groves, T. and M. Loeb (1975) "Incentives and Public Inputs," *Journal of Public Economics*, 4, pp. 211-226.
東山雅通（2009）「最近の道路政策を巡る動き：道路特定財源の一般財源化法案と有料道路料金の引下げ」『会計と監査』第60巻第6号，pp. 30-34.
早川伸二（2007）「山岳観光有料道路の無料解放後の現状とその対応策について：入山料の代替手段としての道路再有料化の提案」『交通学研究』第50号，pp. 138-148.
林宏明・橋本恭之（2002）『入門地方財政』中央経済社．
林宜嗣（2004）「公共投資と地域経済」『フィナンシャル・レビュー』第74号，pp.52-64.
林宜嗣・長峯純一（2001）「道路投資の政策決定プロセス」長峯純一・片山泰輔編著『公共投資と道路政策』勁草書房，pp. 22-40.
林山泰久・坂下昇（1993）「混雑料金導入による混雑緩和効果に関する研究」『高速道路と自動車』第36巻第10号，pp. 29-38.
Holtz-Eakin, D. (1991) "Bond Market Conditions and State-Local Capital Spending," *National Tax Journal*, 44, pp. 105-120.
本田あゆこ・森地茂（1987）「戦前の有料道路に関する史的研究」『土木計画学研究・講演集』No.20（1），pp. 117-118.
本間正明（1973）「公共財の純粋理論」岡野行秀・根岸隆編『公共経済学』有斐閣，pp. 29-55.
Hsiung, B. (2001) "A Note on Earmarked Taxes," *Public Finance Review*, 29 (3), pp. 223-232.
Hurwicz, L. (1979) "The Competitive Allocation Process is Informationally Efficient Uniquely," *Journal of Economic Theory*, 28, pp. 1-18.
井堀利宏（1999）『政府と市場　官と民の役割分担』税務経理協会．
違法駐車問題検討懇談会（2003）『違法駐車問題への対処の在り方についての提言』http://www8.cao.go.jp/kisei/giji/03/wg/tokku/06/1.pdf（2014年12月16日最終アクセス）．
今橋隆（1992）「一般道路政策」藤井彌太郎・中条潮編『現代交通政策』東京大学出版会，pp. 215-224.
一般社団法人交通工学研究会『道路交通センサス　全国道路・街路交通情勢調査』(各年版)．
石川達哉（2006）「建設地方債に対する交付税措置の価格効果」『ニッセイ基礎研所報』，No.46，pp.55-83.
伊藤忠通（1998）「地域社会資本の整備財源と地方債」『産業総合研究』第6号，pp. 1-17.
Johansen, L. (1963) "Some Notes on the Lindahl Theory of Determination of Public Expenditures," *International Economic Review*, 4 (3), pp. 346-358.
金本良嗣（1992）「空間経済と交通」藤井彌太郎・中条潮編『現代交通政策』東京大学出版会，pp. 117-129.
金本良嗣（1994）『社会資本と地域間補助』日交研シリーズ A-178.

金本良嗣（2000）『都市経済学』東洋経済新報社.
金本良嗣（2007）「道路特定財源制度の経済分析」『道路特定財源制度の経済分析』日交研シリーズ A-430, pp. 1 -32.
片山竜（2013）「道路における官民連携の可能性と方向性」『高速道路と自動車』第56巻第 8 号, pp. 11-15.
警視庁ホームページ http://www.keishicho.metro.tokyo.jp/kotu/noufu/hansoku.htm（2014年12月16日最終アクセス）.
経済産業省経済政策局調査統計部, 経済産業省資源エネルギー庁資源・燃料部『資源・エネルギー統計年報』（各年版）.
菊池三男（1970）「地方道路公社法の目的と問題点」『高速道路と自動車』第13巻 9 号, pp. 43-46.
気象庁ホームページ http://www.jma.go.jp/jma/index.html（2014年12月16日最終アクセス）.
北山孝信（2007）「日米地方債制度に関する一考察：地方主権時代の地方債制度の手がかりに」『会計検査研究』No.35, pp. 95-116.
北九州市総務企画局『とうけい北九州』, http://www.city.kitakyushu.lg.jp/shisei/menu05_0126.html（2014年12月16日最終アクセス）.
国土交通省『道路統計年報』（各年版）.
国土交通省ホームページ http://www.mlit.go.jp/（2014年12月16日最終アクセス）.
国土交通省総合政策局政策課（2003）『社会資本整備重点計画』.
近藤勝直（1993）「都市高速道路交通需要の価格弾力性の計測」『流通科学大学論集：経済・経営情報編』第 1 巻第 2 号, pp. 17-25.
高知県土木部道路課（2003）『1.5車線的道路整備』.
厚生労働省『毎月勤労統計調査』（各年版）.
松田和香・塚田幸広（2004a）「有料道路の料金に係る地方からの提案型社会実験の効果に関する分析」『第30回土木計画学研究発表会・講演集』No.243.
松田和香・塚田幸広（2004b）「有料道路の料金施策に係る社会実験の結果に関する分析」『土木技術資料』第46巻第12号, pp. 58-63.
Migué, J.L. and G. Bélanger (1974) "Toward a General Theory of Managerial Discretion," *Public Choice*, 17, pp. 27-47.
味水佑毅（2003）「道路投資評価における費用負担分析に関する一考察」『交通学研究』第46号, pp. 151-160.
味水佑毅（2005）『自動車税制の変更が道路整備の費用負担, 利用者行動に与える影響に関する研究』日交研シリーズ A-384.
味水佑毅（2008）「地域間における費用と負担の実態」根本敏則・味水佑毅編『対距離課金による道路整備』, pp.74-88.
三宅裕樹（2009a）「日本地方債市場へのレベニュー債導入に向けた提言」『資本市場クォータリー』第13巻第 1 号, pp. 26-48.
三宅裕樹（2009b）「日本地方債市場へのレベニュー債導入の可能性」『金融財政事情』第60巻第36号, pp. 72-76.

宮川公男（2004）『高速道路　何が問題か』〔岩波ブックレット No.620〕，岩波書店．
宮川公男（2011）『有料道路　なぜ料金を払うのか‐有料道路問題を正しく理解する』東洋経済新報社．
宮崎雅人（2004）「地方単独事業と財政支援措置：都道府県における道路事業を中心に」『都市問題』第95巻第7号，pp. 89-109.
森部慎之助（2002）「地方発の1.5車線的道路整備の取組」『道路』12月号，pp. 50-53.
目的税の経済分析プロジェクト編（2001）『目的税の経済分析』日交研シリーズ A-292.
文世一（2005）『交通混雑の理論と政策：時間・都市空間・ネットワーク』東洋経済新報社．
村田和彦（2010）「見直しが進められる有料道路システムと料金施策：高速自動車国道法・道路財特法改正案」『立法と調査』第304号，pp. 56-70.
Musgrave, R. A. (1959) *The Theory of Public Finance, A Study in Public Economy*, McGraw-Hill.（木下和夫監修，大阪大学財政研究会訳（1961）『財政理論：公共経済の研究 I』有斐閣．）
長峯純一（2001a）「公共投資の地域間配分：実証研究のサーベイ」長峯純一・片山泰輔編『公共投資と道路政策』勁草書房，pp.114-139.
長峯純一（2001b）「道路投資の地域間配分に関する政治：経済分析」長峯純一・片山泰輔編『公共投資と道路政策』勁草書房，pp. 140-170.
長峯純一（2003）「政策形成と公共選択」山内弘隆・上山信一編『パブリック・セクターの経済・経営学』NTT 出版，pp. 97-121.
長峯純一・片山泰輔編（2001）『公共投資と道路政策』勁草書房．
長野幸司・日下部隆昭他（2005）「事業目的別歳入債券の有効活用に関する研究」『国土交通政策研究』第56号．
長沼進一（2011）『テキスト　地方財政論』勁草書房．
内閣府（2011）『平成23年版　高齢社会白書』．
内閣府ホームページ　http://www.cao.go.jp/（2014年12月16日最終アクセス）．
内閣府経済社会総合研究所ホームページ　http://www.esri.go.jp/（2014年12月16日最終アクセス）．
中島隆信（1999）「地域別・分野別生産関数の推計」吉野直行・中島隆信編『公共投資の経済効果』日本評論社，pp.35-88.
中村彰宏・後藤孝夫（2004）「わが国における駐車政策の現状及び道路混雑を発生させる路上駐車に対する最適課金の推定―靖国通りと明治通りにおけるデータを中心に―」『ITS 導入効果および AHS 技術に関する基礎的先端的研究』国土技術政策総合研究所・慶應義塾大学，pp.375-398.
中村英夫（1997）「道路投資をめぐる諸状況」中村英夫編『道路投資の社会経済評価』，pp. 4-13.
中野英夫（2002）「地方債と財政規律：地方債の交付税措置を通じた地方債許可制度の歪み」『フィナンシャル・レビュー』第61号，pp. 146-161.
根本祐二（2011）『朽ちるインフラ』日本経済新聞出版社．
Newbery, D. M. and G. Santos (1999) "Road Taxes, Road User Charges and Earmarking," *Fiscal Studies*, Vol.20 No.2, pp. 103-132.

日本道路公団（2003）『平成15年度年報』.
日本経済新聞デジタルメディア『日経 NEEDS』（各年版）.
日本政策投資銀行ホームページ　http://www.dbj.jp/（2014年12月16日最終アクセス）.
Niskanen, W. A. (1971) *Bureaucracy and Representative Government*, Aldine-Atherton Inc.
野口悠紀雄（1984）『公共政策』岩波書店.
野口悠紀雄（1991）『公共経済学』日本評論社.
Oates, W. E. (1972) *Fiscal Federalism*, Harcourt Brace Jovanovich.
Office of Fair Trading（2010）*Infrastructure Ownership and Control Stock-take: Final report*, http://www.oft.gov.uk/shared_oft/market-studies/ownership-control-mapping/OFT1290.pdf.（2014年12月16日最終アクセス）.
小椋正立（1984）「道路事業費の地域間配分の効率性」『季刊現代経済』Summer, pp. 116-126.
岡野行秀（2003）「特別寄稿有料道路制度」『道路行政セミナー』第14巻第2号, pp. 9-12.
尾中隆文・森地茂他（2011）「道路事業におけるPPP制度の国際比較と日本の展望」『土木学会論文集F4（建設マネジメント）』vol.67 no.4, pp. I_305-I_314.
太田和博（2001）「空港整備政策の新展開」藤井彌太郎監修, 中条潮・太田和博編『自由化時代の交通政策　現代交通政策Ⅱ』東京大学出版会, pp. 213-227.
太田和博（2010）「有料道路インフラ」杉山武彦監修, 竹内健蔵・根本敏則・山内弘隆編『交通市場と社会資本の経済学』, pp. 130-146.
Parkinson, C. N. (1957) *Parkinson's Law and Other Studies in Administration*, Houghton Mifflin.
Sarmento, J. M. and L. Renneboog (2014) The Portuguese Experience with Public-Private Partnerships, *CentER Discussion Paper*; Vol. 2014-005.
Samuelson, P. A. (1954) "The Pure Theory of Public Expenditure," *Review of Economics and Statistics*, 37, pp. 386-389.
Samuelson, P. A. (1955) "Diagramatic Exposition of A Theory of Public Expenditure," *Review of Economics and Statistics*, 40, pp. 332-338.
佐藤主光（2009）『地方財政論入門』新世社.
Scitovsky, T. (1954) "Two Concepts of External Economies," *Journal of Political Economy*, 62, pp. 143-151.
城山英明・鈴木寛・細野助博編（2002）『中央省庁の政策形成過程：日本官僚制の解剖』中央大学出版部.
総務省ホームページ　http://www.soumu.go.jp/（2014年12月16日最終アクセス）.
総務省統計局『小売物価統計調査』（各年版）.
総務省自治財政局財政課編『地方財政計画　地方団体の歳入歳出総額の見込額』財務省印刷局（各年版）.
杉山武彦（2002）「わが国有料道路政策と制度改革の展望」『成城大学経済研究』第158号, pp. 73-91.
鷲見英司（2003）「目的税制度改革に関する公共選択論的考察」『総合政策論集』第3巻第1号, pp.199-207.

高林喜久生（2005）『地域間格差の財政分析』有斐閣．
武田文夫（1989）「道路の費用負担・価格づけと民間化」『一橋論叢』第102巻第5号，pp. 681-700．
武田文夫（1990）「道路整備政策」戦後における我が国の交通政策に関する調査研究委員会編『戦後日本の交通政策：戦後における我が国の交通政策に関する調査研究』財団法人運輸経済研究センター，pp. 177-216．
田中宏樹（2004）「地方債市場とリスク」『会計検査研究』No.29，pp. 83-97．
田中良彰（2002）「1.5車線的道路整備の取組」『道路』12月号，pp. 46-49．
田邉勝巳・後藤孝夫（2005）「一般道路整備における財源の地域間配分の構造とその要因分析―都道府県管理の一般道路整備を中心に―」『高速道路と自動車』第48巻第12号，pp.25-33．
田邉勝巳・後藤孝夫（2014）「一般道路整備における補助金配分と財源構成の決定要因」『高速道路と自動車』第57巻第7号，pp.20-29．
谷隆徳（2001）「全国調査地方道路公社の2000年度有料道路利用状況―通行台数は8割が目標下回る，9公社が累積赤字」『日経地域情報』第375号，pp. 21-25．
田村亨・毛利雄一・屋井鉄雄（2010）「道路整備の事業制度」土木学会編『交通社会資本制度：仕組と課題』，pp. 179-233．
Temple, J. (1994) "The Debt/Tax Choice in The Financing of State and Local Capital Expenditures," *Journal of Regional Science*, 34 (4), pp. 529-547.
Ter-Minassian, T. (1997) "Control of Subnational Government Borrowing," in T.Ter-Minassian ed., *Fiscal federalism in Theory and Practice*, IMF, pp. 156-172.
手塚広一郎・安田行宏（2005）「交通インフラストラクチャーの整備・運営におけるPFIおよび第三セクターの活用可能性」『交通学研究』第48号，pp. 299-308．
手塚広一郎（2014）「交通インフラの民間参画に関する論点」加藤一誠・手塚広一郎編『交通インフラ・ファイナンス』成山堂書店，pp. 48-63．
Tiebout, C. M. (1954) "A Pure Theory of Local Expenditures," *Journal of Political Economy*, 64 (5), pp. 416-426.
東京交通安全協会（1988-1998）『駐車対策事業の業務概況』．
東洋経済新報社『地域経済総覧』（各年版）．
常木淳（2002）『公共経済学』新世社．
通商産業大臣官房調査統計部『エネルギー統計年報』（各年版）．
通商産業大臣官房調査統計部『エネルギー生産・需給統計年報』（各年版）．
通商産業省大臣官房調査統計部『石油統計年報』（各年版）．
上村敏之（2006）「道路整備特別会計における地域別の受益と負担」『現代社会研究』第4号，pp.93-99．
牛嶋正（1985）「所得分配と公正の基準」『現代社会の経済政策：政策原理の新展開』有斐閣，pp. 287-318．
牛嶋正（2000）『これからの税制　目的税―新しい役割』東洋経済新報社．
Walters, A. A. (1961) "The Theory and Measurement of Private and Social Cost of Highway Congestion," *Econometrica*, 29 (4), pp. 676-699.

山田浩之編（2001）『交通混雑の経済分析：ロード・プライシング研究』勁草書房．
山田太門（1996）『公共経済学』日本経済新聞社．
山本栄一（1995）「目的税および自動車関係諸税の再検討」宮島洋編『消費課税の理論と課題』税務経理協会，pp. 233-257.
山内弘隆（2006）「社会資本におけるアセット・マネジメント」『高速道路と自動車』第48巻第1号，pp. 18-22.
吉野直行・Frank Robaschik（2004）「レベニュー・ボンド（事業別歳入債）による財政規律の構築」『フィナンシャル・レビュー』第74号，pp. 39-51.
吉野直行（2011）「深刻な財政状況下，レベニュー債券活用の必要性高まる」『金融財政事情』第62巻第37号，pp. 19-23.
財団法人運輸経済研究センター（1985）『内部補助の現状と限界に関する研究報告書』．
財務省ホームページ　http://www.mof.go.jp/ （2014年12月16日最終アクセス）．
財務総合研究所（2010）『財務金融統計月報』第701号．
財政構造改革会議（1997）『財政構造改革の推進方策』．
Zajac, E. E. (1978) *Fairnessor Efficiency: An Introduction to Public Utility Pricing*, Ballinger Publishing Company.（藤井彌太郎監訳（1987）『公正と効率：公益事業料金概論』慶應通信．）
全国道路利用者会議『道路行政』（各年度版）全国道路利用者会議．

索　引

A～Z

BATA ………………………………… 238
DBFO ………………………………… 223
ETC-OD データ …………………… 209
M6 Toll Road ……………………… 224
Office of Fair Trading …………… 224
PPP …………………………………… 222
Samuelson 条件 …………………… 47
SCUT ………………………………… 228
SPC …………………………………… 242
Value for Money ………………… 222

あ

愛知県道路公社 …………………… 225
青森県道路公社 …………………… 225, 240
アクティブ・マネジメント・ペイメント
　　………………………………………… 226
足による投票 ……………………… 17
アベイラビリティ・ペイメント …… 226
暗黙の保証 ………………………… 235

維持・補修事業 …………………… 73
維持管理有料道路制度 …………… 195
1.5車線的道路整備 ………………… 122
一括配分 …………………………… 67
一件審査 …………………………… 34
一般財源 …………………………… 85
一般財源保証債 …………………… 233, 237
一般自動車道 ……………………… 192
一般定額補助金 …………………… 14
一般道路 …………………………… 185
一般補助 …………………………… 13
一般有料道路 ……………………… 136, 224
違法駐車 …………………………… 152

運営費補助 ………………………… 12

縁故債 ………………………………… 180

応答仮説 ……………………………… 15
奥地等産業開発道路整備計画 …… 28
奥地等産業開発道路整備臨時措置法 …… 28

か

開発利益 ……………………………… 6
開発利益の還元 …………………… 143
外部効果 ……………………………… 2
外部効果の内部化 ………………… 185
外部補助 …………………………… 56
価格効果 …………………………… 111
箇所づけ …………………………… 16
価値欲求財 ………………………… 2
合併施行方式 ……………………… 181
還元率 ……………………………… 40
換算起算日制 ……………………… 145
完全均衡予算比率 ………………… 51

起債許可制度 ……………………… 34, 231
起債充当率 ………………………… 70
技術的外部効果 …………………… 5
基準財政需要額 …………………… 106
北九州高速道路 …………………… 206
北九州高速道路社会実験 ………… 207
揮発油税 …………………………… 36
規模の経済性 ……………………… 2
緊急地方道路整備事業 …………… 31, 71
銀行等引受資金 …………………… 232
金銭の外部効果 …………………… 5

経済安定機能 ……………………… 2
限界生産性 ………………………… 37
限界費用価格形成原理 …………… 4
県管理道路 ………………………… 65
県単独事業 ………………………… 34, 71

索 引

公安委員会 …………………………… 154
広域道路整備計画 …………………… 25
公営企業金融公庫借入金 …………… 142
公営企業債 …………………………… 235
公共財 ………………………………… 3
公社債 ………………………………… 142
厚生経済学の第1基本定理 ………… 2
厚生経済学の第2基本定理 ………… 2
交通安全施設 ………………………… 29
交通安全施設整備事業に関する緊急措置法
 ………………………………………… 29
交通安全施設等整備事業七箇年計画 … 29
交通ビジョン ………………………… 25
交通密度 ……………………………… 160
交通流量 ……………………………… 161
公的欲求 ……………………………… 2
荒廃するアメリカ …………………… 183
交付税および譲与税配付特別会計 … 69
交付税措置率 ………………………… 70
国土の均衡ある発展 ………………… 8
国庫支出金 ……………… 11, 67, 82, 96
個別採算制 …………………………… 193
混合型 ………………………………… 222
混雑費用 ……………………………… 156
混雑料金理論 …………………… 6, 156
コンセッション方式 ………………… 222

さ

サービス購入型 ……………………… 222
財政構造改革会議決定 ……………… 122
財政錯覚 ……………………………… 59
財政投融資資金 ……………………… 33
財政投融資資金計画 ………………… 33
財政融資資金 ………………………… 232
財政力指数 …………………… 125, 128
最低配分保障制度 …………………… 60
財投機関債 …………………………… 180
財投資金 ……………………………… 180
サブコンセッション方式 ……… 227, 229

事業採算性 …………………………… 146

事業費補正 …………………………… 106
資源配分機能 ………………………… 2
市場公募資金 ………………………… 232
自省庁の予算最大化仮説 …………… 14
市場の失敗 …………………………… 2
自然独占 ……………………………… 7
自動車関係諸税 ………………… 31, 36
自動車重量税 ………………………… 36
自動車専用道 ………………………… 192
支払メカニズム ……………………… 221
資本費補助 …………………………… 12
自民党得票率 …………………… 86, 96
社会資本整備重点計画法 …………… 27
社会資本整備特別会計 ……………… 10
社会欲求財 …………………………… 2
シャドートール・ペイメント ……… 226
集票仮説 ……………………………… 15
住民参加型市場公募地方債 ………… 232
受益者負担原則 ……………………… 237
需要の価格弾力性 …………………… 198
償還主義 ……………………………… 137
償還準備金 …………………………… 146
消費の非競合性 ……………………… 4
消費の非排除性 ……………………… 3
情報の非対称性 ……………………… 17
所得再分配機能 ……………………… 2
所得再分配政策 ……………………… 8
新規・改築・改良事業 ……………… 72
新直轄方式 …………………………… 181

垂直的財政力格差 …………………… 58
水平的財政力格差 …………………… 58
スタンダードアプローチ …………… 131
スピルオーバー効果 ………………… 58
スムーズ東京21 ……………………… 152

政治的要因 ……………………… 85, 96
政府貸付金 …………………………… 139
政府間補助 …………………………… 57
政府資金 ……………………………… 144
政府出資金 …………………………… 180

索 引

政府の失敗 ……………………………… 15
政府補助金 ……………………………… 57, 180
積雪寒冷特別地域道路交通確保五箇年計画
　……………………………………… 27
積雪寒冷特別地域における道路交通の確保に
関する特別措置法 …………………… 27
石油ガス税 ……………………………… 36
全国型市場公募地方債 ………………… 232
全国総合開発計画 ……………………… 25
全国プール制 …………………………… 8

ソフトな予算制約問題 ………………… 235
損失補てん引当金 ……………………… 145

た

代議制 …………………………………… 15
代替効果 ………………………………… 13, 112
単位費用 ………………………………… 106

地域間内部補助 ………………………… 10, 55
地域間補助 ……………………………… 8
地方揮発油譲与税 ……………………… 178
地方公共団体金融機構資金 …………… 232
地方公共団体出資金 …………………… 141
地方公共団体の財政の健全化に関する法律
　……………………………………… 221
地方交付税 ……………………………… 14
地方交付税法 …………………………… 31
地方債 …………………………………… 67, 83, 230
地方債協議制度 ………………………… 231
地方債計画 ……………………………… 30
地方財政計画 …………………………… 30
地方財政対策 …………………………… 33
地方財政法第5条但書 ………………… 110, 230
地方債の食い逃げ効果 ………………… 236
地方債の交付税措置 …………………… 13, 105
地方債の中立命題 ……………………… 236
地方整備局 ……………………………… 44
地方整備局別還元率 …………………… 63
地方税法等の一部を改正する法律 …… 178
地方道路公社 …………………………… 135

地方道路公社法 ………………………… 138
地方道路整備臨時交付金 ……………… 71, 178
地方特定道路整備事業 ………………… 71
地方分権 ………………………………… 16
地方分権推進委員会中間報告 ………… 122
中山間地域 ……………………………… 119, 128
直轄事業 ………………………………… 19
直轄事業負担金 ………………………… 71

通過交通 ………………………………… 158
適債事業 ………………………………… 110

デフォルト ……………………………… 237

同意のある地方債 ……………………… 232
道路改良率 ……………………………… 126
道路橋りょう費 ………………………… 66
道路公社出資金 ………………………… 72
道路構造令 ……………………………… 120
道路交通法 ……………………………… 152
道路混雑度 ……………………………… 91
道路信託基金 …………………………… 60
道路整備5箇年計画 …………………… 26
道路整備緊急措置法 …………………… 26
道路整備事業に係る国の財政上の特別措置
に関する法律等の一部を改正する法律
　……………………………………… 178
道路整備特別会計 ……………………… 10, 32
道路整備費の財源等に関する臨時措置法
　……………………………………… 178
道路整備費の財源等の特例に関する法律
　……………………………………… 27
道路特定財源制度 ……………………… 178
道路の将来交通需要推計に関する検討会
　……………………………………… 182
道路の粗資本ストック ………………… 23
道路の標準幅員に関する基準（案）…… 122
道路別利用度 …………………………… 66
道路法 …………………………………… 120
道路法第4条の私権制限 ……………… 241
特定定率補助金 ………………………… 13

索 引

特定補助 ………………………………… 13
得票最大化仮説 ………………………… 14
独立行政法人日本有料道路保有・債務返済
　機構 …………………………………… 180
独立採算型 ……………………………… 222
都道府県別還元率 ……………………… 45

な

長野県栄村 ……………………………… 132
ナショナル・ミニマム ………………… 8

日本道路公団 …………………………… 180

ネットワーク効果 ……………………… 56
年齢区分別将来人口推計 ……………… 182

は

パーキングチケット …………………… 154
パーキングメーター …………………… 154
破滅的競争 ……………………………… 7
反則金 …………………………………… 152

ピボタルメカニズム …………………… 49
標準団体 ………………………………… 106
平戸大橋 ………………………………… 195

福岡北九州高速道路公社 ……………… 207
負担の公平性 …………………………… 11, 57
フライペーパー効果 …………………… 14
フリーライダー問題 …………………… 4
フルコスト原則 ………………………… 194

平均速度 ………………………………… 160

補助事業 ………………………………… 19, 70
補助事業の採択基準 …………………… 121
補助率 …………………………………… 12
ボトルネック渋滞 ……………………… 186
本省配分 ………………………………… 67

ま

道直し事業 ……………………………… 131, 132
みちのく有料道路 ……………………… 240
民間借入金 ……………………………… 180
民間資金等の活用による公共施設等の整備
　等の促進に関する法律 ……………… 221
民間等資金 ……………………………… 232

無差別補助 ……………………………… 9
無料開放原則 …………………………… 137

免税地方債 ……………………………… 113
目的税 …………………………………… 17, 46, 53
目的非拘束の原則 ……………………… 50
目標旅行速度 …………………………… 123
モノライン保証会社 …………………… 238
モラルハザード ………………………… 234

や

有効求人倍率 …………………………… 126, 212
有料道路 ………………………………… 185
有料道路利便増進事業 ………………… 181

ら

リアルトール …………………………… 227, 230
利子補給 ………………………………… 144
料金弾性値 ……………………………… 214
利用者負担 ……………………………… 3
リンダール・メカニズム ……………… 49

レベニュー債 …………………………… 222, 233, 241

ローカルルール ………………………… 123
路上駐車拡張モデル …………………… 161
路上駐車費用関数 ……………………… 160
路線間内部補助 ………………………… 145
路線別収支 ……………………………… 146

わ

枠配分 …………………………………… 34

【著者紹介】

後藤 孝夫（ごとう たかお）
近畿大学経営学部准教授

2000年 慶應義塾大学商学部卒業
2006年 慶應義塾大学大学院商学研究科後期博士課程単位取得退学
2009年 博士（商学）（慶應義塾大学）
九州産業大学商学部専任講師，同准教授を経て現職。

専門　交通経済学，公共政策
著書　『交通政策入門』（共著，同文舘出版，2011年）
　　　『交通経済ハンドブック』（分担執筆，白桃書房，2011年）
　　　『交通インフラ・ファイナンス』（分担執筆，成山堂書店，2014年），ほか

平成27年3月30日　初版発行　　　　　　略称：道路政策

道路政策の経済分析
―交通サービスの費用負担と市場メカニズム―

著　者　Ⓒ　後　藤　孝　夫
発　行　者　　中　島　治　久

発行所　同文舘出版株式会社
東京都千代田区神田神保町1-41　〒101-0051
営業（03）3294-1801　　編集（03）3294-1803
振替 00100-8-42935　http://www.dobunkan.co.jp

Printed in Japan 2015　　　　　　印刷・製本　藤原印刷

ISBN978-4-495-44191-3

JCOPY 〈（社）出版者著作権管理機構 委託出版物〉
本書の無断複写は著作権法上での例外を除き禁じられています。複写される場合は，そのつど事前に，（社）出版者著作権管理機構（電話 03-3513-6969，FAX 03-3513-6979，e-mail: info@jcopy.or.jp）の許諾を得てください。